丁美君 等○著

SHENGENG KETANG

XIAOXUE YUWEN LEIWENBEN JIAOXUE

深耕课堂

小学语文类文本教学

苏州大学出版社
Soochow University Press

图书在版编目(CIP)数据

深耕课堂：小学语文类文本教学/丁美君等著. —
苏州:苏州大学出版社,2019. 12
ISBN 978-7-5672-3047-7

Ⅰ. ①深… Ⅱ. ①丁… Ⅲ. ①小学语文课-教学研究
Ⅳ. ①G623. 202

中国版本图书馆 CIP 数据核字(2019)第 278835 号

深耕课堂:小学语文类文本教学
丁美君 等著
责任编辑 史创新

苏 州 大 学 出 版 社 出 版 发 行
(地址:苏州市十梓街 1 号 邮编:215006)
苏州工业园区美柯乐制版印务有限责任公司印装
(地址:苏州工业园区东兴路 7-1 号 邮编:215021)

开本 700 mm×1 000mm 1/16 印张 17. 25 字数 279 千
2019 年 12 月第 1 版 2019 年 12 月第 1 次印刷
ISBN 978-7-5672-3047-7 定价:45. 00 元

苏州大学版图书若有印装错误,本社负责调换
苏州大学出版社营销部 电话:0512－67481020
苏州大学出版社网址 http://www. sudapress. com
苏州大学出版社邮箱 sdcbs@ suda. edu. cn

“类文本教学”实践与理论的意义(代序)

成尚荣

读完丁美君老师和她的团队写的《深耕课堂:小学语文类文本教学》,还是有不少话要说的。

常说,教师不应是教书匠,这是对的。丁美君自己亲身的经历和体验印证了这句话。教书匠可能是照本宣科,在教学技术层面下功夫,而不会对“本”进行研究,更不会对“本”也来一点“手术”。丁美君可不是这样,她非常重视“本”的研究,对“本”——教材的解读有另一种视角,因为有了另外一种视角,就有了另一种“本”的诞生。这里,我把教材简称为“本”,既指“文本”,更有指向语文教学之“根本”的意思。这样,语文教学从形而下的“器”走向形而上的“道”,抑或说,将“器”与“道”结合起来,用“道”来观照“器”、引领“器”,又用“器”来支撑“道”、丰富“道”,以至实现“道”。毫无疑问,这样的教师是不能称为“匠”的,而应称为研究者、创作者。这样的教师应当是特级教师、名师。当下,我们需要这样的教师。丁美君和她的团队正朝着这一方向迈开了重要一步。

丁美君对教材的研究与创造,聚焦了一个问题:文本,由此还坚持了一个概念:“类文本”。何为“类文本”?她的阅读面比较广,视野比较开阔,这表现在她的文献阅读与研究上。她研究的结果是“类文本”的概念最早由法国著名的叙事学家杰拉德·热奈特提出,这位学者在《复写文本》中明确将“类文本(性)”作为其“跨文本性”理论的重要维度和支撑点。在杰拉德·热奈特看来,“类文本”就是“副文本”,是一本书除了(主)文本之外的其他要素;在“类文本”一词前缀“类”,是用来表示一种不确定性,表明其余文体具有相同的地位,但同时是次要的、辅助的、附属的。

这段文献，丁美君用自己的话表达出来，说明了她的理解力、概括力，但更为可贵的是，她还有自己的看法。一是她所研究的“类文本”，只取“类文本”的名称，其内涵与“副文本”是不同的，她不把“类文本”视为“辅助”“次要”“附属”。她说：“现有的语文教材，由各类文体的文本组成，这些文本是‘平等’的存在。没有主次，也没有主副，都是师生进行语文学习的媒介。”这样的认识无疑是正确的。二是她对“类文本”做了自我界定：“所谓‘类文本’，就是将语文教材中具有相似文体特征的文本进行分类与综合，使其成为具有共同特征的文本类别。”显然，她并不同意杰拉德·热奈特将“类”解释为“不确定性”的观点，而强调共同特征下的分类与综合。这样的看法更接近中国教师的原有文化认知和教学实际，在学理上也是站得住脚的。三是她认可杰拉德·热奈特的“跨文本性”的理论观点，她的“类文本”教学，就是进行“跨文本”的教学，引领学生进行“跨文本”学习。可以理解，丁美君的“类文本”教学为学生提供了“跨文本”学习、跨界学习的载体和平台。于是，根据自己的定义，她对小学语文教材进行了文本分类，主要按文体分类，共十二类。这样的分类也是合理的。

从以上的研究来看，丁美君和她的团队有较强的研究能力，有一定的学术识别、澄清能力，也是有自己见解的。当下，语文教师亟需这样的研究能力、方式和品质，丁美君为大家做了个榜样。

在提高理论素养的同时，丁美君还把研究牢牢地指向教学实践，提出了两个概念：“类文本教学”“类文本阅读”，这基本形成了各“类”文本的“类文本教学”范式。有以下几点值得我们关注。在“类文本教学”的目的设定上，她提出“类文本教学”，教师是“识体而教”，学生是“整体阅读思维”。不难理解，“识体而教”是文体归类后对教学提出的新要求，但“识体”绝不是偏于一体，而是在分类、综合的基础上，“要求学生不再把一篇阅读文本简单地视为语言学习的载体，而是看作提升自身语文能力的一个范本”。这一目的，立意鲜明。在“类文本教学”的优势开发上，她认为，“以教材为依托，不失时机地向学生推荐同一类型的名家名作，以激发学生课外阅读相关名著的热情与兴趣”，“把教材变为学材”，“对教学资源进行有效的开发和整合，并进行合理适度的拓展”，“学生阅读不会因为一篇课文的结束而终结，反而会随着个体阅读体验的丰富而延续”，这段精彩的阐述准确、有深意。在“类文本教学”的方略上，他们在尊重教材的前提下，重构教材文本、重塑课堂教学，打造自主、合作、探究的课堂学校生态。“类文本教学”不只是在文本的调整上，更侧重在教学改革上，既关注、解决教什么的问题，又关注、解决怎么教的问题，他们称之为“深耕课堂”。在不同文体的教学中，对十二类文体教学的样式分别进行了研究和建构，并用案例来诠释和支撑，揭示了“类文本教学”的文本区分度，凸显了各自的特点，也具有较强的操作性。

丁美君和她的团队进行了一项有意义又有效的改革试验，在理论与实践层面都有可贵的进展和丰富的成果，值得赞赏。与此同时，研究还应深入，尤其是在研究中要处理好一些重要的关系。比如，国家审查过的教材重构的原则是什么，在统编教材全部使用后，这一问题更显急迫；比如，单元主题教学更具综合性，如何处理好“类文本教学”与单元主题教学的关系；“类文本教学”有其优点，也会有些不足，有哪些不足，如何弥补；等等。这些问题都有较大的研究空间。希望这项研究继续深化下去。尽管如此，“类文本教学”仍为小学语文教学开了一扇窗，拓开了一条路。我深以为，对教材的真正尊重，在于深刻认知后的创造性开发。我们应从丁美君和她的团队研究、实践中得到启发！向他们致谢、致敬！

前　言

语文,作为最重要的基础学科,在小学阶段的基本任务是发展儿童的语言,提高儿童理解语言、运用语言的能力。随着经济社会的不断发展,语文课程改革的不断深入,新时代对语文教育的发展提出了更高的要求。新时代赋予语文育人新使命,全面落实立德树人,努力培育学生的语文核心素养,这促使广大一线语文教师去反思:语文课堂教学的价值意义、目标追求何在?语文课堂如何转型才能实现教师教学方式、学生学习方式的积极变革?这些问题,归根到底是“教什么”“怎么教”和“学什么”“怎么学”的问题。我们认为,要同时解决“教”与“学”的问题,必须找到一种媒介,实现教与学两者之间的互联互通、相得益彰。我们找到的媒介,便是教材。教材,是教师的“教”与学生的“学”之间的纽带和桥梁。

教材,俗称课本,它是依据课程标准编制的、系统反映学科内容的教学用书。小学语文教材是小学语文教师进行课堂教学的语言素材,也是小学生进行语文学习的阅读素材,是“教”与“学”通用的文本。因为现有的小学语文教材是按照主题单元进行编排的,因此传统的语文课堂往往按照教材的编排逐篇进行教学,也就是单一的文本教学,我们称为非类文本教学。这种教学方式忽视了教材的文体特点,忽视了教材之间的相互关联,忽视了对同类文本语言特征的剖析与教学规律的提炼,从而影响了语文教学实效的提升,也限制了学生语文能力的发展。

由此,我们希望通过类文本教学研究,将小学语文教材按文体进行分类重组,使其变成一个个具有鲜明文体特征的类文本。在此基础上,通过课堂教学、团队研讨等实践性研究,探寻各类文本的语言特点、语用价值、教学规律，在实现教材价值最优化的同时，实现教师教学理念的更新、教学行为的转变、教学效果的提升，从而从根本上转变学生的学习方式，提高学生的语文学科素养和学习能力。

经过多年的实践探索与理性思考，我们的类文本教学研究有了较为丰实的研究成果，梳理成这部《深耕课堂：小学语文类文本教学》书稿。它是我们努力践行语文课程改革的丰硕成果，是我们深刻思考语文教学意义的智慧结晶，也是我们进行课堂自我革新的行动见证。

本书分为五章，分别为第一章“共读课标——深化语文核心素养”：在课程改革的大背景下，通过研读语文课程标准，确立语文核心素养发展目标，落实课堂教学深耕行动；第二章“共创课堂——内化儿童中央理念”：从“儿童中央”的理念出发，建构儿童中央课堂要素，实现文学文本向教学文本的转变，并对类文本教学的课堂践行提出预设；第三章“共研教学——实化教学视角变革”：从教学变革的视角，剖析教材非类文本编排的弊端，提出类文本教学的理论依据，并对类文本的基本内涵做出校本化的解读；第四章“共生方式——活化教学方法施行”：以古诗词类文本、现代诗类文本、游记类文本、童话寓言类文本、历史故事类文本、散文类文本为例，探究类文本教学的基本规律与实施策略，生成师生共生共长的课堂样貌；第五章“共思学习——生化教学过程反思”：以神话传说类文本、小说类文本、记人叙事类文本、议论类文本、说明类文本、实用类文本为例，探究类文本教学中教与学的关系，创生师生共学共思的课堂样态。

从撰写的逻辑构架来讲，第一章、第二章、第三章，是对小学语文类文本教学进行综合的理性阐述，交代了类文本教学研究与课程改革、课标要求、核心素养发展、教学改革之间的内在关联，说明了类文本教学的重要意义，阐述了类文本教学的核心要义。阅读这三章可以帮助我们了解类文本教学研究的背景及理论支撑，理解类文本教学的内涵、价值及愿景，对把握这本书的主旨具有理论上的指导意义。第四章、第五章，则呈现了各类文本教学研究的实践性成果，共十二节，每一个“类文本”独立成节。这两章分别从“文体特征”“学段要求”“学情把脉”“课例分析”“教学认识”五个方面展开，剖析了各类文本的语言特点，并结合课标要求与学生年段特点，呈现了最为真实、较为典型的课堂教学案例。其中，第四章的课例侧重于从“教”的视角出发，重在探究该类文本教学的基本规律与有效策略；第五章的课例则侧重于从“学”的视角出发，沿着“课堂试教—课堂诊断—课堂重构—课堂反思—策略简析”的教研路径，探寻“为了学生的学而教”的基本策略。阅读这两章，可以理解类文本研究的基本思路：文本分类重组—文体特征剖析—课标学情分析—课堂教学实践—策略规律提炼，对我们的课堂实践研究具有一定的经验性指导意义。

《深耕课堂：小学语文类文本教学》全书，根据新时代的发展要求，紧扣小学语文新教材文本，以新课标理念为关注点，以新课堂变革为着眼点，以学生会学习为着重点，深耕小学语文课堂，深入探究语文育人，比较系统地阐述了小学语文类文本教学的实施理念与操作方略。小学语文类文本教学，让语文的种子深深扎根于课堂，并最终枝繁叶茂。愿本书能给一线的小学语文教师带去启迪。愿我们的课堂，成为学生语文核心素养生长的地方，成为学生真正热爱的学习殿堂。

目 录

Contents

第一章 共读课标——深化语文核心素养

改革开放以来，经济和科学技术的迅速发展给社会带来了巨大的变化，现代社会不仅要求公民有良好的科学素养，而且要求他们具备良好的人文素养、创新精神和开放的视野。这样的时代背景迫切呼唤着课程进行改革。语文课程作为基础性课程，其课程理念不断革新，从致力于培养能力、发展智力，到培养素质、提高素养，对语文教学目标和任务的认识也都渐趋完善。①

第一节 认清语文课程改革大势

语文课程作为基础性课程，承担着教学改革的大任，认清语文课程改革方位，有利于教师更好地开展教学。课程标准作为教学的指导性文件，体现着课程改革的理念。为了把握语文教育改革的方位，我们结合新中国成立以来语文课程标准（教学大纲）的演变以及一系列纲领性文件的颁布，对语文课程改革的方位进行了探索。

坚决贯彻落实我国教育方针是我们每个教育者所担负的时代责任与使命。课程性质是课程的根本属性，明确了课程性质，才能把握好教学的方向。作为教育的对象、学习的主体，学生在教学活动中的参与和所处的地位必须被关注。教师作为教育改革的主要实施者，其教学行为是否得到改

① 吴忠豪，于龙．回顾与检讨：改革开放以来小学语文教学三十年［J］．课程·教材·教法，2009，29（8）．

善将直接影响教育改革的进程。基于此，我们从国家、学科本身、教育对象以及教学行为四个方面进行分析，力求把握语文课程改革方位。

一、贯彻落实教育方针

教育方针是政党或国家提出的在某一历史阶段关于教育工作的总的指导思想，它规定了教育工作的总方向，是指导一段时间内教育事业改革发展和教育工作的根本方针。教育方针是外在力量对教育的要求，教育改革需要依照教育方针的指导思想，将教育方针与教育活动联系起来。

教育方针在指导教育实践方面发挥着重要作用。教育部颁布的《普通高中语文课程标准（2017 年版）》明确指出："基础教育课程承载着党的教育方针和教育思想，规定了教育目标和教育内容，是国家意志在教育领域的直接体现，在立德树人中发挥着关键作用。"

自新中国成立以来，语文课程改革时刻紧跟教育方针的步伐，教育方针也对语文课程产生着巨大的影响。党的十九大明确提出："要全面贯彻党的教育方针，落实立德树人根本任务，发展素质教育，推进教育公平，培养德智体美全面发展的社会主义建设者和接班人。"这是对新时代党的教育方针的高度概括和全新表述，是提高人民综合素质、促进人的全面发展、增强中华民族创新创造活力、实现中华民族伟大复兴的根本遵循，是走新时代中国特色社会主义教育道路的行动指南。在此方针的指导下，语文课程改革以立德树人为根本任务，切实培养全面发展的现代公民。

二、回归课程本质

语文课程的课程性质是语文课程区别于其他课程的根本属性，它决定着语文教学的方向，也对语文教学的目的、教学内容和要求具有制约作用。正确把握语文课程的性质有助于我们认清语文教学改革的方向。纵观新中国成立以来颁布的各部教学大纲，人们对语文学科的认识主要经历了以下阶段：

一是强调思想性，忽视工具性。1956 年《小学语文教学大纲（草案）》没有明确指出语文学科的性质，但从"小学语文学科是以社会主义思想教育儿童的强有力的工具"这样的表述中，我们可以看出此阶段更强调语文学科的政治功能，强调思想性。

二是独树工具性，忽视思想性。1963 年教学大纲首次明确语文学科的性质，指出“语文是学好各门知识和从事各种工作的基本工具”，强调了语文学科的工具性而忽视了思想性。

三是强调思想性，兼顾工具性。1978 年《全日制十年制学校小学语文教学大纲（试行草案）》重申语文是学习其他各门知识的基础工具，它的重要特点是“思想政治教育和语文知识教学的辩证统一”。1986 年《全日制小学语文教学大纲》继承了过去几个大纲的成果，在学科性质上规定小学语文学科“不仅具有工具性，而且有很强的思想性”，“语文科的重要特点是语言文字训练和思想教育的辩证统一”。1992 年《九年义务教育全日制小学语文教学大纲》中关于学科性质的表述继承了 1986 年大纲。自此，我国语文界对学科性质的认识进入了一个相对稳定的阶段。

四是工具性与人文性的统一。随着社会的发展，到了 20 世纪 90 年代，语文教育日益暴露出问题，人们又将目光聚焦在学科性质上，认为工具性与思想性不足以涵盖语文教育的全部。如于漪指出：“‘思想性’不能涵盖语文学科的丰富多彩。因为有许多内容除了具有思想性，更具有道德的、情操的、审美的特征。”① 2001 年《全日制义务教育语文课程标准（实验稿）》在阐述语文学科性质时，明确指出：“语文是最重要的交际工具，是人类文化的重要组成部分。工具性与人文性的统一，是语文课程的基本特点。”2011 年《义务教育语文课程标准》继承了 2001 年版课程标准中的课程性质：“工具性与人文性的统一，是语文课程的基本特点。”同时对课程性质的表述也做了重要的补充，明确回答了语文课程是什么的问题，指出：“语文课程是一门学习语言文字运用的综合性、实践性课程。”还解决了语文课程学什么、怎么学两大问题。明确学的是“语言文字运用”，怎么学是要将语文课程与其他课程、语文课程内部综合起来，让学生在实践中学习语言文字。②“工具性与人文性的统一”是以辩证的方法来看待语文性质的，是对语文进行的全面解释。③

---

① 张红顺，张惠鲜．从工具性、思想性统一到工具性、人文性并重——于漪语文学科性质观述评［J］．南宁师范高等专科学校学报，2002（3）．

② 罗景泉．探索、确立、发展、飞跃、完善——从教学大纲到课程标准的变化看建国以来小学语文的发展轨迹［J］．语文学刊，2012（24）．

③ 刘静波．语文的本质是什么？——关于语文性质的论争［J］．现代语文（学术综合版），2014（2）．

由此可见，语文学科性质的演变，是语文学科性质内涵不断丰富的过程。当然，对于学科性质的认识，我们只能说在不断地接近真理，随着时代的发展，人们对学科性质的认识会更加透彻，而语文课程改革要做的，就是根据学科性质，不断地让语文课程回归课程本质。

三、突出学生中心立场

学生作为教育的对象、学习的主体，历来被重视，但在不同的时期，学生被重视的程度、被置于的地位是不一样的。1956 年《小学语文教学大纲（草案）》指出："小学语文学科的目的在于提高儿童的语言能力，培养儿童正确的听、说、读、写的技巧。""小学语文科的基本任务是发展儿童的语言——提高儿童理解语言和运用语言的能力。""要在发展儿童语言的工作当中完成下面的任务：（1）树立社会主义的信心。（2）树立辩证唯物主义世界观的基础。（3）培养共产主义道德。（4）培养爱美的情感和审美的能力。（5）培养对本民族语言的热爱。"这个大纲关注到了学生能力的培养，在有些方面是十分中肯的。

1963 年《全日制小学语文教学大纲（草案）》针对当时忽视"双基"的问题，提出要加强对学生基础知识和基本技能的培养。"双基"的提出，重视了语文的基础知识传授和基本技能训练，但也带来了忽视学生情感、态度、价值观的倾向。①

1978 年《全日制十年制学校小学语文教学大纲（试行草案）》要求教材编写把课文分为三类：一是讲读课文，二是阅读课文，三是学生自学的独立阅读课文。这是一个全新的尝试，表明我们开始注意把学生作为教学的主体，开始培养学生的自学能力。

1986 年《全日制小学语文教学大纲》指出语文教学的目的是"培养学生的识字、听话、说话、阅读、作文的能力和良好的学习习惯，并在语言文字训练的过程中进行思想品德教育"。这是良好学习习惯的培养首次被列入大纲，进一步体现了对学生的关注。

1992 年《九年义务教育全日制小学语文教学大纲》除了关注学生学习习惯的培养外，还指出"要采取启发式，废止注入式。教师既要发挥主导

① 郑昀，徐林祥. 从"双基"到"三维目标"，再到"核心素养"——新中国成立以来语文学科教学目标述评［J］. 课程·教材·教法，2017，37（10）.

作用，又要充分调动学生的积极性、主动性”。从中我们可以看出，学生得到了更多的关注，但它的出发点和立足点是教学内容和教师，是以教师为中心的，这不利于学生主体作用的发挥。

在我国，“以学生为主体”这种说法最早在1998年教育部颁发的《关于深化教学改革，培养适应21世纪需要的高质量人才的意见》中被提及，该意见指出：“在教与学的关系上，树立学生是教学活动的主体，更加重视学生独立学习能力和创新精神培养的思想。”

2001年，伴随着新一轮的基础教育改革，《义务教育语文课程标准（实验稿）》也诞生了，它的立足点就是学生的发展——将“人文性”列为语文课程的基础属性，体现了以人的发展为本的教育理念。将课程目标按照“知识和能力”“过程和方法”“情感、态度、价值观”三个维度进行分类，着眼于人的全面发展，期望学生在学习语文的过程中掌握方法，获取知识，形成能力，培养情感、态度、价值观，促进学生语文素养的全面提升。此外，还将“积极倡导自主、合作、探究的学习方式”列为课程的基本理念之一。为了落实这一理念，课标中除了“识字与写字”“阅读”“习作”“口语交际”外，还增加了“综合性学习”，共同组成语文学习内容的五大板块。设置“综合性学习”的目的，正是改变学生单纯地接受教师传授的学习方式，为学生建构开放的学习环境，提供多渠道、多层面的实践学习机会，培养学生的创新精神和实践能力，真正实现“人的发展”这一根本性要求。① 在具体的实施建议中，也强调学生的中心地位，指出教师要遵循学生的身心发展规律和语文学习规律，选择教学策略。在课程评价时也强调关注过程性评价，注重评价主体的多元与互动等。这么多的变化充分说明了学生中心立场的突出。

到了2010年，《国家中长期教育改革和发展规划纲要（2010—2020年）》提出：推动教育事业科学发展，必须坚持以人为本。核心是解决好培养什么人、怎样培养人的重大问题，重点是面向全体学生、促进学生全面发展，着力提高学生服务国家服务人民的社会责任感、勇于探索的创新精神、善于解决问题的实践能力。要以学生为主体，以教师为主导，充分发挥学生的主动性。

---

① 罗景泉. 探索、确立、发展、飞跃、完善——从教学大纲到课程标准的变化看建国以来小学语文的发展轨迹［J］. 语文学刊，2012（24）.

2011年颁布的《义务教育语文课程标准》是对2001年课程标准的进一步完善。在实施建议中，特别提出要“重视培养学生的创新精神和实践能力”，在“阅读教学”中还强调“要珍视学生独特的感受、体验和理解”。

近年来，“学生发展核心素养”是全球教育界的热词，我国于2016年发布《中国学生发展核心素养》，其核心就是培养“全面发展的人”。2017年，新修订的《普通高中语文课程标准》颁布，将“坚持立德树人，增强文化自信，充分发挥语文课程的育人功能”“以核心素养为本，推进语文课程深层次的改革”“加强实践性，促进学生语文学习方式的转变”“注重时代性，构建开放、多样、有序的语文课程”列为课程基本理念。

如果说2001年启动的新课程改革是从“双基”走向“三维目标”，那么，当前的教育改革则行走在从“三维目标”到“核心素养”的路上。从“双基”到“三维目标”再到“核心素养”的变迁，充分体现了语文课程从学科本位到以人为本的转变。

四、不断改善教学行为

随着学生观的转变，人们对“教学”本身的理解也在不断深化：从“知识传授”到“技能培养”，从“灌输”到“引导”，从“注入式教学”到“探究式教学”，从“课堂回答”到“课堂研讨”，从“教师主体”到“学生主体，教师主导”……“教学”日益被理解为一种复杂多向的交往过程，在这一过程中，师生之间是平等对话和交互的关系，学生的主体地位越来越突出，而教师则相应地不断改善教学行为，逐渐成为教学活动的组织者、引导者、咨询者和促进者。①

教师教学行为的改善主要表现在注重师生关系的平等化、注重学生发展的全面化、注重学生学习的主动化、注重教学过程的动态化、注重教学对象的个别化、注重教学资源的整合化、注重教学策略的综合化、注重教学对象的个别化、注重教学评价的多样化这些方面。② 为了学生更好的发展，为了适应社会发展的需要，教师对教学行为的改善将会一直在路上。

综上所述，语文教学改革在诸多方面取得了很大成效。作为教育工作

---

① 吴忠豪，于龙. 新中国60年小学语文教学改革（下）[J]. 语文教学通讯，2009（6）.

② 严峰. 新课改下教师教学行为新论 [J]. 辽宁教育，2013（5）.

者，我们应准确把握新课改倡导的先进课程理念的精神实质，认清语文课程改革方位，在语文课程改革中做出我们应有的贡献。

第二节　确立核心素养发展目标

学生发展核心素养，主要是指学生应具备的，能够适应终身发展和社会发展需要的必备品格和关键能力。核心素养是关于学生知识、技能、情感、态度、价值观等多方面要求的综合表现，是每一名学生获得成功生活、适应个人终身发展和社会发展都需要的、不可或缺的共同素养；其发展是一个持续终身的过程，可教可学，最初在家庭和学校中培养，随后在一生中不断完善。① 当前我国教育已将全面提升学生核心素养作为重要的发展目标。

一、认识学生发展核心素养的价值

如图 1 所示，中国学生发展核心素养以培养“全面发展的人”为核心，分为文化基础、自主发展、社会参与三个方面，综合表现为人文底蕴、科学精神、学会学习、健康生活、责任担当、实践创新六大素养。中国学生发展核心素养的提出，有利于适应全球化和信息化的潮流，有利于贯彻落实教育方针，有利于进一步推进素质教育改革。

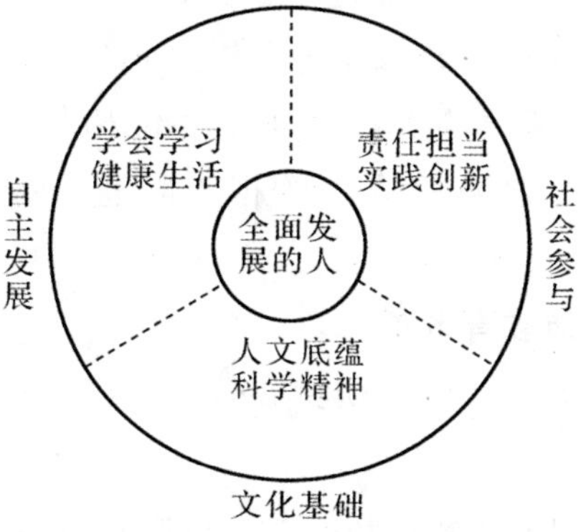

图 1　中国学生发展核心素养

① 林崇德．中国学生发展核心素养：深入回答“立什么德、树什么人”［J］．人民教育，2016（19）．

1. 适应全球化和信息化的潮流

核心素养是在复杂多变的时代背景下提出的，它首先针对的是不断发展的全球化和信息化趋势。自20世纪以来，尤其是进入21世纪后，世界被连成一个整体，每个人都是“地球村”的一员，也无时无刻不参与在全球竞争之中。且各国之间已经从表层的生产力竞争转化为深层的以人才为中心的竞争。以经济发展为核心、致力于公民素养的提升，已成为世界各国发展的共同主题。① 第三次科技革命让人类社会真正步入了信息时代，随着互联网的发展，知识呈几何级增长，知识的存储方式、表征方式、传递方式以及人们获取知识的途径都发生了深刻变化。与此同时，技术的发展让知识的外延不断扩大，知识的更新速度不断加快，知识的不确定性也随之增大。②

在这样的背景下，人们需要掌握的不仅是知识，更需要学会学习，掌握获取知识的能力。教育需要做出相应的应对。21世纪培养的学生应该具备哪些核心素养，才能成功地融入未来社会，才能在满足个人现实需要的同时推动社会的健康发展是其不可规避的问题。中国学生发展核心素养强调了科学精神、学会学习、实践创新，有利于培养出适应全球化和信息化潮流的具有全球竞争能力的高质量人才。

2. 贯彻落实党的教育方针

学生发展核心素养是对教育方针中所确定的教育培养目标的具体化和细化，是连接宏观教育理念、培养目标与具体教育教学实践的中间环节。党的教育方针可以通过核心素养这一桥梁，转化为教育教学实践可用的、教育工作者易于理解的具体要求，进而贯穿到各学段，体现到各学科，最终落实到学生身上，明确学生应具备的必备品格和关键能力，从中观层面深入回答“立什么德、树什么人”的根本问题，用于指导人才培养具体实践。③

3. 进一步推进素质教育改革

当前素质教育改革已取得了初步成效，但也存在着诸如学生身体素质

---

① 林崇德. 中国学生核心素养研究［J］. 心理与行为研究，2017，15（2）.

② 郭怡，张举范. 我们应该培养什么样的人——基于核心素养的追问与思考［J］. 现代教育科学，2018（8）.

③ 林崇德. 中国学生发展核心素养：深入回答“立什么德、树什么人”［J］. 人民教育，2016（19）.

滑坡、适应社会能力不强、负面情绪较多、实践和创新能力不足等素养发展不全面的问题。与此同时，我国长期以来形成的以学生成绩为衡量标准的中考、高考体系尚未得到根本性的变革，还不能够综合地衡量人才，导致素质教育的真正推行遭遇困境。除此之外，通过对语文课程标准的梳理，我们发现在 2001 年的实验版课程标准中就反复提到“素养”和“语文素养”，但是未对其进行进一步说明，缺乏明确的内涵界定和系统陈述。这些现状和问题需要我们进一步丰富素质教育的内涵，深入推进素质教育的改革，真正确立起以“学生核心素养”为基本框架的教育质量评价体系和课程体系，以促进素质教育的深化与落实。①

随着我国学生发展核心素养的确立，教师、家长及社会各界都对应该培养什么样的人有了共同的认识，有利于丰富素质教育的内涵并进一步推进素质教育改革。

二、语文核心素养的内涵

语文核心素养是核心素养的学科化，指学生在积极的语言实践活动中积累与构建起来的，并在真实的语言运用情境中表现出来的语言能力及其品质；是学生在语文学习中获得的语言知识与语言能力，思维方法与思维品质，情感、态度与价值观的综合体现。语文核心素养的形成与发展主要包括“语言建构与运用”“思维发展与提升”“审美鉴赏与创造”“文化传承与理解”四个方面的关键内容。

1. 语言建构与运用

指学生在丰富的语言实践中，通过主动的积累、梳理和整合，逐步掌握祖国语言文字特点及其运用规律，形成个体言语经验，发展在具体语言情境中正确有效地运用祖国语言文字进行沟通交流的能力。

2. 思维发展与提升

指学生在语文学习过程中，通过语言运用，获得直觉思维、形象思维、逻辑思维、辩证思维和创造思维的发展，以及深刻性、敏捷性、灵活性、批判性和独创性等思维品质的提升。

3. 审美鉴赏与创造

指学生在语文学习过程中，通过审美体验、评价等活动形成正确的审

① 林崇德. 中国学生核心素养研究［J］. 心理与行为研究，2017，15（2）.

美意识、健康向上的审美情趣与鉴赏品位，并在此过程中逐步掌握表现美、创造美的方法。

4. 文化传承与理解

指学生在语文学习过程中，继承和弘扬中华优秀传统文化、革命文化、社会主义先进文化，理解和借鉴不同民族和地区的文化，拓展文化视野，增强文化自觉，提升中国特色社会主义文化自信，热爱祖国语言文字，热爱中华文化，防止文化上的民族虚无主义。

三、文本教学价值解读

语文核心素养的提出，是从学科教学特性审视教学问题的重要契机。①小学语文教材都以文选的形式编排，选入教材的是不同文体中较有典型价值的文本。每一篇课文，都有着教学价值，准确辨识其文体特征，依循文体特征教学，可以更好地发挥选文的教学功能，丰富并提升学生的生活经验与语文经验，从而提升学生的语文素养。例如诗歌、散文往往有着独特的意境美感，针对诗歌、散文的特点，制定相应的教学策略，着重培养学生对美的认知，积累词句，提高审美能力；议论文、说明文在思维逻辑上更为严密有序，学习此类文本，可以锻炼学生的语言理解能力，让他们在文本的阅读上知其所言何物，一定程度上也能提高对客观世界的认知水平；书信、演讲稿这类应用文则是锤炼语言运用能力的绝佳机会；历史、寓言等，往往带着传统文化的影子，它们所阐释的哲理，传承着我们中华传统精神，一定程度上丰富了学生们的文化底蕴。

文体作为文章的表现形式，构成了文本的规格和模式，是文本存在的基本要素。这就决定了阅读教学必须要关注文本的文体意识，借助典型文本的丰富价值而牵动一类文本的学习。语文教学只有用好了“文本”，才能打造真正的“学本”课堂，激发学生的言语生命意识，调动学生的自主动力，使课堂教学有序有效地指向学生语文核心素养的提升。

歌德曾这样说过：“阅读的内容人人看得见，含义只有有心人得之，而形式对于大多数人来说是个秘密。”这个“秘密”正是我们要探索、发现、获得与践行的。我们希望通过这种实践研究，给学生播下影响其一生的文

---

① 李琴．基于语文核心素养的“教学解读”：问题与对策［J］．教育理论与实践，2018（8）．

学种子，使阅读真正成为学生的一种自觉的解码过程，一种本能的建构言语家园的过程，一种生命价值的自我塑造过程。

建立学生核心素养体系旨在推进教育教学改革。如何将核心素养从一套理论落实与推行到具体的教育活动中去，是教育工作者需要研究的问题。基于这样的前提，我们提出了指向小学生语文核心素养的类文本研究，以期立足课标、立足文本、立足课堂，让语文核心素养落地生根。

第三节 落实课堂教学深耕行动

语文课程改革的深化、学生核心素养的培育，关键在于课堂。基于课堂，我们吸取他人的研究经验，进行了一些类文本阅读教学的实践和创新思考。

一、持续更新教学视角

类文本教学要求教师不仅有广博的语文知识，还需要博览群书，具有深厚的人文素养。更为重要的是，类文本教学需要教师真正领会新课程改革的理念，根据课程改革的理念来更新教学视角。

1. 专业阅读积聚底蕴

为了科学把握方向性和先行性，确保成效，我们努力做到理论先行。我们运用“文献研究法”进行前期研究，充分利用图书馆、网络等查阅历史文献，从而解读并完善了“类文本”内涵，形成了基本的理论认识。还开展教师读书系列活动，提倡个性化阅读、好书共读，通过“读书交流会”进行思维碰撞式的研讨。利用假期，老师们共读了周成平主编的《我们需要怎样的课堂》一书，老师们将心得体会用批注的形式直接记录在书本上。蓝笔、黑笔、红笔，圈画钩点落在字里行间，是老师们结合自己的教学实践产生的共鸣和反思。活动点燃了老师们的读书热情，一本又一本散发着油墨清香的书籍，令大家爱不释手，李政涛著的《教育常识》、蒋成云编著的《分类解读小学语文教材的实践研究》、薛法根等著的《文本分类教学》……老师们不仅把读书学习变成了“现在进行时”，还将读书计划排进了假期培训，成为完美的“将来进行时”。不仅如此，学校还建立了微信公众号，定期向老师推送先进的教育理念和资讯，开启“掌上培训”模式，为教师培训开通了更为畅通、快捷的渠道。

2. 问题解决变革思维

精心筛选教研内容，满足教师实际需要，是教研活动有效的根本。所以，我们尝试将教研活动内容系列化、专题化。每一次教研活动前，都会给老师们布置“作业”——提供一些思考题，引领老师根据问题自主学习，寻求理论支持并结合教学实践做好交流准备。在交流的老师中，我们以“组合”的形式进行汇报，如“成长型教师＋骨干教师”或“青年教师＋资深教师”，这样“1＋1”结对的形式能更好地促进不同层次的教师互补学习，变革思维，激活教师的内驱力。如最近的一次教研活动，我们提供了以下思考题：“同组解读同一个文本，要求整体把握文本内容、价值取向，发现这一类文本的语言特点，如谈教师‘教什么’‘怎么教’，学生‘学什么’‘怎么学’。”带着问题的自主学习，让教师在宽松、自主的氛围中抱团解决实际问题。

3. 任务驱动生长智慧

为了保证类文本教学更好地得以施行，我们将其分解为一个个任务，围绕任务开展类文本教学，以任务的完成结果进行检验和总结。每一个阶段都有每一个阶段的任务，比如在梳理文体特征阶段，就将各类文本分别分派给不同的老师，要求他们查阅资料，深入讨论探究，得出书面化的结论。在完成任务的过程中，老师们合作研讨，提出自己的个性化观点，既得出了结论，更生长了所有参与老师的智慧。在进行教学设计时，老师们互帮互助，在一起听课、评课、重构教案……就这样，老师们在一个个任务的驱动下不断前行，教研氛围异常热烈。

二、深入重组教学内容

1. 梳理文体特征，确定教学内容

每一类文本都有着自己内在的特性和规律，每一篇文章又有着本身独有的特征。面对文本，除了关注共性的阅读规律外，更要关注文体本身独有的特征。王荣生先生指出，语文课教学内容的确定是否合宜，直接决定语文课成功与否，而准确地定位文本的文体，明确其文体特征，是确定合宜的教学内容的关键。

落实课堂教学深耕行动，我们首先着力于梳理文体特征，确定教学内容。针对小学语文教材中的各类文本，我们先依照文体将其分类，通过文献阅读及经验总结，梳理出每一类文本的文体特征，并根据文体特征确定相应的教学内容。在确定好内容后，我们在语文课堂上不断实践反思，发现问题，获取新知，调整策略……就这样，在循环往复、螺旋上升的研究过程中，将教学内容进行重组，最终确定最适宜每一类文本的教学内容。

2. 优化备课制度，寻求最佳方案

备好课是学生能够有效学习的保障，我们围绕类文本教学的实践研究，改革备课制度，分四个层次精心备课，以期寻得最佳教学方案：一是学习经典课例，撰写心得体会，表述文本样式和学习心得；二是运用精品课例模仿实践，撰写教学反思，总结他人对文本解读的经验；三是结合教学实际自主备课，各教学环节中注明设计意图、达成路径，组内集体讨论完成定稿，教后撰写教学反思，关注学生所得；四是选择研究课例，全员参与，在反复磨课中获取方法或建议，发现新问题，争取新进展及新突破。

在实践过程中，我们设计了贴合学生真切需要的教学环节。以学生的认知水平为起点，铺设阶梯，在环环相扣、步步落实中引导学生边欣赏、边品味、边质疑、边咀嚼、边吸收，充分关注学生每一次独特的感受与思考，珍视所得，正视缺憾，在不断调试中寻求最佳教学方案。

三、主动转换教学方式

1. 积极探索类文本教学范式

开展实践研究以来，老师们从不同文体入手，把握课文的特点，确立重点与准点，确定适宜的学法。并据此选择科学的教法，设计合理的教学结构，达到教与学和谐优化的目的。努力呈现大气朴实的课堂教学氛围，创设一种体现人性本真的朴实的课堂氛围，带给儿童明净澄澈的感受和心旷神怡的体验。

有的老师进行了神话故事类文本的尝试，归纳出实用性的策略：

（1）一周“神话故事”课前大擂台，铺垫，积累；

（2）用自己的话理清文本故事脉络，掌握故事的一般常态结构；

（3）抓关键人物及人物的关键处品词析句，以读促悟，感受人物形象；

（4）扣中心句段，学以致用，模仿创作或扩充改编。

有的老师根据学生年龄特点，选择说理文类文本，梳理说理文的一般写作手法，理清文脉；推敲观点的设置，思考选择典型性事例的切入点，突出事例的典型性以及呈现的方式，不忘语文教学遣词造句的本真，防止陷入单纯的说教；补充相似或不同架构的说理文，用系统思考的方法带学生将过程走个来回，从而找出异同点，举一反三，学写说理文。

我们提出的这些策略范式是为了表述的需要，并不等于这些就是教学的定式，因此，教学中我们提倡在明确的理念指导下，教师能够不断地通过自己的创造性劳动，把教学的目标落到实处，聚焦阅读的关键能力，使语文课本真又朴实，使学生的获得扎实又有延展性。

2. 借助思维导图，构建“学习地图”

思维导图被称为语文学习的“新支点”，能将语文的学习内容、知识间的逻辑联系清晰地呈现出来，这与我们的类文本研究的核心思想是匹配的。认识到了这一点，我们将其嫁接、引进到了教学中。

（1）从零起步。学校骨干教师先行学习，再为老师们举办微型讲座，如《可视化思考——思维导图教学》《思维导图教学法经典图例》《语文教学实用思维导图》等。

（2）“幸福”入门。有了培训的铺垫，老师们第一次在白纸上手绘的是一张以“幸福”为关键词的思维导图，延伸的线条和凝练的文字，是老师们对于“幸福”的描述，大家发现，通过思维导图看“幸福”有了更多的视角。

（3）练习提高。提升思维导图创作能力，最好的办法就是不断练习。例如，学校层面组织了思维导图设计比赛，选取了《宋庆龄故居的樟树》一课，考察老师们解读叙事类文本的能力，并以年级备课组为单位开展“类文本解读展示活动”，老师们尝试着用绘制思维导图的形式来寻找文本的关键点、突破点、情感意蕴点、主旨生成点……从中选择出合适的教学内容，确定符合年段特点的教法、学法指导；二次备课中，一幅幅思维导图悄然跃上了老师们的备课本，许多老师都说，使用思维导图可以更好地从一次备课的“线性方式”存在的教案中，捕捉自己的思维灵感，整合自己的教学思路，前瞻性地预定教学效果。

（4）课堂实践。我们将思维导图运用于课堂实践中。例如《海底世界》一文，层次分明，内容浅显易懂，融知识性、趣味性于一体。中年级的学生已有了一定的阅读能力，教师在教学海底动物部分时，一边教一边在黑板上画思维导图，等学习海底植物部分时就放手让学生围绕“海底植物”自由设计导图。

在学习和探求思维导图在语文教学中的运用过程中，我们发现不管是让学生在识字、阅读、表达、积累等言语实践中尝试绘制“学习地图”的过程中，还是让学生运用已绘制好的“学习地图”进一步进行识字、阅读、表达、积累等言语实践的活动中，一张张形式新颖、色彩斑斓的“思维导图”把语文的学习内容、知识间的逻辑联系清晰地呈现在学生面前，对学生开动大脑，触动表达，启动记忆，提高思维力、记忆力、阅读力、表达力，甚至是激发学生学习兴趣都有非常明显的积极的作用。它能够调动学生积极主动的阅读心态，借助导图发言、图文对照、自主学习、自主理解，学生缩短了与文本之间的距离，有利于进一步解读文本，感受这一类文本的特点。

四、不断反思教学效果

1. 开发量表，透视课堂

过去，教师在听课、评课时总是存在着准备不足、记录不精、评议不专的问题，听课多停留在“是什么”的层面，对于“为什么”“怎么办”少有表述。针对这样的情况，我们积极开发了课堂观察量表，指导教师对执教者的教学状态做出科学的评估，对学生的学习状态做出真实全面的了解，教师开始带着课堂观察量表走进课堂，对课堂进行具体数据的记录与分析。我们发现，有了课堂观察量表，听课者就会带着明确的目的从课堂情境中收集资料，并对类文本研究课堂进行定量与定性分析。被观察者在以后的课堂上根据量表调整自己的教学，弥补自己课堂的不足之处。这种科学、严谨、合作式的研讨，对每个参与者来说都是难得的学习机会，大家在交流的过程中逐渐提高认识，能抓住核心要点，探究类文本的共性特点，从而促进团队每位成员学习力的提升。

2. 案例研讨，见微知著

案例研究是教育理论与教育实践相结合的有效方式，我们研究的案例来源于课堂，是教师在课堂教学策略实施时的匠心设计或是巧妙的排解困惑的方法，对于教育同行更具说服力，也让深刻的道理浅显化，便于举一反三的操作。记录一些解读的成功之处，从成功的解读中找到一份自信与欣喜，回想自己对文本的解读思路，评价自己的文本解读方法，对不尽如人意的地方进行重构。

（1）记录教学中的失误。当教师对类文本的理解得不到学生的共鸣，或者说教师的解读不能很流畅地指导学生的阅读时，我们会及时记录，对不满意的地方从初读文本时的解读开始一步步反思自己文本阅读的不到之处，重新审读文本，及时纠正自己对文本的理解，以便在今后的教学中引起警惕。

（2）记录教学中的灵感。教学中产生的灵感往往是教师智慧的闪光点，稍纵即逝，及时在课后捕捉，对于丰富我们的文本阅读方法，提高我们的文本阅读能力有很大帮助。因此，对于课堂中产生的灵感，我们会及时记录下来，再重新审视这样的设计或处理方式是否更能促进学生发展。

（3）记录学生的个性化解读。教师面对的教学主体是学生，教师的文本解读最终也是为指导学生的文本解读而服务的。学生对文本的个性化解读是我们教学关注的重点，同时也应该是我们教学的重要资源。有时，学生的思维是教师无法事先揣测的，而且学生的解读有的也极具代表性，课后将学生课堂上比较有个性的理解记录下来，一方面可以拓展教师文本理解的广度与深度，另一方面也是教师积累的重要备课资源，能够为今后解读同类文本提供参考。

第二章

共创课堂——内化儿童中央理念

随着“倡导自主、合作、探究”学习方式的提出，语文教学更多地注重分类指导，培养学生独立求知、主动思考、积极探索的能力，进入坚持以生为本，尊重个体差异，深化教学改革的新阶段。在教学过程中坚定“以学生为中心”的教学理念，坚持探索“教师少教，学生多学”的教学途径，坚守“理念信奉”与“理念运用”相一致的教学原则。课堂是教学的主阵地，在教师的组织引导下，在有效的互动情境中，努力把课堂还给学生，促进学生生命的动态成长。

第一节 儿童中央课堂要素建构

课堂要素是指参与课堂的各种显性及隐性存在，各要素在课堂中分别占有相应地位，相互依存，交互作用，共同构成一个复杂精密的课堂结构。当前学界对课堂要素的界定并没有形成一致的观点，接受度较高的大致有以下几种：“三要素”说，即“教师、学生、教材”；“四要素”说，即“教师、学生、教材、环境”；“五要素”说，即“教师、学生、教材、工具、方法”；“六要素”说，即“教师、学生、教材、工具、时间、空间”。总之，课堂要素是一个动态发展的概念，随着课堂教学的进一步现代化，课堂要素的外延也在不断扩大。但是教师、学生、教材是大家都认可的教学基本要素。相关研究也表明，教学环境能对课堂产生重要影响，是课堂教学进行的重要条件，并与其他要素联系紧密。换言之，“教师、学生、教材、环境”是课堂教学的四大基本要素。在“以学生为中心”的理念关照下，对四大要素进行合理建构和调整，是深化教学改革的题中之义。

一、“儿童中央”视域下的教材创变

教材即教科书，是学生获得学科知识的重要载体。对教师来说，教材呈现的教学内容并不完全等同于课程教学任务。这就要求教师能站在课程培养要求的高度对教材进行分析和重建。对学生而言，教材所呈现的教学内容有时并不与自身的认知能力、知识积累完全吻合。因而，可以尝试对教材进行体例编排、内容增减、材料增补，以便更好地促进学生的学习内化。

1. 教材选文的调整

现行小学语文教材通常以选文呈现的方式编纂而成，因而语文教学很长一段时间以来都是以单篇教学为主，教学倾向于课文内容的理解和分析。这种教学方式易使学生听说读写训练割裂，能力习得碎片化，很难构建完整的知识体系。因而教育界有识之士做出了许多有益的尝试：比如“单元整体教学”，把教材中的课文按照一定原则重新进行单元编排，整合每篇课文内容，以“统整式语文学习观点”为依托，落实对学生语文能力的培养；再如“类文本教学”，把教材文本按照文体重新分类组合，设立文体阅读单元，实现从单篇到类篇的跨越，建构起学生网状知识系统。总之，通过对教材的大胆调整，给学生学习的空间，鼓励学生站在课堂最前沿，促使其持久学习力的形成。

2. 单篇文本的取舍

相较以往，现今小学语文教材中收录的文章篇幅都比较长，有限的课堂时间与无限的长篇文本互相矛盾。到底该“怎么教”？课程标准提出：应在尽量避免烦琐的基础上不断简化，在加强整合中突出教学重难点。简言之，就是要学会“割爱”，学生已会的不教，学生能学会的不教，学生学不会的不要教。“长文短教”就是知识合理取舍的方式，面对长文，从题眼入手，把细节串联，直奔中心。如长文《我的伯父鲁迅先生》，教学时抓住最后一句中心句“我的伯父就是这样一个人，他为自己想得少，为别人想得多”展开教学，从哪里看出伯父就是这样的人呢？顺势引出趣谈水浒、笑谈碰壁、救治车夫、关心女佣四件事。整个教学过程取舍有道，游刃有余，实现了课堂时间与教学内容的平衡。

3. 阅读材料的增补

课程标准对小学生课外阅读的总量做了规定，第一学段不少于5万字，第二学段不少于40万字，第三学段不少于100万字，因为课时原因，学生主要在课外完成这一阅读任务。但当学习任务繁重时，很多学生首选牺牲课外阅读。同时，在快餐文化的影响下，即使有时间，一部分学生也倾向选择碎片化阅读，远不能达到如今的阅读要求。其实，在语文教学中，引领学生“自主阅读”是一项永恒的任务，因而，我们可以选择与课内文本有密切联系的书籍，或主题相似的，或体裁相似的，或内容相似的，鼓励学生进行整本书的补充阅读，把教材和新的阅读材料结合起来，把课程培养要求与教材文本衔接起来。

二、“儿童中央”视域下的教师转变

在课堂教学这一过程中，教师通常处于主导地位，通过知识传授引导学生的思维方向，通过能力培养开发学生的智力，通过教学手段调动学生的学习积极性，通过方法指导调整学生的学习状态，通过合理安排把握学生的学习进度……但课堂的主角依旧是学生，他们才是主动意义的建构者。教师应走出成人中心的误区，蹲下身子，重视、关心、尊重每一位学生，这样才能真正开启学生丰富的思维世界。

1. 关注学习需求

所有的学习活动都是从已知世界向未知世界的进军。儿童的学习生活，也必然要从他们的学习需求出发来形成学习的动力。在课堂里，教师从发现学生的学习需求入手来激发他们学习的内驱力的情况却并不多。其实，学生的学习需求很多不是直接向教师提出的，而往往会表现在他们的错误上、困顿中、疑惑处，需要教师去机敏地发现，及时地把握。

有数学教师是这样辅导学生“四则运算”的：在课堂讲解时先讲授“先乘除，后加减，遇到括号要先算”这样的运算法则，但是学生对概念到底理解多少，需要实践检验。当教师在黑板上具体到练习题“$16-8\div4$”“$11-3\times2$”“$30\div(10-6)$”时，有学生回答第一题的答案是2。教师没有立即做出评价，而是询问其他学生，看看其他学生的完成情况。这样，从一个人的错误答案，就能看出全体学生在“四则运算”中是否存在问题。

针对解答错误的学生，教师细心点拨："在四则运算法则中，有乘除和加减，应该先算谁?"学生立刻恍然大悟。教师这种记录错误，探寻原因，利用错误资源帮助学生建立正确的知识网络的做法值得所有学科教师学习。因为，算错绝不只是粗心，还内隐着一种源于理解不到位的学习需求。可见在课堂上时刻关注学生的学习需求是多么重要。

2. 培养问题意识

进学之道在乎问学。我们的课堂教学活动，可以说都是以问题为起点，又以问题解决为指向并在这一矛盾中推进发展的。此处的"问题"，并不是一个宽泛的概念，它必须是能促进学习主体的自觉和自悟的。只有把学习问题和学生具体的生活经验建立勾连，才能很好地让学生探究情境，培育思维。很多学生在学习中没有表现出探究的欲望，并不是他们天生不会质疑，而是长年以来，教师在课堂上指点江山，既没有学生疑惑的时间，也与他们的生活经验相去甚远，无法引发其情感共鸣。因而，我们的课堂要尽量贴近学生的生活实际，让其经验和情感参与真正的学习，使得儿童能够切实感到学习活动的价值。

有教师在教柳宗元的《江雪》一课时，做过尝试：诗句十分简短，一读就明白，谁来说说读后感?课堂鸦雀无声，过了好一会儿才有一个学生举手：我觉得柳宗元很傻，那么冷的天，在家烤烤火多好，为什么出去钓鱼?他肯定冻得瑟瑟发抖，鱼竿一抖一抖，鱼儿不会上钩的。教室里哄堂大笑，不少学生点头附和。的确，以儿童的生活经验判断，天寒地冻出门钓鱼根本不合常理。此时，出示诗歌写作背景，继续追问：那柳宗元为何做出如此举动?学生纷纷举手："我在特别伤心的时候也喜欢到安静的地方冷静一下，诗人遭受打击，无人理解，更无人诉说，他是出来排解情绪的。""诗人觉得没人明白他，他的内心很孤独，我在遭遇挫折时也会这样。"……孩子们积极参与，用自己的童言童语为诗人遭受打击后不屈而又深感孤寂的万千情绪做了最生动的诠释，这远比教师一味灌输生动得多。因而，我们应当尝试追求这样的课堂：适度开放，以问题设计为导向，让学生提问，关注矛盾冲突点，并对有质量的问题做出串联，凭借这些问题展开深入的共学，让课堂成为学生自主发问、自主解决的场域，学生思维的触角由此得到充分的舒展，向纵深处蔓延。

3. 激发探究兴趣

课堂能否激发学生的好奇心，能否让学生拥有成就感，是判断一节课成功与否的重要标准。这种评价方式，尊重了儿童的思维。小学阶段的孩子处在最富有想象力的年龄段，他们视角里的生活世界是五彩斑斓的，充盈着童趣，洋溢着童真。在他们眼里，世界万物都是活生生的，有生命的，是触手可感的。我们的教学要回归儿童生活的本真，采取他们喜闻乐见的方式，让其在课堂上津津有味地质疑、思考、沟通，源源不断地获得学习内驱力。

有教师执教《儿童诗》一课，“玩”出了孩子的兴趣，非常精彩。上课伊始老师就和学生聊：“老师今天要做一回魔术师，把你们全变了，你们想把自己变成什么?”师生距离瞬间拉近，学生兴致盎然。在朗读、欣赏儿童诗《阳光》这一环节时，老师又带着大家玩起了改字游戏：“阳光在溪上流着”还可以怎么说呢？一学生说“阳光在溪上玩着”时，老师让学生说理由，学生说：“阳光就像小朋友，可活泼了，在小溪上玩耍，把小溪打扮得绚丽多彩。”接下来，老师进一步让学生按“阳光在（　　）”的句式创编句式。学生更是起劲，纷纷表达：“阳光在黑板上躺着”“阳光在小鸟上骑着”“阳光在屋顶上站着”“阳光在梦中闪着”……整堂课，老师带着孩子们“玩耍”，学习过程在“玩”中步步推进，课堂俨然成了思维的游乐场，向生活的远方发散，向认知的无穷尽处进发。这“玩”的背后折射的是老师对儿童的尊重，对儿童思维方式的保护。

4. 尊重个性解读

教育的最终目的应当是关照学生的生命发展。在急剧变革的社会中，教育不能单纯满足于知识和技能的传授，更要注意尊重学生的个性思考，重视彼此之间意见的交换、整合和超越，从而产生新能力。教师要根据教学内容的特点，精心设计学习“问题”，为学生提供适当的、带有一定挑战性的学习对象或任务，把学生不知不觉代入个性思维的“最近发展区”，并对学生的见解表示最大程度的尊重。

一位教师执教部编本课文《去年的树》时，其中有一个环节是让四人小组合作给课文补上提示语，按照老师的要求，学生商量着填写。其中有一组的一个学生提出了异议：“我觉得课文中没有写提示语是有它的道理的。难道作者不会写吗？小鸟对树的情感就在对话中，我们能够读出来，为什么一定要写出来?”另外三个学生沉默了一会儿，也表示同意，补充道：“况且小鸟发现自己的好朋友不见了，那么伤心着急，哪里还顾得上摆什么表情啊，老师以前不是说过，情况紧急时，不用提示语嘛！”……给简单的或者有规律的对话加上提示语，对学生理解、积累和运用语言有一定的训练价值，偶一为之，未尝不可。这个学生说得好，情在字里藏，这也许就是这篇文章的行文特色，可以充分体会，不必写出来，更无必要大张旗鼓地合作讨论。可以看出，学生借助课堂学习已创生了自有的思维方式和价值取向，这是照亮他生命旅程的一缕光。

三、“儿童中央”视域下的学生蜕变

改变学生单一的接受性学习方式是新课改的题中之义，在课堂教学中，教师精心设计学习活动，发挥创意，为学生提供有意义的实践环境，让学生的语言、思维在课堂学习中发生蜕变。

1. 进行辩论

学生知识发展水平和经验积累不同，对文本的感受也会不同，我们并不鼓励“异口同声”的课堂，因此，教师及时抓住学生学习过程中的疑惑点、矛盾点，顺势将辩论引入课堂教学，可有效激活学生思维，锻炼语言表达，提升认识程度，把学习活动有质量地向前推进。当然，为了保证课堂争辩的有效性，必须在钻研教材和了解学生的基础上精心预设。

《牛郎织女》是一则情节简单的民间故事，有位老师在指导学生抓住要点复述故事后，抛出话题：说说对王母娘娘的印象。学生很快形成两种观点：这方认为王母极度自私，毫无人情，无视织女的情感需要；那方则认为王母执法如山，大义灭亲，公正公平。这方认为王母做事只顾合法，不顾合情，把织女抓走，拆散了一个美满的家庭，让两个年幼的孩儿失去了母亲；那方则反驳，王母执掌天界，徇私枉法的口子不能开，不然以后如何管理天界诸神，准许牛郎织女一年一会，已是人情了……辩论过程中，学生注意力高度集中，听对方说了什么，哪些说得不对，并迅速组织语言进行反驳。在师生、生生之间的言语交锋中，善于听、敏于言的思维与表达能力逐步养成了。

2. 尝试采访

《义务教育语文课程标准（2011 年版）》（以下简称“《语文课程标准》”）指出：“口语交际能力是现代公民的必备能力。应培养学生倾听、表达和应对的能力，使学生具有文明和谐地进行人际交流的素养。”采访是口语交际的常见形式，在阅读教学中，可让学生扮演文中角色，通过与小记者的采访，提出疑问，再现文中人物的内心世界，从而加深对人物品质的理解。这远比单薄地抓住几个重点句子，空洞地说教强得多。

有教师在教学《印度洋上生死夜》一文时，为了让学生能更加深刻地理解皮埃尔船长的忠于职责，不辱使命，设计了事后采访的环节：

记者：海啸即将来临，妻子也危在旦夕，您选择留下，能给大家说说您的想法吗？

船长：我很纠结，一边是深爱的妻子，我曾经向上帝发誓要保护她，一边是客轮上几百个乘客，我是船长，我也必须对他们的生命负责。

记者：您为什么不在轮船上打灯语让人来救你们呢？

船长：海啸随时会来，我不能让其他人为了救我们而受伤害。

记者：您的妻子已经去世了，对着镜头，您想对妻子说什么吗？

船长：我想，她一定会原谅我，我的举动，是我们共同的抉择。

3. 体验解说

《语文课程标准》指出："语文课程是实践性课程，应着重培养学生的语文实践能力，而培养这种能力的主要途径也应是语文实践。"在课堂教学中，学生面对知识性较强、语言较为理性的说明文，往往兴趣缺乏，若教师还是因循守旧地讲解分析，学习效果就会大打折扣，此时，就应引导学生进入课文角色，通过解说活动来进行学习。如教学《美丽的丹顶鹤》一课时，可以请学生当当小丹顶鹤，介绍一下"自己"。罗列出课文介绍的有关丹顶鹤的外形、习性等知识后，引导学生围绕知识点进行解说。学生努力调动自身言语存储，用创造性的语言表述课文内容，避免了单一复述的机械性。学生在这样的学习过程中，不自觉地转换了课堂角色，由知识的被动接受转换成主动创生，学生的思维能力亦在动态活动中获得提升。解说策略还可以用在写景类课文中，鼓励学生解说时结合景点的变化，创造性地使用课文中的语言，适时加入自己的阅读感受。这样，美景、妙语就如涓涓细流，流入孩子的心田。

4. 角色体验

随着社会对人才培养要求的提高，教学所承担的使命愈加多样，教师充当的角色也不再单一。有时，我们可以尝试让学生走上讲台当小老师，在角色转换中进行特殊的学习。学生过了把老师瘾，思维能更积极主动，往往能达到更好的教学效果。角色体验，可以从朗读教学入手。如《槐乡五月》第1自然段，文字优美，充满诗情画意，值得反复吟诵体味。这部分内容可采用以读代讲的教学方法。“谁来当小老师评价一下其他同学的朗读?”“你声音响亮，很好，但你第一次来到槐乡，看见这样的美景，你该怎么读呢?”“对啊，很激动，很兴奋！你再试试看?”……学生由依赖他人学习转向自我学习，由听老师评价转为自我评价，学生思考力、注意力都调整到了最佳状态，更容易与作者、与文本产生共鸣。

四、“儿童中央”视域下的环境改变

教学环境是课堂教学顺利进行的基本条件，教学环境与教学活动各要素之间都有着密切联系又相互作用。在和谐良好的教学环境中，能产生“随风潜入夜，润物细无声”的育人效应。

1. 增强吸力

语言是人们交往的工具，但在教学中，教师的语言不单为了交流互动，更重要的是知识的传授。教师应熟练掌握并应用专业术语进行课堂教学，不仅要注意语言的逻辑性和教育性，更要注意语言的示范性。小学教师还要能恰当地使用无声语言，如眼神、手势、表情等。无声的语言，能使课堂教学更加生动，更具感染力，如学生听讲专注，给他一个鼓励的微笑，学生大胆发言，送他一个赞赏的表情。这些，都是增强环境吸力的有效方式。

小学生天生活泼好动，充满好奇心，以形象思维为主，根据这一特点，教师要尝试营造有吸引力的学习环境。这种具体的环境，能引发学生的无意注意，激发求知兴趣，并与其已有知识和经验相勾连。低年级教师可以把童话故事、日常游戏、益智动画等儿童喜闻乐见的形式引入课堂，在备课时，也可以把相应主题、角色的游戏穿插其中。中、高年级可以把生活中的实际问题引入课堂，让学生能学有所用，增强学生知识习得的目的性。

另外，大教育家孔子说过，“不愤不启，不悱不发”，教师要会设悬念，激起学生的认知冲突，并在此状态下点拨引领，从而促进学生自思自悟。在这一过程中，学生既体验到了自己解决问题的成就感，又提升了思维能力。有教师在教学《赤壁之战》时，是这样巧设悬疑的：“同学们，明天的运动会上，我们班要和初中来的大哥哥比赛拔河。”学生议论纷纷：“和初中生比？那我们一定要选班里的大力士去。”教师又道：“是要好好挑一挑，我们的三名代表要和他们的十名同学比赛。”教室里顿时炸开了锅，“怎么可能呢？必输无疑，这不公平！”教师接着说：“可是，在历史上，周瑜和黄盖就是凭着三万军士赢了曹操的八十万大军，他们为什么能以少胜多呢？请大家打开书，找找原因。”学生的探究欲望立即被激发，阅读期待就此形成。

2. 消除斥力

课堂是学生学习的空间，课堂气氛在很大程度上影响着学生学习的主动性。教师要创设愉悦的学习环境，建立和谐融洽的师生关系，巧妙地将师生关系的和谐体现在课堂教学过程中。教师还要关注每一个学生，运用不同的方式引发学生的学习兴趣。学生遇到困难时，热情耐心地帮助；学生展示自己的发现时，及时赞扬欣赏……总之，良好的学习氛围能带给学生更大的安全感，能让他们底气更足地在课堂中挥洒，他们的潜能和主体作用更能充分发挥。

另外，还要尽量消除课堂的各种干扰因素。课堂气氛活跃不等同于热闹，因而多媒体的使用要恰当、适度，必须以为课堂教学服务为宗旨。如一位老师教“认识数字”时，投影出示：小桥、流水、人家及一群河里嬉戏的小鸭子，伴随着音乐，师生一齐唱起了《数鸭子》，学生边唱边晃，开心极了。接着，又演示了懒羊羊写数字的视频，懒羊羊错误百出，学生笑得前仰后合。虽然学生情绪十分激动，但根本没有对知识的关注，这是一节失败的课。

3. 保持张力

在课堂上，教师要时刻注意教学环境与当前的教学需要是否匹配，合理组织和调整教学，引领学生在张弛有度的课堂中学习。如进行《爱心树》绘本阅读教学时，一位老师安排了贴图游戏，让学生把自己想对妈妈说的话写下来，然后依次将卡片按要求贴在“爱心树”上。如果让全班学生一窝蜂地拥上讲台贴图，势必造成一片混乱，而安排学生分组上台，贴好后进行适时评价再继续活动，就达到了“活而不乱”的境界。

在课堂管理过程中，教师还要追求“无痕”管理，对注意力不集中的学生，通过手势、眼神等进行提醒，或者把纪律约束与教学内容相结合，请走神的同学回答问题等。总之，要尽量不打断上课内容，不破坏教学气氛，营造和谐的教学环境。

综上，让学生独立学习、自主实践、积极创新是时代发展的必然要求，我们也要顺势转变教学理念及方式，为“教育强国”“文化强国”贡献力量。

第二节 文学文本转向教学文本

文学文本是指构成文学这种语言艺术品的具体语言系统，是传达人生体验的特定语言系统，包括诗歌、小说、散文和剧本等形态。文学文本一旦进入教材，就变成教学文本。从表面上看，从文学文本到教学文本似乎仅是叫法的改变，其实，隐含着更为深刻的意义和启示。

一、从读者群体看文学文本转向教学文本的意义

从读者群体而言，文学文本转向教学文本涉及广大读者和学生两个不同的阅读主体。文学文本的读者一般是对文学有一定阅读需要和阅读能力的社会群体。他们面对文学文本，能带着目的性去读，能抱着学习的态度和对文本深入研究的兴趣去读。受年龄学识、文化修养、职业特色、经历经验、社会背景等的影响，每一个读者在解读同一篇作品时，关注点、倾向性都不同。而教学文本，其受众较为单一，就是以知识习得为目的学生。从学生习得的角度看，文学文本进入教材成为教学文本，它的“价值”主要体现在以下几个方面：

首先，体现在丰富的语用训练点上。“运用”一词在《语文课程标准》里高频率出现，可见培养“语用”能力是新课标的核心目标。文体不同，语用训练点也不同。例如：诗歌一般语言文字优美，言语形式讲究，可引导学生通过文字想象画面，或者将画面转化为诗意的文字，也可从读诗歌、仿诗歌、创诗歌这三个方面进行语用训练。说明性文体的语用训练更应关注情趣和理趣的融合与说明文写作方法的习得。叙事性文体语用训练既包括培养学生的概括能力、复述能力，也包括让学生从人物言行中体悟人物内心的能力。神话文体语用训练可以从以下入手：复述提炼，培养概括能力；仿说仿写，体会语言的生动；改写续写，大胆想象……

其次，体现在不同的文学类型呈现上。文学文本类型众多，进入教材后，学生也顺势通过不同类型文本的学习，习得了不同文体的知识，看得懂、分得清不同文体的属性，并在阅读实践时有效运用。例如，通过对各类记叙文的学习，学生知道遇见写人文时，要着重通过细节描写体会人物形象；看见记事文时，要尝试抓住主要线索；而写景类文章，则要抓住景物的主要特点。学生知识掌握得越来越多，学得越来越好。

第三，体现在促进学生习作规范渗透上。虽然小学生初学写作，并不是严格意义上的写作创作，但从习作伊始，各种元素就包含在其中，文体，有“文”就有“体”，要作文，就要体。小学生的写作学习，从教材文本中对写作内容的安排上看，通常都是先叙事，再写景、抒情、议论，这些文学文本的选择，同样遵循了儿童习作从易到难的过程。叙事最先，因为客观事实容易表达述说。而写景、抒情、议论需要加入情感表达与逻辑关照，自然难度加深。课文编排上亦有痕迹，低年段叙述性故事较多，中、高年段说明文、议论文等开始出现。这些，都是润物细无声的习作教学渗透，学生依此往往能提高习作水平。

二、从课堂教学的角度看文学文本转向教学文本的意义

从课堂教学的角度而言，文学文本转向教学文本，则直接带来教学理念的变革，课堂由“作品呈现—教师讲述—学生记忆”的单向传输模式转变为作品、教师、学生三重主体的多重交流，并在潜移默化中实现三维目标，生成教学的自然美。教者要尝试对教学文本进行解读、选择、扩充，以促进课堂教学水到渠成。

首先，要对教学文本进行透彻的解读。能够入选教材的文章，必然文质兼美，意蕴悠长，作为教者，不但要读出文本的字面意，更要反复推敲咀嚼，尝试与文本对话，悟出文本的字中意、字外意。切不可粗粗读文，上网浏览，翻阅教参，让理解与体悟浮于表面，流于俗套。笔者在备古诗《赠汪伦》时，把诗中二十八个字来来回回吟诵，读着读着，慢慢就有灵感了：人们通常送别，都会在出发前就依依惜别，为什么汪伦送李白，偏要等李白出村离家，潭边坐船时才踏歌而送？是李白不辞而别，还是汪伦有事耽搁？在课堂教学时，以此为教学思路，引导学生自主提出疑问并自主解决。课堂顿时精彩纷呈：有的说，李白是怕汪伦临别仪式准备过于烦琐，

故意没说；有的说，这是依依不舍，家门口送过了还要追到潭边再送；有的说，这是两人情意太深，李白不忍离别伤怀故只留下纸条，汪伦得知消息匆匆赶到潭边……大大的思考空间，学生的思维火花，作品丰富的思想内涵都在教学文本的深度品析中闪现。

其次，要对教学文本进行有效的选择。叶圣陶先生说过，教材无非是个例子，全面解读教材并不是为了全盘授予，只有对文本内容进行合理选择，尊重学生的学习需求，激发学生的学习兴趣才是实现教学文本价值最大化的恰当途径。教师充分挖掘文本的有趣之处，营造轻松愉悦的教学氛围；挖掘文本的有用之处，在开放而集中的课堂互动中，共同实现教学的自然美。有时，教者可以长文短教，直击重点；可以化繁为简，提纲挈领；还可以重构单元主题，构建知识体系……总之，一切根据教学目标和学生需求来安排。例如，在执教五年级课文《伊索寓言》时，考虑到学生之前已经有丰富的寓言学习经验，寓言先讲故事，后出现寓意的体例过于直白，与五年级学生的思维要求并不匹配，达不到教学要求，因而在实际操作时，大胆隐去寓意，让学生自己根据故事领悟表达，学生的多元感悟远远超越了教材本身所能提供的，更留有学生思维的痕迹。这样的“舍”，获益远远大于略去内容本身。

第三，要对教学文本进行合理的扩充。苏霍姆林斯基说：“只有当教师的知识视野比学校教学大纲宽广得无可比拟的时候，教师才能成为教育过程的真正的能手、艺术家和诗人。”除了细致研读教学文本外，教师还需要自觉地搜集、掌握相关知识，增加一些“背景知识”。新苏教版教材第六册《练习6》中有一题是关于足球术语的知识拓展题。备课时，笔者设想以知识介绍的形式向孩子们解释“清道夫”“篱笆战术”“白由人”……没想到现在的孩子，课外知识积累极其丰富，不仅对书上罗列的足球术语侃侃而谈，更问出了许多关于足球的专业问题。在讲台上，笔者遭遇了史无前例的尴尬状况，亦深深体会到，在预设教学方案时，对教学内容相关的信息资料必须全面掌握，教师拥有的丰富的相关知识是催生学生思维之花开放的土壤。我们的教学文本，古今中外、风土人情、名人轶事、花鸟虫鱼……无所不包。语文教师是杂家，真不是一句空话。要永远谦虚学习，不断拓展自己的知识领域，以便能胸有成竹地登上讲台。在丰富自身的同时，还要善于培养学生搜集信息、处理信息的能力，为课堂上学生多样的思维、积极的生成提供一些可能。

如上所述，从文学文本到教学文本，不仅给文学样式带来变化，也给教育教学带来转型，从单一讲述到对话生成，从以教师为中心到教材、学生、教师三位一体的课堂，潜移默化地实现了课堂的动态美。

第三节 类文本教学的课堂践行

指向小学生语文核心素养提升的类文本研究，将文本从文体的视角进行分类并进行教学实践，既有利于语文教师“识体而教”，又顺应学生的文体阅读思维。如此，根据学生学习的规律、原则而归纳、提炼出来的教学形式和策略，具有典型性、稳定性、易学性的特点。它旨在触动习惯于“分解式教学”的教学观念，习惯于“接受性学习”的学习观念，师生共同努力，探知同类文本的核心问题，立足整体地感知，涵泳体察地领悟，有的放矢地拓展，“得法于课内，应用于课外”，实现知识和能力的迁移，从而真正提升小学生的语文素养，为学生的后续学习和终身发展奠定扎实的基础。

一、类文本教学顺应了母语教育的传统

我国母语教育历来十分重视文体研究。刘勰在《文心雕龙》中有言：“夫情致异区，文变殊术。莫不因情立体，即体成势也。”① 意思是说，作者在作品中表达的情感，总是根据不同的文章来采取不同的表达方式，由不同的情意来确立文体，并表现出不同的气势。清代的刘熙载亦在《艺概》中引述：“老子曰：‘言有宗。’墨子曰：‘立辞而不明于其类，则必困矣。’”② 这儿的宗、类，都是文体。可见，无论是鉴赏还是写作，都要重视文体意识。

正因为文体意识与语文学习能力的关系十分密切，所以我国历来都十分重视文体教学。1956 年颁布的《小学语文教学大纲（草案）》中就规定：“从四年级开始，儿童要从实际上辨别课本里各种形式的文学作品。”要求

---

① 刘勰．文心雕龙［M］．上海：上海古籍出版社，2015：189.

② 刘熙载．艺概［M］．上海：上海古籍出版社，1978：44.

学生能大体辨认所学课文的文体。1978 年《全日制十年制学校小学语文教学大纲》也强调“讲解课文，还要根据不同的体裁，采用不同的教学方法”。这是从教的角度来规定文体教学。2000 年《九年制义务教育全日制小学语文教学大纲（试用修订版）》中，提到低年级“课文类型以童话、寓言、诗歌、故事为主。中高年级的课文题材、体裁、风格应该多样，要有一定数量的科普作品”。

2011 年版《义务教育语文课程标准》遵循了 1992 年和 2000 年义务教育阶段语文教学大纲的基本精神，坚持工具性和人文性相统一，全面提高学生的语文素养，并在文体教学上有了新的突破。强调读文学作品，提倡课文类型多样化。写作教学，除了要求学生能写简单的纪实作文之外，还特别强调写想象作文，鼓励学生写想象中的事物，发挥创造力。教育部后来又对这个课程标准进行了修订，不再主张对文体知识进行系统的传授，也不要求学生有完整的知识体系，而是要求学生在对具体语言实例的阅读、感悟中，掌握必要的文体知识，加强语感，提高实际生活中阅读和表达的能力。所有这些，都明确指出了语文教学与文体之间是密不可分的关系。小学阶段，学生就要从粗浅的文体感知逐步培养文体思维能力。

二、类文本教学改变语文教师的行走方式

潘新和教授曾经指出，老师们现今已被教参、各类考试打磨成相似的教学机器，精力都用在辨别对考试是否有用上。话虽尖锐，却不无道理。在外在大环境的影响下，许多教师或者身不由己地，或者无可奈何地陷入了“机械的、重复性的工作”中，最终产生了职业倦怠。而类文本教学的提出与尝试，给一线教师打开了一个教育新窗口。

其一，“重复的地方没有风景”，教师跳出以往按部就班的备课窠臼，走向深度备课。针对一类文本展开系统性的备课，是教师知识积累和业务水平再提高的过程。教师成为有自己见解的思考者，成为具有批判精神的创造者，逐步建立对某一类文本的整体认知框架，然后再依据这一类文本的特色和具体的学情，抉择出最佳的教学内容和教学策略。

其二，教师通过研究，找寻某些规律性的文体特征，在年级组、学科共同研究、共同出谋划策的过程中，形成充满朝气而又显沉稳、满载希望

而又令人遐想的团队，以学习、研究的行动，催化人才的成熟。

其三，研究成果的积累，能形成一个巨大的教学资源库，研究成果的逐步充实，使这一资源库日渐完善，为其他教师的教学起到示范引领作用，减轻教师备课的压力，增强备课实效。

这样的行走，才是有意义的。有人也许会认为，意义很虚空。其实不然。意义是普遍存在的，它就在我们的日常生活中，与我们的教育现象和行为同在。教与学、教师与学生、课内与课外、理想与现实、本土与外来……所有这些，都是教师每天面临的实际问题，而这些问题之所以成为“问题”，甚至“难题”，就因为它们都牵涉到意义。苏联著名教育家苏霍姆林斯基从 17 岁开始当小学教师，29 岁担任帕夫雷什中学校长，直到 52 岁逝世，始终生活在乡村，始终没有离开学校，但他一刻也没有中断对教育意义的追问，故而几乎每天都有新的发现，每天都有新的思考和行动，留下了几十年闪光的脚印，使他的教育实践和教育思想饮誉世界。我们大概都不可能成为霍姆林斯基，但我们可以像他一样，带着积极的心，始终走在行远的路上。

三、类文本教学播下学生学语文的种子

教育是什么？我们可以从不同的视角做出诠释。如果从教育的原点思考，教育应当是关爱受教育者生命发展的事业。如果没有受教育者的生命发展，教育还能留下什么？又需要教师做什么？首先，教师针对类文本的研究，其最终落脚点在学生核心素养的提升上，研究将唤醒小学生的自主学习意识，变学生的被动学习为主动地去发展、去创新，并努力使教育立足于可持续发展，顺应教育特征，发挥学生的自主创新能动性。这样的课堂，高度关注学生的生命状态，促进学生的健康发展和全面发展。

其次，学生在掌握了类文本阅读方法后，便能够自行迅速地确认阅读体验的方向和主旨，培养起一种自觉的文体意识，从单例的“个”走向典型的“类”，建立较为明确的文体意识，进而掌握不同文体的阅读策略。除了文体知识、文本内容之外，还将与构成语文素养的其他方面的内容进行连接、组合和重构，搭设起一座自然的语用桥梁，在遵循学生心理发展的原则下，重视课堂实践，全面提高阅读教学的效率和水平。

第三，就学习而言，“兴趣是最好的老师”。学生的学习兴趣从哪里来？

来自自己在学习过程中的发现。发现是学生认识的提高，是尝试成功的体验，是克服困难的胜利，是那份学如登山的快乐。所以，课堂上应当放手让学生去自主学习，合作发现，快乐共享，而不可由教师牵着走，或者由教师设计好种种“圈套”，让学生往里钻。若教师背离了此点，学习便不再是学生的主体行为，只能是被迫胁从的一种“苦差使”。学生在切实有效的阅读实践中掌握类文本阅读的技能与方法，获得自己独特的感受、体验，实现自我建构和发展，敢于发表自己独到的看法和见解，整个课堂才会百花齐放，学生的个性才会得到发展。

第三章 共研教学——实化教学视角变革

改变教师教的方式与学生学的方式，让语文“学习”在课堂真正发生，这是教学改革提出的新要求。为了正确把握教学改革的方向，教师首先必须自我革新，力求突破。这时，开展语文专项研究，建设语文教学研究团队，在共研共享的教研环境下得以改变与成长，便是一种很好的“自我变革”之路。类文本教学，正是一项关于教材变革的研究项目，每一个类文本研究都需要建立起一个相对稳定的教研团队，它是实现校本化教学变革的有力抓手。

第一节 教材非类文本编排

我们日常使用的语文教材，是以主题单元的形式进行编排的，即“非类文本”编排。因此，一线教师在进行语文教学时，一般是按照教材的编排体系逐篇进行教学，也就是教材是以独立篇目的形式进入语文课堂的，这便可能会因类文本教学缺失而带来一些问题。

一、教材非类文本编排，易造成教师文体意识的缺失

现有教材都是以单元的形式进行编排的，而每个单元的划分依据往往不是同一文体的归类，而是“人文”情怀的相似或语言表达形式的相近，给教师的感觉便是教材编排本身存在“淡化文体”的意图。因此，大多数一线语文教师长期以来一直守着一本教材，每天重复着“昨天的”教学方

式，不去思考改变与创新。他们在教学时，往往会跟着课后习题教课文，跟着单元练习看单元编排，长此以往，便养成了“就教材教”“唯教教材”的教学习惯，凭借教学经验进行语文教学的现象不在少数。

那么，是不是教材的非类文本编排，就意味着教学时要淡化或者不需要文本的文体意识呢？其实不然！我们看语文教材，有些主题单元在编排时就具有鲜明的文体倾向，比如部编本教材五年级上册的第五单元，选编的文本有课文《太阳》《松鼠》，有习作例文《鲸》《风向袋的制作》以及习作《介绍一种事物》。这一单元以叶圣陶先生的“说明文以‘说明白了’为成功”作为引言，以“阅读简单的说明性文章，了解基本的说明方法”“搜集资料，用恰当的说明方法，把某一种事物介绍清楚”作为本单元的语文要素。很明显，这一单元的文本指向“说明文”，阅读要求了解说明方法，习作要求会用说明方法介绍一种事物，说明性类文本单元的编排意图十分明显。

可见，教材的非类文本编排，并不意味着教师就不需要关注教材的文体特点，更不意味着教师日常就不需要进行类文本的教学研究。

二、教材非类文本编排，易造成教师对课标要求的误读

《语文课程标准》对义务教育阶段各学段的语文学习提出了较为明确的目标要求，目标的设计着眼于语文素养的整体提高。在阐述学段目标与内容时，分成“识字与写字”“阅读”“写话/习作”“口语交际”“综合性学习”几个板块，每一个板块的阐述直指学生的语文能力的养成。

但是，因为教材是非类文本编排，语文课标也是非类文本式的阐述，因此教师想当然地认为，语文课程标准也是有淡化文体意识的意图的。因此在教学时，教师受执教年段的限制，往往只注意课标中有关学段的目标要求与内容，而忽视了对课标整体设计意图的理解与把握，片面地将课标要求的解读理解为对“语言文字”运用能力的偏重。因此，肢解教材、忽视教材的文体、忽视语言学习的规律性也就成了必然。

其实，《语文课程标准》中，对于小学阶段出现的各种文体的学习要求还是比较明确的，比如对“诗文”这种文体的学习要求：第一学段“诵读儿歌、儿童诗和浅近的古诗，展开想象，获得初步的情感体验，感受语言的优美”。第二学段“诵读优秀诗文，注意在诵读过程中体验情感，展开想

象，领悟诗文大意”“背诵优秀诗文 50 篇（段）”。第三学段“诵读优秀诗文，注意通过语调、韵律、节奏等体味作品的内容和情感。背诵优秀诗文 60 篇（段）”。可见，语文课标虽然按学段划分课程目标与内容，但是有意识地渗透了文体学习的思想，关注了同一文体在不同学段的学习要求，体现了语文学习螺旋上升的整体性思路。

同时，语文课程标准是九年一贯整体设计，各个学段的课程目标要求不是孤立的存在，而是相互联系、循序渐进的，关注学生学科综合素养的提升以及健全人格的形成，其实是需要教师去构建一个相对系统的语文知识体系的，不少教师明显读不到这一点。

三、教材非类文本编排，易影响教师对语文教学意义的理解

因为教材的非类文本编排，因此一线教师按照教材的编排体系进行单一文本教学，固然是没什么错的。但是，长期固化的无类文本教学，势必影响教师对语文课堂的理解，影响教师语文教学的行为。

1. 影响教师对教学目标的定位

教材非类文本编排，教师就单一文本进行课堂教学。由于文体意识的缺乏，教师在进行教学目标的设计时，往往不会从文本的文体特征、内在规律、课标要求出发，而是会将关注点集中到单一文本潜在的语言文字训练点上。这些经过深度解读挖掘出来的语言训练点往往繁多而零散，看起来似乎都需要重点教学，似乎都对学生的语文学习有益，似乎都无法舍弃，结果直接导致文本教学的目标繁多而混乱，“面面俱到”势必“眉毛胡子一把抓”，让课堂教学迷失了方向。

2. 影响教师对教学内容的选择

因为教师在进行教学目标的定位时就缺乏类文本的意识，着眼于“语言文字训练”，关注点变得零碎细小，“目标决定内容”，因此，教师在选择教学内容时，也往往会忽视一类文本的语言特征与表达规律，忽视教学文本的整体性语言价值，忽视文本的拓展与延伸。这样，教学内容会因为“舍不得删减”而烦琐，因为知识点的割裂而零散，因为训练点的复杂而杂乱，“什么都想要”必然是“什么都不行”。因此，教学内容的选择，需要有类文本的意识，需要建立在教师对教材文本重组、加工的基础上。

3. 影响教师对教学行为的审视

目标的定位、内容的选择，直接影响教师的课堂教学行为。非类文本

教学，教师便会忽视类文本教学规律的探寻，忽视教学策略与理念的总结、提炼，落实到教学行为上便是囿于“经验”，循于“常规”，紧抓教材，依赖教参，反复练习，死扣知识点。教师的这种教学行为，乍看似乎已经带领着学生解决了阅读文本中出现的各种问题，但其实没有让学生学会从整体上把握文本内容，形成举一反三、触类旁通的学习能力。

同时，因为教学内容繁多杂乱，教师要完成自己预设的教学任务，势必会减少给学生自主阅读、自由思考、交流互动的时间，势必会造成教师讲得多、学生学得少的课堂现实，势必会呈现文本内容分析重、语言探究实践轻的教学状态。教师的这些教学行为，极大地滞后于语文课程标准的要求，滞后于学生对语言文字学习的需求，也造成了学生阅读能力的滞长。

4. 影响教师对教学效果的评价

在许多语文教师的心目中，检验语文学习能力的量化评价标准是什么？是考试。为了考试成绩的提高，而将“要不要考”“会不会考”作为选择教学内容与确立教学重点的重要依据。因此，对于文本的解读不是从语文知识体系的整体建构出发，而是从单一文本中去寻找那些考试可能会考到的零碎知识点，将其作为文本的教学内容；利用文本进行课堂教学时，也不会从文体教学整体要求的视野出发，而是就一篇教材的训练点出发展开点状教学，忽视了文本之间的内在联系，忽视了课堂语文学习与课外自主阅读之间的有效衔接，忽视了帮助学生建立起语文学习基本体系的重要性。在这种以教材为语文教学全部的偏颇的思想引领下，语文实践成了一句空话。因为学生获得的是零碎的、分散的、没有逻辑关系的点状语文知识，形成的是语文课堂学习时积累的有限的语文学习能力，综合语文素养终究没能得到很好的养成。

综上所述，教材的非类文本编排，从客观上讲，的确造成了语文教师文体意识的单薄、语文课堂类文本教学的缺失，教师往往孤立地进行单一教学，重在语文知识体系、语文能力训练体系的研究，忽视了同类文本内在的联系，使语文教学走向僵化。但是，如果教师主观上能够唤醒“文体意识”，关注类文本教学，并愿意在类文本教学的领域深耕不辍，则对于提高学生语文综合能力、教师自我变革都很有意义。

第二节 类文本教学的由来

既然非类文本教学存在诸多问题，那么如何解决呢？在长期的教学实践中，我们认为开展类文本教学研究不失为一个好的课堂改革的方向。

一、语文文体教学得到关注

语文教学，是否需要有文体意识？能不能按文体进行分类教学？这些问题目前为止尚没有定论。但是，关于语文文体教学的讨论还是比较多的，尤其是 20 世纪 80 年代以来，“文体”问题得到了学术界的关注，专家学者纷纷发表了自己的看法，一些学术期刊、出版机构也相继发表、出版了关于文体教学的文章或专著。

关于“文体”的释义，主要由三种说法。

第一种认为，文体是文章的基本类型和样式，是一种写作规范，属于形式的范畴。如周一贯：“文体就是文章的基本类型，文体特点是许多篇同类型文章中概括出来的规律性，它对于正确理解把握同类型文章有指导性。”① 胡元德：“文体是文章反映社会生活、表达思想感情的具体样式。”② 彭润和：“文体是一种写作规范，它不仅决定着某种文章或某篇文章中必须具备哪些要素，而且还决定了这些要素之间的关系，以及处理这些要素之间关系的方法。”③

第二种认为，文体是形式、内容和功能的结合体。如陈寿江：“文体不只是形式，也是形式、内容和功能的结合体。文体既指文类，即某一类文章或文本的内容、形式、功能的相同或相似特征的抽象概括，又指具体的文本，是抽象文本概念的具体化。”④

第三种认为，文体是包括文章体制、词句段落体制在内的写作机制。

---

① 周一贯. 文体研究在小学语文教学中的意义 [J]. 小学教学研究，1983 (2).

② 胡元德. 淡化文体可以休矣 [J]. 语文学刊，2001 (6).

③ 彭润和. 论文体不能淡化 [J]. 现代语文 (理论研究版)，2002 (4).

④ 陈寿江. 语文读写教学岂能“超越”文体——与徐江先生商榷 [J]. 语文建设，2010 (11).

如欧治华："文体指写作文字的体制。它不仅指成篇的文章体制，也包括词句、段的体制。所以，语文教育中对文体概念的理解，不能局限于文章的体裁划分，而应开放文体范围，广泛触及词句、段等非篇章体制的理解，开展单向思维到多向思维的实践探索。"①

在关于"文体"教学的讨论中，支持文体不能淡化的专家不在少数，如胡元德：文体"反映了文章从内容到形式的整体特点，对写作和阅读都有着举足轻重的作用，是不可以淡化的"②。彭润和："文体不能淡化。在今后的教学活动中，教师还必须一如既往地按文体顺序展开作文教学和作文训练。"③

在专家学者的引领下，一线教师也加入了关于文体教学讨论的行列中来，诸如"作文教学中的文体教学""阅读教学中的文体教学""语文教学文体理论划分与探讨""文体教学与文体意识的重要性""不同文体教学间的通融"等话题的讨论，进一步推进了一线教师对"文体""文体意识""文体教学"等概念的理解。

语文文体教学得到广泛关注，教师的"文体意识"被唤醒，他们对"文体""文体教学"等概念的内涵理解逐步深入，这就为文本分类教学研究提供了一条切实可行的思路——按"文体"分类，进行文体"类文本"教学研究。

二、文本类型理论值得借鉴

最早提出文本类型理论（text typology）的是德国翻译理论家凯瑟琳娜·赖斯,她在其著作《翻译批评：前景与局限》中提出，翻译需要研究文本类型，并将文本划分为四种类型，即信息型、情感型、祈使型和视听型，对不同文本类型提出了相应的翻译策略和翻译批评的标准，由此奠定了目的论的理论雏形。她的文本类型理论将语言功能与文本范围的界定结合起来，将语言学的语言功能理论引入翻译研究，在考察语言功能的基础上进行了文本层面的翻译探索。

---

① 欧治华. 开放有序衔接的动态化文体训练体系的构建［J］. 广东教育学院学报，2010（4）.

② 胡元德. 淡化文体可以休矣［J］. 语文学刊，2001（6）.

③ 彭润和. 论文体不能淡化［J］. 现代语文（理论研究版），2002（4）.

在翻译界，关于“文本类型理论”的探究比较深入，如英国翻译家彼得·纽马克在《翻译问题探讨》中提出，文本类型与其按照内容来区分，倒不如按照语言的功能，也就是使用语言的目的来区分。他将文本主要分为表达功能型文本、信息功能型文本、号召功能型文本。他提出，针对不同的文体，要有不同的翻译方法。

“文本类型理论”不仅对应用翻译实践有很高的指导价值，对语文教学类文本研究也很有启示作用，针对如何对文本进行分类，不同文本类型的语言规律、教学策略、评价标准的提炼等问题的探究同样具有较高的指导价值。

三、文体分类研究启迪思路

关于语文教学文体的划分方法，目前还存在争议。著名语文教育家张寿康先生在他的《文章丛谈》中谈道：“我们所说的文章，指反映真实事物的一类，包括记叙、说明、议论、抒情的各种文章，通常说的应用文体［报告（请示、调查）、规章、简报，等等］也包括在内。”① 他将文体划分为记叙、说明、议论、抒情四类。

再如王荣生教授在《阅读教学设计的要诀：王荣生给语文教师的建议》中，根据教材中文本的不同功能，将文本分为“定篇”“例文”“样本”和“用件”四类，同时还分别从散文、小说、诗歌、实用文章和文言文等文体板块阐述了阅读教学设计方法和样例。② 另外，还有人通过研究文本的语文特质，将文本细分为主题型、内容型、范式型、材料型四类；根据文本涉及的思维特征进行分类，可分为论述类文本、文学类文本和实用类文本等。

文本分类研究，启迪我们进行类文本教学研究的思路：语文教学文本，可以从不同的视角去审视，依据文本的不同功能、语言特质、思维特质等角度进行分类；目前我国语文界对于文本分类并没有明确的标准，我们在进行类文本研究时，也可以形成自己的分类思路，这是我们开展类文本研究的一个突破口。

---

① 张寿康．文章丛谈［M］．北京：知识出版社，1982：2.

② 王荣生．阅读教学设计的要诀：王荣生给语文教师的建议［M］．北京：中国轻工业出版社，2014.

四、“组块教学”实践提供经验

1956 年，美国心理学家米勒提出了认知学理论——组块理论，即将若干个意义较小的单位联合组成意义较大的信息加工的记忆单位。“组块”，是一个信息重组再加工的过程，是一个策略重建的认知过程，是一个方式重整的学习过程。

从 2000 年起，“组块”概念进入教学领域，给课堂教学提供了创新性的底蕴。不少学者提出了“组块教学”“智慧教学”的教学观念。2009 年，组块式教学模式进入崭新的阶段，为转变教师教学理念、学生学习方式的课堂教学改革，注入了新的活力。

2013 年，著名特级教师薛法根发表了《组块教学：为言语智能而教》一文，他提出的“组块教学”，以“为了发展学生的语言智能而教”为宗旨，将单一教学文本整合设计成有序“有类”的不同板块，引导学生通过自主选择与建构，获得言语智能与语文素养的整体提升。2016 年，薛法根团队编写的《文本分类教学·实用性作品》与《文本分类教学·文学作品》著作，从“文体”这个视角将文本分成“实用性作品”“文学作品”等类别，并在“文本分类教学”的教学实践中提炼出了规律性的教学策略。

“组块教学”的实践研究，为我们进行类文本研究提供了宝贵的实践经验：首先，按照“文体”对教材进行分类重组并展开教学，是有“组块”理论支撑的，是能实现语文教学高效课堂的一条有效途径；其次，开展“类文本教学”研究，可以让学生在改变学习方式、进行信息重组的过程中实现学习效果的更优化，有利于学生语文素养的整体提升。同时，依据我们对目前“组块教学”的研究现状的分析，发现了可以研究开发的领域，如各类文本有效教学的基本结构模式的建构，对不同文体的语言特点、教学策略、学习方式的实践研究，如何在类文本教学的研究中促进小学生语文核心素养的提升等。因此，我们提出的指向语文深耕课堂的类文本教学研究，从范围的广度、研究的深度来看，都是一种崭新的尝试。

第三节 类文本教学的内涵

一、类文本教学的概念

1. 何谓“类文本”

“类文本”的概念最早是由20世纪法国著名的叙事学家杰拉德·热奈特提出的。他在1982年出版的《复写文本》中明确将“类文本（性）”作为其“跨文本性”理论的重要维度和支撑点。在1987年出版的法文专著《门槛》中，杰拉德对类文本概念进行了系统梳理及理论建构。在作者看来，“类文本”就是“副文本”，是一本书除了（主）文本之外的其他要素，包括封面、书名（标题）、前言、附录、评论、插图、注释、目录、版权信息等。在这里，“类文本”一词的前缀“类”（para）是用后记来表示一种不确定性，表明其余文本具有相同的地位，但同时是次要的、辅助的、附属的。

我们所要研究的“类文本”，只取“类文本”的名称，其内涵与“副文本”的“辅助”性、“次要”性、“附属”性功能截然不同。

我们所要研究的“文本”，主要是指小学语文教材，即学生进行语文学习的一类文本，是供师生共同研学的相对统一的读写文本。现有的语文教材，由各类文体的文本组成，这些文本是“平等”的存在，没有主次，也没有主副，都是师生进行语文学习的媒介，都是教师进行语文教学研究的主要对象。

这里的“类”，不是表示“不确定性”，也不是“种类”的意思，而是取“很多相似事物的综合”之意。所谓“类文本”，就是将语文教材中具有相似文体特征的文本进行分类与综合，使其成为具有共性特征的一个文本类别。打个比方说，原本的语文教材就犹如散落的珍珠，我们将这些散落的珍珠一一拾起，再根据色彩、大小或者光泽、圆润度等标准进行重新组合，使之成为一串串各具特色的珍珠项链（首饰）。和之前的一粒粒珍珠相比，原素材没有变化，但是因为整合分组之后“有类”了，便不仅变得有序，而且具有了较高的艺术价值。文本同样如此，将零散的、杂乱的单一文本按照不同的文体进行分类重组，使其变成一个个具有鲜明文体特征的类文本，它们的文本价值就会大大提升。

小学语文教材的文本根据不同的分类标准，类型较为多样。我们所重点研究的类文本，主要以小学语文教材为实验版本，基于其编排体例，将每一册选文加以归类整理，按照文体分类，大致从古诗词类文本、现代诗类文本、童话寓言类文本、神话传说类文本、历史故事类文本、游记类文本、小说类文本、记人叙事类文本、散文类文本、说理性类文本、实用类文本、说明性类文本等12类文体出发，进行教学实践的类文本研究。

2. 何谓“类文本教学”

教师在类文本分类整理的基础上，结合具体的某一类文本内容，通过文本重组、课堂教学与团队研讨等途径，针对该类文本的语言特征、语用价值、教学规律，进行实践性教学研究。

类文本教学，旨在触动习惯于分解式教学的教学观念，要求教师重新审视“教”的意义，重新审视文本的内在价值，重新审视“教与学”的关系，在不断追问“为什么教”“教什么”“用什么教”“怎么教”“教到什么程度”的过程中，唤醒学生语文学习的内在动机，提炼出各类文本的教学策略和内在规律，帮助学生掌握类文本学习的方法，为学生建立起文本的知识体系框架。

类文本教学，不但有利于语文教师“识体而教”，而且还顺应了学生的文体阅读思维，要求学生改变“接受性学习”的习惯性思维方式，与老师、伙伴共同去探知同类文本的核心语文价值，真正提升语文素养，为后续学习和终身发展奠定扎实的基础。

3. 何谓“类文本阅读”

教材不是孤本，教学需要拓展。叶圣陶先生早就明确指出：“语文教本只是些例子……不是个终点。从语文教本入手，目的却在阅读种种的书。”①类文本阅读，就是引导学生将语文课内阅读向课外阅读的适当延伸，其实质是一种学习迁移。它要求学生不再把一篇阅读文本简单地视为语言学习的载体，而是看作提升自身语文能力的一个范本，它是丰富学生自身文化底蕴、培养自身人文品质的媒介。

---

① 叶圣陶. 叶圣陶语文教育论集［M］. 北京：教育科学出版社，1980：182－183.

在语文教学过程中，教师应以教材为依托，不失时机地向学生推荐同一类型的名家名作，以激发学生课外阅读相关名著的热情与兴趣；还要把教材变为学材，对教学资源进行有效的开发和整合，并进行合理适度的拓展，以此丰富和拓展学生的阅读体验，增加学生的阅读实践，引导学生进行语文阅读和延伸，真正做到“得法于课内，受益于课外”。“类文本阅读”，意味着学生阅读不会因为一篇课文的结束而终结，反而会随着个体阅历体验的丰富而延续。

二、类文本教学的价值

类文本教学，实现了课内与课外阅读的整合，能拓宽学习和运用领域，实现教学内容、教学时空、教学方法的全面开放，使全体学生在学习内容、学习方法的相互交叉、相互渗透和有机整合中开阔视野、熏陶情感、发展思维；在不增加负担的前提下，使学生获知的数量和获知的能力得到最优增长，为后续学习和终身发展奠定扎实基础。

1. 类文本教学是对小学语文单元教学模式的重整、优化、丰富和完善

在过去只注重基础知识的单元教学的同时，更加有效地在课内外开展阅读拓展，为大量阅读搭建阅读平台。

2. 类文本教学使课内、课外的语文学习生活得到有效衔接

以前，孩子们的课内、课外阅读是分离的，“类文本教学”选文的出现正好能使学生由课内延伸到课外，再到生活中去，更好地体现了“得法于课内，得益于课外”这一理念。

3. 类文本教学有利于学生自主阅读能力的提高，并注重学生创新精神和实践能力的培养

学生的个性化阅读，正是在尊重文本价值取向的基础上，做到了尊重学生独特的感受、体验和理解，鼓励学生多角度、有创意地阅读理解，培养了学生感受、理解、欣赏的能力。

4. 类文本教学形成了浓厚的读书氛围，学生养成了读好书的习惯

有了类文本阅读这样一个读书展示的平台，学生充分享受到阅读带来的乐趣，体会到成功的喜悦，拥有一种自由、惬意的读书体验。

三、类文本教学的愿景

立足于新课程标准，开展类文本教学研究，形成富有特色的阅读教学方式与策略，服务于语文教材教学实践，对于践行语文新课标精神、革除现有中小学语文教学的痼疾、改变语文教学现状、建构语文课程新体系，都具有较好的教育功能与实际作用。

1. 扩大学生阅读量，开阔学生视野，发散学生思维，提升学生语文核心素养

类文本教学让课外阅读“挤进”课堂，在有限的时间内通过变“教课文”为“教阅读”，实现课内阅读和课外阅读无缝衔接，让学生的阅读量大大增加，也极大地激发学生的阅读兴趣，提升学生的阅读能力，可以全面落实中小学生“少做题，多读书，好读书，读好书，读整本的书”的课程标准要求，使学生阅读能力的培养真正成为学习的奠基工程。类文本教学和课外阅读的无缝对接给了学生丰富的信息量，增大了阅读宽度，开阔了学生视野，促进了语文素材的积累，为学生阅读和作文能力的提升打下了良好的基础。

教师引导学生经历多文本背景下的阅读实践，可以有效地拓展和锻炼学生的思维能力，让学生从习惯思维中解放出来，看到更多的可能性，增强思维的创造性，较好地达成“知识与能力”“过程与方法”“情感态度价值观”的多元目标，完全符合《语文课程标准》精神：“时代的进步要求人们具有开阔的视野、开放的心态、创新的思维，对人们的语言文字运用能力和文化选择能力提出了更高的要求，也给语文教育的发展提出了新的课题。”从类文本教学走向类文本阅读，对学生能力和素养的提升一方面通过大量而密集的阅读来实现，另一方面则通过不同文本聚焦于相同的知识点、能力点和人生主题，让学生在文本间的对比、联结和整合中不断提升语文素养。《语文课程标准》提出：“语文课程的建设应继承我国语文教育的优良传统……使学生在不同内容和方法的相互交叉、渗透和整合中开阔视野，提高学习效率，初步养成现代社会所需要的语文素养。”可以说，类文本教学是这一建设方向恰如其分的实践者。

2. 转变教师教育教学理念，提升教师的专业思想和专业能力，促进教师专业发展

语文教学习惯于以文本内容学习带动言语能力培养，强调学生的“感悟”，然而未能就“经验、思维、想象”这些“感悟”的内在要素作学理的解析，没有提炼出具有普适性的教学方法与方式，难以应对不同的文本与不同的学生等“方法贫乏”的问题还普遍存在。

类文本教学要求教师不仅有广博的语文知识，还需要博览群书，具有深厚的人文素养。更为重要的是，类文本教学需要教师真正领会新课程改革的理念，将学生视为学习的主体，心中有“全盘考虑”的意识，在课堂教学进程中妥善解决文本解读、教学预设、课堂管理等焦点问题，在教学中培养学生积极倾听的习惯，并依据学生的思维进行总结和提炼。从这个意义上看，开展类文本教学，不仅能促使教师深度解读文本，提高教师自身的语文素养，而且这种提升是主动的，是教师在行动中的提升，对教师专业成长的帮助十分有效。

3. 推动语文阅读课堂教学的改进，丰富教学的内容，实现教学方式的转变，优化教学策略，打造自主、合作、探究的课堂学习生态

类文本教学研究是语文课堂教学的有益探索，丰富了语文课程教学体系，是对单纯的内容分析式的阅读教学的挑战；改变了凝固、僵化的阅读课堂，创新了语文课堂教学形式，提高了语文课堂教学效益，为解决语文教学的“少慢差费”问题打开了一扇新的视窗。类文本教学研究对传统教学内容上的丰富与教学方法上的创新，必将促进教学形态的变革，形成一套行之有效的教学策略。

类文本教学能帮助学生与文本对话，引导学生了解和欣赏同一类文本的共通性，培养学生理解、内化同类文本主题的能力，有利于提升学生综合能力，适应社会发展需要；类文本教学鼓励同伴合作、阅读分享、互动思辨，引领学生在自由、民主、开放的学习环境中获得不同文体的系统知识，掌握同类文体的基本阅读规律，让课堂呈现出合作、互助、成长的良好学习生态。

4. 引领语文综合改革，优化课时结构，实现国家课程地方化和校本化改革

《语文课程标准》指出，教师应“创造性地使用教材；积极开发、合理利用课程资源”。类文本教学，是新课程改革的产物，是发挥教师创造性使用教材的平台。因此，类文本教学引领的是一种课程与教学的综合改革，它的研究与实践是义务教育语文课程改革的亮点与优势。实施类文本教学有利于教师对同一类文本的学习内容进行全局性的有机整合，可以跨学科，也可以跨年级，以便形成相应的知识体系。同时，还可以形成以单篇阅读、类群阅读、整本书阅读以及课外阅读为组成部分的良好的学校阅读课程结构。它的推广可以优化语文学科课程结构，完善课程体系，并带动国家语文课程的校本化改造、本土阅读课程建设和课外有效阅读课程建设，具有重要的实践意义。

四、类文本教学的方略

1. 重构教材文本

以往的语文教学，强调就教材而教，重视单一课堂的教学成效，强调单一文本的重要性，对于语文元素、学习内容的确定是从“一个文本”的视野出发的。这样导致的结果是教学内容僵化，教学随意性大。教师在选择教学内容时，忽视知识之间的联系，导致知识的割裂；在进行教学设计时，忽视整体构思与全局把握，导致教学环节的脱节；在开展教学活动时，过于注重内容分析，忽视学生综合学习能力的培养。

类文本研究，强调用教材教，在研究中需要解决教材非类文本给语文课堂带来的系列问题，其中首当其冲的就是对教材文本进行大胆的重组加工与建构，避免课堂教学内容的低水平重复，使学生的学习目标更加明晰，学习的规律更加显性。

类文本教学的教材重构，首先要依据体式，对教材进行正面破解。一要按语文教材进行科学、合理的文体分类，让单一文本走向板块式文本，让零散的文本走向有类别的序列文本；二要结合课程标准要求与教材语文要素的分析，对每一类文本进行正面解读，对该类文本进行理性阐述，形成对该类文本的理性认识；三要通过对比式阅读，探寻出该类文本的语言特征，并在教学实践的过程中总结、提炼出该类文本教学的基本策略与内在规律。

类文本教学的教材重构，还要依据学生学情进行选择，如：背景性的材料，老师要介绍；作品怎样写的技巧，老师要点拨；文本独特的亮点，老师要提；带有规律性的内容，老师要归纳；能激活学生生成的点，老师要抓住。

2. 重塑教学课堂

（1）塑造成一个潜心读书的课堂

类文本教学，强调阅读一类文本的策略方法，还追求学生阅读的面广量大。学生在阅读文本的过程中，在教师的正确引导下，通过朗读、默读、浏览、批注等方式进行自主学习，在读中学习一类文本阅读的基本方法，在读中获得该类文本的语言规律。课堂上，教师应尽可能在语文课堂和学生“语文生活”之间疏通一条道路，解密一类类文本的阅读规律，培养学生广泛的阅读兴趣，扩大学生的阅读面，增加学生的阅读量，提高学生的阅读品位。

（2）打造成一个深入探究的课堂

学习是一个探索的过程，学生就是知识的探索者。以往，教师单向的知识传授虽然来得方便快捷，但是，没有起到让学习真正发生的作用。类文本教学将教材重组成各类文体文本，明确了文本之间的联系，唤醒了学生整体学习的意识，培养了学生的文体意识。通过类文本教学，课堂呈现“发现问题—研究问题—解决问题—学会运用”的学习路径，有利于发掘学生学习的主动性和创造性，让学生终身受益。

（3）营造出一个质疑存疑的课堂

常规课堂中，教师喜欢把一切讲“明白”，讲“透彻”，总是想着要把问题“消灭”在课堂中，让学生堂堂清，课课清，事实上是扼杀了孩子继续探究的积极性。而类文本教学则提倡让孩子带着问题进教室，带着更多的问题走出课堂。这样存疑的课堂，有利于学生保持强烈的好奇心和探索的愿望，也能激励学生通过自主阅读，真正从读懂一篇文走向会读一类文，从单篇阅读走向群文阅读，以更开放的视野迈向更广阔的阅读世界。

3. 重建师生关系

以往的语文课堂，教师紧盯着教材中零散的、“必须”教、学生“必须”学的语文知识点进行“精细化”教学，势必造成教师教的内容多、教的时间长、教的方式单一等现象，也势必会带来学生学习太吃力、掌握不扎实、没有自主学习的时间和空间等问题，“教”与“学”也就必然会产生冲突，造成师生关系的紧张，或者师生关系的不平等。

类文本教学，强调一类文本的价值。教师将文本按照不同的文体进行重组加工，使其变成一个个具有鲜明文体特征的类文本，无论是教师进行文本教学，还是学生用以文本学习，都会化繁就简，驾轻就熟，自然就会对文本产生亲近感。同时，因为文本“有类”，教师教学时目标更明确，内容更清晰，教学流程更流畅，便于教师熟练掌握该类文本的教学方法。这样，教师便可以抛开枝枝节节，深入与学生展开对话，带领学生去深入解读文本，探究此类文本的语言特征，学习此类文本的表达方式。这样的课堂，学习真正发生，智慧的碰撞与深度的反思在增加，学生站在了课堂的最中央，成为学习的主体。此时，教师是放松的，是从容的，是灵动的，学生是自由的，是有自主探究与能动学习的时间和空间的，课堂呈现的师生关系是平等的、和谐的。

4. 重组教研团队

类文本教学，将教材分成了一个个文体类别，便有了一个个的教学研究团队。因此，需要组织一些课程意识与教学能力较强又能吃苦耐劳的一线教师，树立起强烈的资源意识，坚定用教材教的资源意识，从典型文本解读入手，找出同类文章的共同之处来展开教学，开发可利用的教学资源，继而确定教学目标，将同类文本的教学资源进行整合。在研究过程中，进一步提高教师细读文本的能力，把握小学语文教材的特点，探索出有效的小学语文类文本教学资源开发与整合利用的策略方法，为提升学生的语文学习能力打下基础。当然，在开展类文本教学研究的过程中，需要利用各种资源，采用请进来、走出去的方式，营造理论学习和教学研究氛围，提高教师的理论修养、教研能力与学术水平，确保类文本教学研究的科学性与实效性。

第四章

共生方式——活化教学方法施行

第一节 古诗词类文本

古诗词是中国特有的一种文学样式，有特定的格式和韵律。这种特殊的文学样式深深根植于这块纵横千里、肥沃富饶的华夏土壤，它的传承见证着这块土地上的刀光剑影、血雨兴衰。它是中华文化的瑰宝，更是人类文化史上的一朵奇葩。

中国的诗一开始是诗与歌的总称，伴随古代音乐、舞蹈而产生。关于它的来源，有两种说法，一是来源于劳动号子，二是来源于民间歌谣。后来，伴随着劳动工具的改善、生产力的提高，人们的生活水平不断提高，诗歌的内容也渐渐由描写现实生活转向抒发内心感受。春秋时期，集当时诗歌之大成的《诗经》问世，它奠定了中国诗歌的优良传统，极富民族特色的中国诗歌艺术开始走向成熟。

在灿烂辉煌的唐代，中国的诗词形式和内容得到了极大的丰富和发展。诗的体裁进一步丰富，按音律可分为古体诗、近体诗两大类。古诗按内容又可大致分为叙事诗、抒情诗、送别诗、边塞诗等近十个大类。后世宋词元曲承接唐诗的辉煌大放异彩。这一时期，古诗词也开始走出国门，近抵日本朝鲜，远至欧洲西亚，向世界彰显了中国这个古老国家文化的源远流长、博大精深。

一、文体特征

1. 特定的体裁

（1）古体诗。古体诗又称古风，形式自由，不受格律约束，常见的有四言、五言、七言诗。我们比较熟悉的《诗经》、楚辞、汉乐府、南北朝民歌便是古体诗中的经典作品。

（2）近体诗。近体诗多为格律诗，强调平仄和押韵。一诗四句为绝句，其第一、二、四句最后一字押韵，一句五字为“五绝”，一句七字为“七绝”；一诗八句为律诗，其二、四、六、八句最后一字押韵，一句五字为“五律”，一句七字为“七律”。比较特殊的是，律诗可以分为首联（一、二句）、颔联（三、四句）、颈联（五、六句）、尾联（七、八句）。

（3）词。词的题目由词牌名和题目两部分组成。相比较于古诗，词的突出特点是句子长短不一，分为上下两阕，同样注重格律，形式更加自由，更易于抒发内心情感。

（4）曲。曲的题目则由曲调、曲牌、题目三部分组成，近似于现代的剧本，分为杂剧和散剧，其篇幅更长，涉及面更广，也更贴近市井百姓生活。

2. 丰富的意象

意，即诗人内心的思想情感；象，即客观事物。所谓意象，就是寄托了诗人内心思想情感的客观事物。中国古诗词创作比较讲究含蓄隽永，诗人大多数不喜直抒胸臆，而是通过刻画景物来表达内心的复杂情感。久而久之，一些常用的具有代表性的景物变成古诗词中约定俗成的意象，如梅花、菊花、莲花、杨柳、夕阳、月亮等。渐渐地，一些意象也成为人们特殊情感的寄托。比如，一提到“菊花”，人们就会想到“采菊东篱下，悠然见南山”的淡泊豁达；一提到“月亮”，人们就会想到“床前明月光，疑是地上霜”的思乡之情；一提到杨柳，人们就会想到“渭城朝雨浥轻尘，客舍轻轻柳色新”的眷恋不舍……

如果说诗歌是一扇门，那么意象便是打开这扇门的钥匙。想要理解诗词的主旨，体会诗人的感情，深入鉴赏诗词，正确把握意象是不二法门。意象，是一种文化积淀，也是历史的传承。诗歌学习需要加强对意象的理解和记忆。

3. **凝练的语言**

凝练的语言使得古诗词别有一番风味。中国的古诗词在格式和韵律方面有严格的要求，可供诗人自由发挥的空间十分有限，这就要求写作时必须做到紧着用字，大胆留白。

紧着用字，不仅要惜字如金，更要反复炼字。想要在短短几十字里表达出现代人可能长篇大论才能表达出来的情感，推敲炼字自然必不可少。时至今日依旧流传着许多诗人斟酌诗句的趣闻轶事，最有名的就是苦吟诗人贾岛的“僧敲月下门”和北宋诗人王安石的“春风又绿江南岸”的故事。一个成功的“炼字”要能准确传神地描绘出诗人眼前的景物特征，表达诗人此刻内心的真实想法，给人身临其境之感，实属不易。

大胆留白，给读者以充分的想象空间。因为篇幅的原因，诗人会有意无意地把一些无关紧要的内容省去。这就留给我们很大的自由发挥的空间，很多人就会运用联想和想象的办法解读诗词。比如马致远的《秋思》，全曲都是名词，没有一个动词，甚至连常常用于连接的虚词都没有。初看下来，似乎过于简单凝练，实际却是这首曲的韵味所在，令人回味无穷。

4. **独特的韵律**

中国的古诗词带有独特的韵律。这使得古诗词读起来朗朗上口，节奏感十足，这样一方面有助于理解和记忆，另一方面抑扬顿挫感也是我们体会诗人内心独白的最直接、最有效的途径。

律诗一般压双句韵，且多半是平声韵。四言古诗的节奏划分一般为“二二”，五言古诗有“二二一”和“二一二”两种节奏，七言古诗则有“二二二一”“二二三”和“二二一二”三种节奏。

二、学段要求

《语文课程标准》在课程目标与内容中提到“认识中华文化的丰厚博大，汲取民族文化智慧”，以及“培育热爱祖国语言文字的情感”等字句，强调了学习以古诗词为代表的中国优秀传统文化的重要性。

课程标准对第一学段（1—2 年级）的古诗词学习要求是“诵读儿歌、儿童诗和浅近的古诗，展开想象，获得初步的情感体验，感受语言的优美”。第一学段重点是读，培养学生学习古诗的热情。

第二学段（3—4 年级）则要求诵读优秀诗文，并注意在诵读过程中体验情感，展开想象，领悟诗文大意。第二学段重点是悟，开始了解古诗所要表达的内容。

第三学段（5—6年级）要求诵读优秀诗文，同时注意通过语调、韵律、节奏等体味作品的内容和情感。背诵优秀诗文60篇（段）。第三学段重点是品，能够从不同角度体会诗歌背后的情感体验。

课程标准后的附录1收录了1—6年级（即小学阶段）和7—9年级（即初中阶段）的建议篇目，小学阶段主要是《江南》等75首古诗。

原人教版1—6年级语文教材总共安排古诗47首，原苏教版1—6年级语文教材则安排古诗36首，总计只有83首。最新的部编本语文教材安排有古诗124首，不仅从数量，更是从能力方面对学生学习古诗词提出了新的更高的要求。

三、学情把脉

第一学段的学生虽然初入校园，但是在家庭周遭的耳濡目染下，对于古诗这一类文本并不陌生，学生或多或少能够熟练背诵部分篇目。总的来说，低学段的学生学习古诗词的兴致很高。他们会饶有兴致地听录音或者老师的示范朗读，并依葫芦画瓢地模仿，向大人展示自己刚学到的本领。但学生对于理解诗歌内容兴致不大，默写整首诗歌的能力也欠缺。教师在教学低学段学生时，以培养学生兴趣为重点，以听读为主，保护学生学习的热情。

第二学段的学生已经具备一定的自学能力，渴望能够走进诗歌内容。教师在教学读时，可以讲一讲诗歌的韵律和停顿，引导学生把诗歌读好，读出节奏感。教学内容时，适当点拨难以理解的字词，留白交给学生，让他们发挥想象，身临其境地讲述诗歌要表达的内容，谈谈自己对于诗词、对于诗人的理解。教学默写时，除了默写整首诗词外，也可以在理解的基础上按要求默写诗句。

第三学段的学生听说读写能力已经初步具备，能够借助工具书了解古诗词内容。这一学段的古诗词，重点除了诗歌内容外，可以落在审美上。第一是语言方面的美，修辞、意象、情感等都可以涉猎，通过教师的讲解和自己的摸索，学生也可以试着自己来创作，点燃起心中创作诗词的小火苗。第二是内容方面的美，学生可以走进诗词的世界，感受古老文化的厚重，承担起传承的重任。

四、课例分析

（一）点——古诗词类文本传统课堂教学模式（第一学段）

1. 教学文本呈现

咏 柳

贺知章

碧玉妆成一树高，万条垂下绿丝绦。

不知细叶谁裁出，二月春风似剪刀。

2. 教学目标预设

（1）会认 4 个生字，会写 7 个生字，能正确读写“碧玉、妆成、裁出、剪刀、万紫千红”等词语。

（2）能有感情地诵读和背诵这首诗。

（3）通过画面想象、营造意境、相关资料拓展等方式理解诗意，在品词析句中体会诗人热爱春天大自然的感情，感悟大自然的美好。

3. 教学片段设计

（1）猜谜导入

谜面：冬季落叶春发芽，爱到河边来安家，河水替它照镜子，春风替它梳头发。

① 谜底：柳树（你看到过吗？它是什么样的?）板画：柳树。分清柳枝、柳条、柳叶，并指出柳树又称垂柳。

② 今天我们要来学一篇写柳树的诗。读课题，指出两个第三声的字在一起时，第一个读第二声，读准“咏柳”（“咏”读第二声）。猜测一下“咏柳”是什么意思?（赞颂、赞美柳树）点出“咏”的意思。

③ 你对诗人贺知章了解多少呢？简介贺知章。

贺知章，唐代诗人。字季真，晚年自号“四明狂客”。越州永兴（今浙江萧山）人。少年时就以文辞而出名。晚年与李白为友，酒后作诗文，神采飞扬。他的写景诗广为传诵。

（2）读通诗句，了解大意

① 短短 28 个字藏着诗人对柳树的歌颂、赞美，请你结合注释，读读这首诗，你读懂了什么呢？不懂的字词做上记号。

② 交流，讨论学生可能读不懂的字词：

碧玉：碧绿色的玉；碧：翠绿色。

万条：泛指枝条多。

二月：是指农历二月，就是公历阳春三月。

裁：裁剪。并进行书写指导：裁，半包围结构，里面“衣”字的最后一笔是点。

（3）紧扣柳树之美，领悟诗意

再读全诗。读着读着，眼前浮现柳树了吗？喜欢这棵柳树吗？

① 柳树颜色美：

“碧玉妆成一树高”是写整体，说高高的柳树像是碧玉打扮而成的。碧玉，翠绿晶莹的玉石，用“碧玉”比喻柳树又新又嫩的绿叶，突出它的颜色美。（板书：柳树）

想象：看着这棵高高的、有着嫩绿柳叶的柳树，你仿佛看到了一个美丽的姑娘，她的衣服可美丽了，翠绿晶莹的……

② 柳枝轻柔美：

柳枝美在它数量极多，美在柳条像用丝编织的带子一样轻柔。（板书：柳枝）

想象：小朋友们，你们就是一棵棵由碧玉打扮而成的柳树，一阵和煦的春风吹来，你们的柳条儿就会翩翩起舞，梳理自己的头发……采访：你的动作为什么那么轻柔呀？瞧你那自豪的模样，有什么想说的？

③ 柳叶形态美：

柳叶嫩嫩的、绿绿的，精巧细致。（图片出示，将柳叶和小朋友的眉毛比较）所以古代人将美丽的眉毛称作柳叶眉。（板书：柳叶）

④ 体会春风的神奇：

想象：二月春风吹呀吹，吹呀吹。二月春风吹过草地，草地上就钻出了嫩嫩的绿草；二月春风吹到田野，田野上就长出了蓬勃的秧苗；二月春风吹进果园，果树枝头上就探出了尖尖的叶芽……此时此刻，你想对二月的春风说什么呢？（二月春风太神奇了，简直就是一把神奇的剪刀……）

⑤ 师生合作：老师朗读散文，学生用恰当的诗句来对答。

师：你看那高高的柳树，长满了翠绿的新叶，看上去好像用碧玉装扮的一样，真是青翠欲滴啊！那垂挂下来的万千柳条，柔软绵长，随风摇曳，多像绿绿的丝带!

生：碧玉妆成一树高，万条垂下绿丝绦。

师：再看那小巧的新长出来的柳叶，细细尖尖的，整整齐齐的，是谁裁剪出来的呢？原来是二月春风这把剪刀裁出来的啊!

生：不知细叶谁裁出，二月春风似剪刀。

⑥ 小结：诗人贺知章观察仔细，抓住了春天的柳树，又按从整体到部分的顺序，向我们展示了春天的美，抒发了他对春天的赞美之情。（板书：整体—部分）

（4）背诵古诗

学生一起背诵这首诗。

（5）书写生字，默写课文

① 书写生字“咏、碧、妆、裁、剪”。

② 默写古诗。

③ 搜集与“春”相关的古诗，办一次春的诗会。

（6）拓展诗歌，鼓励积累

当我们卸下沉重的冬装，来到春光明媚的大自然中，老师和你们一样感到从没有过的轻松和快乐，让我们大声地、发自内心地赞美春天，歌唱春天：

迟日江山丽，春风花草香。
泥融飞燕子，沙暖睡鸳鸯。

——杜甫《绝句》

江南好，风景旧曾谙。
日出江花红胜火，春来江水绿如蓝。
能不忆江南？

——白居易《忆江南》

4. 教学策略简析

（1）夯实基础，知识要“点点”俱到

传统模式下的古诗呈现明显的板块化教学模式，古诗的理解和背诵是重中之重。学生在读懂课题后，初步了解诗人贺知章的生平事迹。随后，学生交流理解和不理解的字词，重点关注“碧玉、二月、裁”等字词。理解诗意，学生在教师的带领下，通过品味关键字，感悟柳树的颜色美、轻柔美和形体美。花美还需绿叶衬，春风吹拂下的柳树更加神奇秀美。课堂最后，学生通过对照诗意答句子和背诵古诗夯实了学习基础，诗句拓展增加了对于描写春天的古诗的积累。

（2）传统教学模式方便操作，但不利于素养提升

传统模式下的古诗词教学（读古诗—知作者—解诗题—明诗意—悟感情）易上手，易操作，思路清晰，主题明确，能够较为平实地完成教学任务，但是对于学生的思维训练不够，点连不成线，久而久之，课堂就容易变得死板。从这样课堂出来的学生往往发展后劲不足。

（二）线——古诗词类本文的串联教学模式（第二学段）

1. 教学文本呈现

静夜思

床前明月光，疑是地上霜。
举头望明月，低头思故乡。

古朗月行（节选）

小时不识月，呼作白玉盘。
又疑瑶台镜，飞在青云端。
仙人垂两足，桂树何团团。
白兔捣药成，问言与谁餐。

送魏王还王屋（节选）

秀色不可名，清辉满江城。
人游月边去，舟在空中行。

月下独酌

花间一壶酒，独酌无相亲。
举杯邀明月，对影成三人。
月既不解饮，影徒随我身。
暂伴月将影，行乐须及春。
我歌月徘徊，我舞影零乱。
醒时相交欢，醉后各分散。
永结无情游，相期邈云汉。

将进酒（节选）

人生得意须尽欢，莫使金樽空对月。

天生我材必有用，千金散尽还复来。

把酒问月（节选）

青天有月来几时？我今停杯一问之。

人攀明月不可得，月行却与人相随。

2. 教学目标预设

（1）学习6首李白写月亮的诗，学生借助工具书和网络理解诗意。

（2）学习交流其他一两首李白写月亮的诗并理解诗意。

（3）初步了解月亮这一古诗中的独特意象，深度思考李白与月亮的不解之缘，结合李白生平，给出答案。

3. 教学片段设计

（1）谈论李白导入

① 你了解李白吗？说说你所了解的李白。

② 李白有哪些别称？（诗仙、酒仙、谪仙人，还可称为“月亮诗人”。他一生有300多首诗写到了月亮。）

师：我们中国出了很多伟人，今天我们要认识一位最伟大的诗人，他是……

生：李白。

师：这么伟大的诗人，我们要崇拜他。你会背李白的诗吗？

生：会。

师：谁来背一背？

生：《静夜思》《送魏王还王屋》……

师：你了解李白吗？说说你所了解的李白。

生：李白号青莲居士。

生：李白的妈妈生他的那个晚上，梦到了太白金星，所以李白字太白。

师：李白有哪些别称？

生：诗仙。

师：什么样的人才能称作诗仙？

生：诗写得多，诗写得好。

师：为什么唐代其他诗人诗也写得多、写得好，却没有被称作诗仙呢？

因为李白写诗张口即来，出口成诗。李白还有个别称，叫什么仙？

生：酒仙。

师：喝酒喝得多，怎么不叫酒鬼呢？

生：李白喝了酒就写诗。

师：太白兄不仅是诗仙、酒仙，还特别喜欢一样东西，那就是……

生：月亮。

生：在李白一生中，一共创作了一千多首诗，其中三百多首诗写到了月亮，他又被称为“月亮诗人”。

（2）呈现李白六首写月亮的诗或片段，学生朗读

① 望月：《古朗月行》

师：李白写月亮，首先要望月。望月的诗，谁来读一读。

生：（指名读《古朗月行》）

师：我们一起来把这首诗读一读。

生：（齐读《古朗月行》）

师：学诗首先要把诗读好，在读好的基础上再来理解。我们先来看第一句“小时不识月，呼作白玉盘”，谁来解释一下？

生：小的时候不认识月亮，把它叫作白玉盘。

师：为什么把月亮叫作白玉盘，不是大脸盘？

生：月亮洁白无瑕……

师：在你不识月的时候，你会把月亮呼作什么？三个人讨论一下。（引导：月亮会一直是圆的吗？）

生：（小时不识月，呼作）一叶舟、白珍珠、白大饼、瑶台镜、仙人舟、一仙子……

师：说得真好，用了想象。（板书：想象）

师：小时不识月，我可以把后面的“呼作”改一改吗？

生：唤作、看作、当作……

师：这些都可以，但是李太白这里用了“呼”，我们再来读一读。“呼”重点读一读。

生：“小时不识月，呼作白玉盘。”

师：这个“呼作”读起来怎么样？

生：亲切、喜爱。

师：还看出来李太白小时候怎么样？

生：非常可爱。

师：我们读诗就要走进诗人的内心，体会诗人的情感。

师："又疑瑶台镜，飞在青云端"，由白玉盘到瑶台镜，诗人这是在做什么？

生：遐想。

师：他还想到了什么？从诗里面找一找。

生：还想到了嫦娥、桂树、仙人……

师："白兔捣药成，问言与谁餐。"白兔在给谁捣药呢？

生：仙人、嫦娥、吴刚……

师：看着月亮，想到了仙人垂足、桂树团团……这样的人是……？

生：仙人。

② 邀月：《月下独酌》

师：李太白如果只是会望月，那他就不能被称为诗仙。他除了望月外，还会……？（板书：邀月）

生：邀月。

师：我们来看看李太白是怎样邀月的。《月下独酌》，谁来读一下？

生：（指名读《月下独酌》）

师：人有眼睛，诗也有眼睛，叫作什么？

生：诗眼。

师：这首诗的诗眼是哪个字？

生：独。

师：这首诗哪些句子写出了诗人的孤独？拿出笔来画一画。

生：（指名找出句子，谈谈自己的理解）

师：你们孤独的时候，会怎么做？

生：睡觉、自娱自乐、发呆、自说自话……

师：这是我们凡人孤独的时候做的事，仙人孤独的时候会怎么做？一起读。

生："举杯邀明月，对影成三人。"

师：第二个人是谁？第三个人是谁？

生：影子、月亮。

师：月亮下来了，影子也下来了。它们做什么呢？

生：“月既不解饮，影徒随我身。”

师：一个不会喝酒，一个只会呆呆地在我身边。李太白怎么想的呢？

生：“暂伴月将影，行乐须及春。”

师：这时的李白是怎么做的呢？

生：“我歌月徘徊，我舞影零乱。”

师：表面写得那么热闹，李白现在还孤单吗？

生：孤单。“醒时同交欢，醉后各分散。”

师：所以诗人立下了一个志愿，和月亮再相聚。

生：“永结无情游，相期邈云汉。”

师：表面写得那么热闹，反衬出李白内心是那么孤独。如果说小时邀月给李白带来的是无限的遐想，现在月亮给李白带来的是什么呢？四个字概括。

生：不离不弃、永生陪伴……

师：李白为什么这么钟情月亮呢？原来月亮给李白带来无限的慰藉和安慰啊。我们一起把这首诗吟诵吟诵，注意情感的变化。

生：（齐读）

③ 问月：《把酒问月》

师：李白除了望月、邀月，还会问月。你会问月吗？你会问些什么？

生：月亮，你什么时候出来？

生：月亮，你从哪里来？

…………

师：我们来看看李白会问月亮什么，谁来读一读。

生：（指名读《把酒问月》）

师：拿出笔来，找出李白一共问了月亮几个问题。

生：第一个问题，“青天有月来几时？我今停杯一问之。”

师：谁来回答一下李太白，天上什么时候开始有月亮呢？

生：青天有月在夜间……

师：在盘古开天辟地的时候就有了吧。这些问题你们不思考，李太白思考。

师：第二个问题是什么？

生："人攀明月不可得，月行却与人相随。"

师：解释一下。

生：人攀登月亮不可能，月亮却和人一直在一起。

师：谁来回答一下？

生：因为月亮在遥远的天际，俯视众生，我们不能攀越。

…………

（找出古诗中的五个问题，分别是一、二、四、五句，教学流程为找出问句，用自己的话简单释义，让学生代表月亮来回答李太白的问题，老师最后加以指导点拨。）

师：有谁懂李白？

生：杜甫、贺知章、汪伦……

（3）你还找到哪些李白写月亮的诗？读给大家分享。

（4）重点研讨：李白为什么偏爱写月亮？

① 小组合作。

② 大组交流。

板书：

李白与月亮

望月—邀月—问月

无数想象　无限慰藉　无穷追问

（5）总结：李白是"月亮诗人"。

李白生为天而生，母亲怀太白金星而生李白。

李白死为月而死，因醉中跳入长江捞月而亡。

他一生政治上不得意，怀才不遇。因而他以无限深情，向往月亮，讴歌月亮。在人世间，他遭白眼，受委屈，那什么地方是他理想的净土呢？月亮，只有月亮，才是他精神的家园、理想的乐园。

（播放《月之故乡》结束）

4. 教学策略简析

（1）以"月"为题串联教学，以"读"为法体悟感情

古诗串联教学，是古诗教学中比较常见的现象。同样的诗人、同样的意象、同样的感情、同样的体裁，都可以成为教学的缘由。而这份缘由恰恰是该节课的教学亮点所在。此节课是古诗词类文本教学的一次新的尝试，

对于学生而言，却是一次难度不低的挑战。从课前的预习到课上的讨论，每个学生都是课堂上的主角。学生的思维随着孙老师一起回到那千年前的盛唐，和谪仙诗人李白一起望月、邀约、问月，体会那万丈豪情。一堂课下来，学生对月亮这一古诗中的重要意象一定有了更清楚的认知，对于李白这位浪漫主义的诗人与月亮之间展开的独特对话有了自己独到的见解。学生会发现原来诗人可以离我们这么远，也可以这么近。

如果说传统的诗词课堂能够上好一首诗，那么创新的诗词课堂则是可以上好几首诗。学生在积极主动理解诗意的基础上，可以针对古诗中几个文学常识或知识要素，展开一番探求和研究，这样既加深了对课文的认识，又能构建自己的知识网络，厚实文学积累。

（2）诗不离情，情不离人

中国的古诗词经过了千年的传承，每个诗人都有自己的风格，同一个诗人在不同人生阶段，面临不同的人生际遇，感情也有可能会发生很大的变化。正因为如此，理解古诗不可避免地要体会其中的感情，而理解情感就不能不去了解诗人的生平事迹。古诗词类文本的串联教学就能以此为线索，以时间的广度、内容的厚度，培养学生“诗不离情，情不离人”的意识，更有纳天地宇宙万物的万丈豪情。

（三）面——古诗词类本文的单元整体教学模式（第三学段）

1. 教学文本呈现

望庐山瀑布

李白

日照香炉生紫烟，遥看瀑布挂前川。
飞流直下三千尺，疑是银河落九天。

绝　句

杜甫

两个黄鹂鸣翠柳，一行白鹭上青天。
窗含西岭千秋雪，门泊东吴万里船。

2. 教学目标预设

（1）能借助拼音正确认读生字、词语；能借助汉典笔顺图示正确书写生字；能借助字典、词典等了解生字词的基本意思，能结合课文语境准确选择义项，领会情感色彩；能归类积累词语（形容词）；能根据表达意图准确选择恰当的字词进行说写活动。

（2）能有感情地朗读诗歌，读出诗歌的节奏和韵律；能背诵诗歌。

（3）能识别古诗（律诗）；能借助插图，从关键词句中感受事物的形象，并体会其中的情感。

（4）阅读浅近的古诗四首。

3. 教学片段设计

《望庐山瀑布》教学片段设计

台阶一：感受瀑布特点，领会神奇想象

（1）朗读诗歌，体会节奏。

（2）质疑，理解关键字词：香炉、紫烟、川、银河。

（3）诗人眼中的瀑布是什么样的？领会“川、飞流、银河”之间的关联，感受诗人的非凡想象力。

（4）探究，“三千尺”与“九天”是实指还是虚指？

九天：此处指极高极高的天上，看不到尽头。

三千尺：不是实指，是虚指，即一种夸张。

古诗中的数量词，往往不是实指，而有特定的含义及情感。此处表达瀑布之长，气势之雄伟，感情之惊叹，想象之非凡。

（5）想象，诵读。

台阶二：识别古诗与现代诗的形式，领会诗人的情怀。

（1）比较阅读叶圣陶的《瀑布》，在形式上和《望庐山瀑布》有什么不同？

（2）在叶圣陶的眼中，瀑布是什么样的？圈画出关键的词句。

要点：白银、珍珠的屏、烟、雾、尘。

（3）比较：同样是比喻，你感受到李白的比喻有何特别之处？为何他能做出这样的比喻？

要点：叶圣陶先生所比的事物，与客观世界中呈现的一致；李白所比的事物，在客观世界中是不可能存在的，只能存在于想象之中，如“倒挂的河流、银河的水”。

（4）诗歌阅读要点：从关键词句中领会所写事物的特点；从特点中揣摩诗人的情感。

《绝句》教学片段设计

台阶一：体会律绝的平仄和对仗。

（1）朗读杜甫的《绝句》，认识“绝句”。

（2）识别“平仄”，朗读“平仄韵”的七言律绝样式。

（3）识别《绝句》的“平起”样式，有节奏地朗读。

（4）对对子：老师出一字，学生对一字；老师出两字，学生对两字；老师出一词，学生对一词；老师出一句，学生对一句。

台阶二：理解景物特点，领会意境及诗人情感。

（1）罗列诗中所写的事物，理解其特点。

（2）比较事物，辨别情感色彩。

“黄鹂”与“乌鸦”给你的感觉有什么不同？

要点：黄鹂鸣声清脆悦耳，给人喜悦之感；乌鸦叫声难听，给人不祥之感。以此类推，“翠柳、白鹭、青天”给你什么样的感觉？

“千秋雪”与“千里雪”有何不同？“万里船”与“万条船”有何不同？

要点：千秋雪重在时间，表现积雪之久；千里雪重在空间，表现积雪之广。万里船意味着航程远；万条船意味着数量多。

（3）借助图示和想象，体察诗人看景的位置（屋内往外眺望）；领会六个事物（意象）组成了一幅怎样的画面，表达了诗人什么样的情感。

要点：优美的画面，愉悦的心情。

（4）有感情地诵读。

单元练习设计

（1）阅读诗歌，准确把握诗歌中事物的特点，并体会诗人的情感。

咏　柳

贺知章

碧玉妆成一树高，万条垂下绿丝绦。

不知细叶谁裁出，二月春风似剪刀。

① 诗人眼中的“柳”是什么样的？

②“碧玉、绿丝绦”这些比喻，表达了诗人什么样的情感？

③ 比较：“二月春风似剪刀”改成“二月春风似菜刀”有何不同？

（2）阅读律绝，读出平仄节奏，描写事物组成的画面，体会诗人的情感。

绝 句

杜甫

迟日江山丽，春风花草香。

泥融飞燕子，沙暖睡鸳鸯。

① 用平仄标示古诗的韵律。

② 诗中写了哪几个事物？各有什么特点？

③ 这些事物组成了怎样的画面？用自己的话语形容一下。

（3）选择两首古诗，在小组内进行主讲。要点：诵读，并简述事物特点及诗人情感。

4. 教学策略简析

（1）单元整体架构，侧重能力提升

古诗词类文本往往单独成篇，学生对于课文的学习结果多半是我学会了一首诗或者词，但是对于古诗词类本文的特点、如何学习古诗词类本文，却是知之甚少。为了能打破这种独立成篇、略显尴尬的教学传统，本课老师以古诗词类本文的文本和感情特点为线索，重新架构了古诗词类文本的教学单元，目的是在教会学生能读会认古诗的同时，培养学生初步知晓古诗的平仄，读出古诗的节奏和韵律的能力，以及通过比较不同古诗中同种景物的特点，体会作者独特的思想感情的能力。以此为出发点，《望庐山瀑布》和《绝句》的设计各有侧重，同时在单元练习设计中选择有类似文本特点的古诗来加以巩固，培养学生的自学能力。

（2）关注基础知识，设计更具亮点

单元整体架构是个点线面循序渐进的过程，并不意味着过去着重强调的基础不重要了，而是在关注到基础知识的同时，更倾向于素养的提升。《望庐山瀑布》和《绝句》的设计首先都是在先解决了一些难以理解的字词问题，疏通了句子字面意思的基础上，巧妙地设计比较景物特点环节和诵读古诗环节，以达到单元教学目的。循序渐进，寓教于乐，学生的兴趣被调动起来了，吸收理解的效果也会更好。

五、教学认识

苏教版教材中古诗词类文本呈现三个特点：难度低、数量少、较分散，更换成新版部编本教材后，古诗词的数量增加了，难度有了较大幅度的提升。这就传递给我们三个信号：①要重视古诗词类文本教学；②加快转变古诗词类文本传统教学模式，以适应新要求；③古诗词类文本教学应该立足于学生语文核心素养的提升。

类文本教学将“古诗词类文本”作为一种独立的文体进行一系列的研究，希望能为教师的教和学生的学提供有益的帮助与支持。

1. 从文本价值的角度看

（1）古诗词类文本的知识体系得以建构

文本的集中会带动知识点的集中，就像串联起偌大星座的颗颗繁星一样，学生也开始尝试建构起自己的知识网络。类文本教学中，一堂课下来，学生不再是简单知晓这首诗讲了什么，表达了什么感情，而是能够引发学生更多横向和纵向的思考，比如古诗中还有多少种不同的意象？它们代表多少不同的情感？诗人杜甫的诗歌为什么被称为“诗史”？诸如此类，不胜枚举。类文本教学背景下的知识获取，不再是以点的形式出现，而是以线甚至网状的形式构建起思维导图，助力学生的学习和成长。

（2）古诗词类文本的文体价值得到认同

中国古诗词的语言，时而简洁凝练，时而又含蓄隽永，时而高亢激昂，时而又沉郁顿挫，时而质朴平实，时而又雄奇豪放。它的思想，既有敢为人先、舍我其谁的自在得意，也有名落孙山、壮志难酬的郁郁寡欢；既有驰骋沙场、策马扬鞭的豪情壮志，也有远离宦海、纵情山水的逍遥自在；既有“何当共剪西窗烛，却话巴山夜雨时”的深深思念，也有“海内存知己，天涯若比邻”的离愁别绪……其形、其情、其义、其理，历久弥新，汇泽万世。它对于学生了解中华古代文化，熟悉汉字的语用习惯、丰富语言积累、熟练语言技能有不可替代的作用。

2. 从教师教学的角度看

（1）古诗词类文本的教学策略得以形成

类文本教学，可以给教师提供可行的成熟的教学模式和参考，这样既能给青年教师提供一个便于操作的范例，少走弯路，也能给成熟型教师留有更多的思考和拓展余地，使他们能够不落窠臼，有所突破。

（2）古诗词类文本的教学设计更具创意

从传统古诗词教学模式到古诗词类文本的单元整体设计，是一个从点到线再到面的发展过程。传统的古诗词教学模式，即所谓的五步法（读古诗—知作者—解诗题—明诗意—悟感情），适用于教学单首古诗。它的教学面是一个圆点映射无数个小的知识点。因为意象、作者、情感、修辞等方面具有相同点而聚集起来的古诗词串联教学模式则是对传统模式的一种突破，适用于教学几首具有相同特点的古诗。这时的教学面是几个点连接起来的线，这条线可以无限延伸，也可以纵横交错。古诗词类文本单元整体教学模式是一种新的尝试。它是由无数个知识点、无数条教学脉络构成的教学单元或者说是教学模块。它的特点是整体设计、渐进实施、侧重生成、落实素养。关注学生的全面成长，也关注全体学生的成长。

（3）古诗词类文本的教学要求更加严谨

① 对诗词内容要有准确无误、恰如其分的了解。

② 教好诗词第一步永远是读好诗词。

③ 重情感体验，轻一词一句的理解。

④ 关注多维角度的诗词教学。

3. 从学生发展的角度看

（1）诵读经典名篇，提升语言鉴赏能力

课文中选用的古诗词都是适合学生学习的经典名篇。诵读经典，能够提升学生的审美能力，奠定厚实的文化基础，有助于孩子的身心健康。

（2）感受古诗词的意境美，丰富学生的情感体验

古诗词中含蓄的情感表达，反映了中国人较为内敛的民族性格。学习古诗词类本文，能够感受古诗词营造的独特意境美。学生就是在与先人的对话中，感受几千前的岁月沧桑和风云变化，获取珍贵的情感体验，增强阅读和理解能力，也有利于修身养性和世界观、人生观的养成。

（3）积累传统文化

古诗词是一座辉煌瑰丽的文化宝库。语文作为母语课程，肩负着传承中华秀传统文化的历史重任。古诗词类文本教学不仅要带领学生初步理解其中的语用规则，感悟其中厚重的情感寄托，更应该培养他们热爱中华传统文化的思想感情，为身为中华儿女而感到骄傲自豪。

第二节 现代诗类文本

现代诗是诗歌的一种，指五四新文化运动后，用白话文写的诗，又称“白话诗”。现代诗打破了古体诗的特点，不局限于格式和韵律。和古体诗相比，现代诗更注重修辞的运用，形式更为自由，意蕴更为丰厚。依照体裁来分，现代诗可分为童话诗、寓言诗、散文诗和韵脚诗等。用现代汉语翻译的外国诗也囊括在现代诗的范畴之中。不同体裁的现代诗在表现手法上也不尽相同，鉴赏时要使用不同的方法。童话诗以贴近孩子生活的形象、儿童化的语言，让孩子在反复的朗读中就能感受到其中蕴含的浅显易懂的道理，很适合第一学段的学生学习。散文诗兼具散文和现代诗的特点，题材丰富，短小灵活，抒情性强。通过此类诗作的学习，学生能够充分领略现代诗语言表达之美。

统观部编本小学语文十二册教材，被选入第一学段教材的大多是童话诗，如《青蛙写诗》《四季》《植物妈妈有办法》等。第二学段教材中出现的现代诗文本以散文诗居多，如《听听，秋的声音》《童年的水墨画》《秋晚的江上》等。四年级下册第三单元作为一个诗歌单元，选编了冰心、艾青、戴望舒等诗人的经典之作，引领学生走进诗歌的殿堂，初步了解现代诗的一些特点，体会诗歌的感情。第三学段教材中现代诗较为少见，仅有《三黑和土地》和《有的人》两首，且都是略读课文。此外，教材还编入了日本作家金子美玲的《一个接一个》、俄罗斯作家克雷洛夫的《池子与河流》和苏联作家叶赛宁的《白桦》等外国诗，拓宽了孩子的视野。《池子与河流》作为一首寓言诗，更是给孩子留有思考和品读的空间。

一、文体特征

现代诗类文本和其他文本相较而言，一般篇幅较短。现代诗类文本注重意象和修辞的运用，讲究一定的音韵，感情色彩浓郁，有其独特的文学价值和语言魅力。

1. 注重意象，营造氛围

现代诗的意象经营注重意的把控。现代诗中常常将抽象的概念、诗人内心的情感也就是“意”，通过具体可感的事物也就是“象”表达出来。现代诗通过选择多个意象，将看不见摸不着的意念情感形象化，通过简单朴实的语言文字来凸显诗意。明月、杨柳、钟声、斜阳、桃花、飞雪等都是诗人常用的意象，不同的意象，可以营造出不同的氛围，表达出不同的情感。戴望舒的《在天晴了的时候》一诗中选取了雨后的小路、小草、小白菊、凤蝶等意象，生动形象地描写了雨过天晴后大自然清丽的景色，抒发了诗人在雨后小径中散步的美好心情。

2. 修辞贴切，感情真挚

现代诗中充盈着浓烈的感情色彩，抒情性是其主要特点之一。晋代文论家陆机在其《文赋》中曾说过：“诗缘情而绮靡。”现代诗相较古体诗，感情色彩更为清晰和浓郁，往往能引起读者深深的共鸣。现代诗中常常通过多种修辞来抒发感情。修辞作为现代诗常用的一种表达技巧，包括比喻、拟人、夸张、排比、反复、象征等，每种修辞都有其独特的用法。臧克家的《有的人》一诗就是反复运用了对比的手法来写两种人，将两种人相互对照，强烈地讴歌了鲁迅的一生。《青蛙写诗》这首诗赋予了小蝌蚪、水泡泡和一串水珠人的语言，形象地将它们比作诗歌中的逗号、句号、省略号，童趣十足，给学生留下了广阔的想象空间。

3. 内容开放，形式自由

现代诗类文本最大的特点就是自由，这也是现代诗区别于其他文体的根本特征。现代诗和古体诗不同，它不拘泥于格式，不局限于韵脚，可以根据诗人灵感自行分行分段，可长可短。现代诗的自由不仅体现在形式上，还体现在内容的选择上。现代诗可以写景写物，如《影子》《一株紫丁香》等，也可以写身边发生的细微小事，如《怎么都快乐》《一个接一个》《明天要远足》等，还可以发挥诗人天马行空的想象，我手写我心，如《青蛙写诗》《小小的船》《彩色的梦》……

4. 语言精练，意蕴深厚

现代诗的语言有一种神奇的魔力，有的充满童趣，读来轻松活泼；有的文辞清丽，读来韵味悠长；有的用词精准，将人狠狠点醒……现代诗的语言趋于口语化、散文化，但又和散文不同，保有自己的特点。

（1）语序变化

现代诗中常出现语序颠倒的情况，如叶圣陶《小小的船》一诗中的

“我在小小的船里坐”就是“我坐在小小的船里”的语序倒置。这一小小的语序颠倒，不仅表现出了孩子对月亮的无尽遐想，还体现出了孩子的活泼可爱。刘大白《秋晚的江上》一诗中“归巢的鸟儿，尽管是倦了，还驮着斜阳回去”，疲倦的鸟儿想要回到自己的窝巢之中，恰巧此时天色已晚，落日的余晖照在飞鸟的脊背上，就好像飞鸟把斜阳驮回巢穴去一样。刘大白只用了寥寥几笔，简单的语序倒置，就强调了鸟儿的倦怠，凸显出了一种悲凉之感。

（2）成分省略

现代诗语言精练，往往会省略掉句子中的一些成分，留给读者更多的补白空间。高洪波的《彩色的梦》中“脚尖滑过的地方，大块的草坪，绿了，大朵的野花，红了，大片的天空，蓝了，蓝——得——透——明！”诗人将句首的彩色笔这一主语省略，读者仿佛就化身成了这支彩色笔，在天地间跃动。灵动的语言在诗人和读者间架起了一座桥梁，拉近了他们之间的距离。祁念曾的《延安，我把你追寻》一诗开篇就运用了两个比喻，“像翩翩归来的燕子，在寻找昔日的春光；像茁壮成长的小树，在追寻雨露和太阳”。这句诗中，两个比喻中的本体都被省略了，但是通过上下文我们不难看出，这就是在写我们追寻延安，也就是追寻延安精神。

（3）词性转变

现代诗为了表情达意的需要，有时也会临时变化一些词的词性，比如将形容词作名词用，或是将名词当动词用等。形容词作名词用，凸显出了一类人或者一种东西的最大特点。名词作动词用，将原来枯燥的画面变得灵动。不过，这一点在部编本小学教材中基本未涉及。

二、学段要求

《语文课程标准》关于教材编写建议提出：“教材选文要文质兼美，具有典范性，富有文化内涵和时代气息，题材、体裁、风格丰富多样，各种类别配置适当，难易适度，适合学生学习。”现代诗类文本描写新生活，体现新思想，且语言趋于口语化、散文化，便于学生理解和学习，这与教材编写的建议不谋而合。

在语文课程标准中，第一年段（1—2 年级）要求学生诵读儿歌、童谣和浅近的古诗，展开想象，获得初步的情感体验，感受语言的优美。

第二学段（3—4 年级）要求学生诵读优秀诗文，注意在诵读过程中体验情感，展开想象，领悟内容。

第三学段（5—6 年级）要求学生诵读优秀诗文，注意通过诗文的声调、节奏等体味作品的内容和情感。背诵优秀诗文 60 篇（段）。

总体来说，语文课程标准在低中高三个学段中都提出了诵读优秀诗文的要求，让学生发挥想象，体悟内容，体验情感。

不同的是，第一学段只需初步感知语言的优美，所以第一学段的现代诗类文本教学重在读。在第一学段的现代诗类文本教学中，首先要落实用普通话正确、流利地朗读的要求，接着可以借助图片、视频等形象的教学手段帮助学生想象画面，大致了解诗人创作时的感情，最后指导学生朗读，感受诗歌语言的魅力。

第二学段则需要体悟内容，重在悟。学生不仅要领悟诗人表达的感情，还要体悟诗歌的内容。教师要引导学生抓住主要的意象，展开想象，同时为学生创设情境，帮助学生在诗句之间解读诗人隐藏的密码。

而第三学段要通过诗文的声调、节奏等体味作品的内容和情感，重在品。通过之前的学习积累，学生对现代诗这一文体已经有了大致的了解。对于一些浅显易懂的现代诗类文本，学生能够通过朗读、抓主要意象等方法来自主学习，感受诗歌的语言美。现代诗的韵律美也是其主要的特点之一，教师要指导第三学段的学生读出现代诗的韵律和节奏，找准停顿和重读的点，通过语音语调的变化和诗歌的停顿节奏来感受诗作的内容和诗人的感情，让学生体会到更深层次的韵律美。

由此可见，语文课程标准提倡大量的诵读积累，在诵读积累的过程中逐渐培养学生品读现代诗的能力，形成自己独有的现代诗鉴赏角度。

三、学情把脉

情感是孩子和世界建立联系的第一条纽带。第一学段的学生年龄小，活泼好动，有意注意持续的时间较短，注意力经常被兴趣、情感等左右。现代诗就很符合第一学段学生的语言习得规律，所以第一学段的语文教材中编入了大量的现代诗。《小小的船》节奏感特别强，《影子》写出了孩子和影子如影随形的童真童趣，《明天要远足》更是道出了孩子们出游前的兴奋和激动。这些诗，读起来朗朗上口，内容贴近学生的生活，第一学段的学生愿意读，喜欢学。就此，现代诗在学生心中播下了兴趣的种子。

第二学段是学生小学阶段重要的转型期。这一阶段学生的学习任务无论是深度还是广度和第一学段相比都有了明显的变化。学生学习活动的游戏性特征减少，学习过程的组织性、认知过程的规范性和严谨性更强。现代诗类文本不同于其他文本，它给学生带来了有温度的语言文字。此类文本通过真实可感的意象，营造出独有的意境，给学生一种身临其境的体验，对学生美的意识的形成有不可取代的引领作用。《听听，秋的声音》《童年的水墨画》《秋晚的江上》等一系列散文诗，让学生对现代诗类文本有了更为深入的了解，提升了学生鉴赏诗歌的水准。学生心中兴趣的种子逐渐成长，学生对现代诗也有了独有的认知。

尽管第三学段的教材中鲜少出现现代诗，但不可否认，现代诗善用拟人、比喻、夸张等表达技巧，适合学生模仿，有助于锻炼学生的写作能力。

四、课例分析

（一）《四季》（第一学段）

1. 教学文本呈现

四　季

薛卫民

草芽尖尖，
他对小鸟说：
“我是春天。”

荷叶圆圆，
他对青蛙说：
“我是夏天。”

谷穗弯弯，
他鞠着躬说：
“我是秋天。”

雪人大肚子一挺，
他顽皮地说：
“我就是冬天。”

2. 教学目标预设

（1）认识“尖、说”等10个生字，读准多音字“地”的字音。

（2）正确朗读课文，背诵课文。初步了解四季的特征，感受四季的美丽。

（3）模仿课文，说说自己喜欢的季节。

3. 教学片段设计

（1）请同学们翻开语文书，自己读读课文，不认识的字借助拼音读准，难读的地方多读几遍。

（2）谁来读给大家听听？（指名读）

（3）他读准了吗？谁来评一评？（相机指导读准翘舌音“说”、后鼻音“挺”、多音字“地”）

（4）春天到了，让我们一起去郊游吧！（出示第一节和相应图片）你看到了什么呀？

（预设：我看到小鸟在空中飞。我看到小草都发芽了，绿绿的，很好看。我看到草地上的花儿都开了，五颜六色的。）

（5）你们看得可真仔细，这些花儿草儿会跟小鸟说些什么呢？

（预设：春天真美。我是春天。）

（6）你为什么说你是春天呀？

（预设：因为春天到了，小草就变绿了。因为小朋友们看见小草长出来了，就知道春天到了。）

设计意图：这首诗语言生动，内容贴近学生的生活，对一年级的学生来说，学习起来难度不大。教学时，先让学生自读，把字音读准。然后把诗句和图片结合起来，帮助学生在语言文字和生活体验之间建立勾连。最重要的是，把表达的空间留给学生，让学生自由地说出在图上看到了什么，小草和小鸟之间会怎样对话。这样的设计就是在无形中把学生放在诗人的角度思考，了解诗人的想法。

（7）你们说得可真好，老师想来当当草芽，读读第一小节，你们愿意听吗？（师范读）你们觉得老师读得怎么样？

（预设：我觉得老师读得好，因为老师读的时候是笑眯眯的，说明小草很高兴。我觉得老师读得好，因为老师把“草芽尖尖”读得很轻，小草刚刚长出来，我们要小心一点，不能伤害它。我还发现老师把“我是”读得很响亮。）

（8）你们听得可真认真，请你们学着老师的样子自己练一练，比比谁读得最好。（学生自由读，评比）

（9）我们一起加上动作，来演一演吧！（表演）

（10）现在我们能试着有感情地背诵吗？（背诵）

设计意图：低年级的朗读指导不是机械地告诉孩子，这里要重读，这里要停顿，也不是假大空地对孩子说要读出高兴的感觉。教师要进行到位的范读，让学生在听的过程中思考、发现如何把现代诗读好。学生只有真正地聆听、思考了，才能够把诗歌读好。

（11）春天真美呀！除了尖尖的草芽，你还喜欢春天什么样的美景呢？

（预设：红红的桃花、黄黄的迎春花、白白的梨花、粉粉的樱花、漂亮的风筝、勤劳的小蜜蜂、飞来飞去的花蝴蝶……）

（12）你能学着课文的样子，也来当当小诗人吗？

（预设：桃花红红，她对蜜蜂说："我是春天。"）

设计意图：对于春天，每个孩子的关注点都是不一样的。这首诗就给学生提供了创作的土壤，学生在教师的引导之下，作品自然而然就产生了。

4. 教学策略简析

第一学段朗读教学模式：反复地、有目的性地朗读。

叶圣陶说："吟诵的时候，对于讨究所得的不仅理智地了解，而且亲切地体会，不知不觉之间，内容与理法化而为读者自己的东西了，这是最可贵的一种境界。学习语文学科，必须达到这种境界，才会终生受用不尽。"①

这首儿童诗内容简单，句式相似，很适合一年级的学生学习。所以在教学时可以采用朗读教学模式，让学生反复地、有目的性地朗读，在此过程中感受现代诗的语言美、韵律美、情感美。本课的教学设计，就是初读读准字音，读通句子，逐渐体悟感情，教师范读教会学生有感情地朗读，然后表演读，最后熟读成诵。这一教学模式非常适合第一学段的现代诗类文本教学，大致可以概括为读通文本→自由练读→读出节奏→读出感情→熟读成诵。为了充分调动学生学习的积极性，在教学过程中可以选择多种形式的读，比如老师范读、开火车读、指名读、同桌互读、表演读等，让

① 叶圣陶，朱自清. 精读指导举隅［M］. 北京：中华书局，2013：9.

每个孩子都参与进课堂的学习中。同时，在读的过程中，教师要适时补充大量的图片和视频资料，帮助学生把语言文字变成真实可感的画面，引起他们的共鸣，发挥他们的想象力。

（二）《繁星（七一）》（第二学段）

1. 教学文本呈现

繁星（七一）

冰心

这些事——
　是永不漫灭的回忆：
月明的园中，
　藤萝的叶下，
　母亲的膝上。

2. 教学目标预设

（1）认识生字“漫”，读准“膝”等易误读字音，理解“漫灭”等词语。

（2）抓住典型意象，通过反复朗读，体会诗歌的韵味，熟读成诵。

（3）初步了解现代诗的一些特点，体会诗歌的情感。

3. 教学片段设计

（1）请同学们自由读这首小诗，读准字音，读通句子。

（2）谁来读一读，其他同学仔细听，你有什么发现吗？

（预设：这首诗没有押韵。这首诗句式相同，字数相等，节奏差不多。）

（3）老师来读给大家听一听，除了现代诗的节奏外，你还发现了什么呢？

（预设：老师读的时候有些地方拖长了，有些地方有停顿。文中的破折号老师停顿了，还把前面的“事”这个字拖长了；我还发现“中”“下”“上”这三个地方老师也是一样处理的。）

（4）请同学们学着老师的样子再来读一读这首诗，把你看到的、感受到的说给同桌听一听。

（预设：我觉得冰心写的时候是有些伤感的。我仿佛看到了一个月明星稀的夜晚，紫藤萝下，冰心坐在母亲的膝盖上。）

（5）请你们发挥想象，想想月明的园中、藤萝的叶下、母亲的膝上冰心在做什么呢？

（预设：冰心可能在听妈妈讲故事。冰心可能和妈妈在一起吃月饼、赏月。）

（6）你们说的这些事情都是冰心难以忘怀的，这就叫“永不漫灭”。在读的时候，就要稍作停顿，给人想象的空间。让我们一起来读好这首诗。（指导朗读）

设计意图：这首诗非常短小，但是意蕴悠长。所以，首先给学生充分朗读的时间。然后耐心细致地指导学生朗读，为学生铺设情境，激发学生的想象。在想象的过程中，学生自然而然地把自己代入情境之中，把自己当成诗中人。诗中只写了三个地点，而学生结合自己的生活体验，将其拓展成了真实可感的画面。

（7）李白说：“举头望明月，低头思故乡。”杜甫说：“露从今夜白，月是故乡明。”冰心笔下园中的明月，寄托着作者什么样的感情呢？

（预设：我觉得是一种淡淡的忧伤，因为童年已经逝去了。我觉得可能是对故乡、对母亲的思念。）

（8）母亲给了我们生命，抚养我们长大成人，从母亲的膝上又能感受到什么呢？

（预设：母亲的爱很伟大。冰心奶奶写这首诗可能就是为了歌颂母亲。）

设计意图：明月、母亲这样的意象很容易让学生和思念这样的情感挂钩，在教学过程中就抓住这个典型意象，结合学生学过的一些古诗，引导学生体悟诗人的情感。

（9）你的童年，有哪些让你难忘的事情呢？你能把你记忆中这些美好的画面，用诗记录下来吗？（学生小组讨论，自由创作，集体交流反馈）

设计意图：让学生成为课堂的主人，通过小组合作，共同创作的形式，把自己的生活体验转化为诗歌记录下来。

4. 教学策略简析

第二学段精读教学模式：抓住典型意象发挥想象。

台湾学者黄维樑曾经提出：“新诗教育第一要义大概就是不能把诗等同寻常文章来对待，作诗如作文，写诗读诗还有什么乐趣而言！”[①] 现代诗教学要保护每个孩子的独有体验，不能把教师自己的理解强加给学生。

---

① 黄维樑．台湾新诗教育弹拨［J］．呼吸（香港），1988（5）．

四年级的学生在此之前已经接触过现代诗，但是之前接触的以儿童诗居多，对于散文诗的特点了解的并不是很清晰。所以在教学这首诗时，先给学生充分的时间读，让他们在读中感受现代诗独有的味道。在精读的环节，教师要引导学生抓住诗中的一些特有的意象，如“明月”“藤萝”“母亲”等，适时地补充一些背景资料，为学生创设情境，让学生在情境中展开丰富的想象，和学生自己的生活体验产生勾连。通过以教师为主导、学生为主体的探究性学习，让学生发现现代诗歌的特点：读起来朗朗上口，富有节奏感，蕴含诗人的丰富想象，饱含诗人的真挚情感。在教师充分的引导之下，学生就慢慢地能够体悟到当时诗人的心境了。细细地推敲过后，学生架起了想象的桥梁，找到了属于自己的独有意象，创造属于自己的小诗也就水到渠成了。在交流反馈的环节，教师要灵活运用多种评价语言，激发学生学习创作现代诗的热情。

（三）《有的人》（第三学段）

1. 教学文本呈现

有的人

——纪念鲁迅有感

臧克家

有的人活着，
他已经死了；
有的人死了，
他还活着。

有的人
骑在人民头上：“啊，我多伟大！”
有的人
俯下身子给人民当牛马。

有的人
把名字刻入石头，想“不朽”；
有的人
情愿作野草，等着地下的火烧。

有的人
他活着别人就不能活；
有的人
他活着为了多数人更好地活。

骑在人民头上的
人民把他摔垮；
给人民作牛马的
人民永远记住他！

把名字刻入石头的
名字比尸首烂得更早；
只要春风吹到的地方
到处是青青的野草。

他活着别人就不能活的人，
他的下场可以看到；
他活着为了多数人更好地活的人，
群众把他抬举得很高，很高。

2. 教学目标预设

（1）通过自主合作学习理解诗歌的历史背景和主要内容，体会鲁迅的伟大精神。

（2）了解诗歌中运用的对比的写作手法，体会诗歌结构与表达方式的特色。

（3）能用合适的感情基调来朗诵这首诗，并体会诗人对人生价值的思考。

3. 教学片段设计

（1）诗歌的魅力不仅仅表现在它有节奏，语言简练，能强烈地表达作者的感情，还表现在它的特点上。请同学们自由朗读全诗，想一想：这首诗有什么特点？

（2）小组合作交流，并汇报交流结果。

（归纳总结：这首诗运用了对比和反复的手法，在诗的每一节都进行了对比，把不同的人的不同做法放到一起去比较，把两类人的做法和结果一一对照。运用了总分的写法，第一节总的写了两类人，后面每一节都写了这两类人。）

设计意图：臧克家在写诗时并没有贴标签，一味地高呼鲁迅的伟大，而是用通俗易懂的语言，运用对比和反复的手法，先总后分，写出了自己真实的感受。教师在教学时不能把概念和感受强加给学生，而是要让学生自主学习，小组交流，自发地感受诗歌的语言和手法。

（3）这首诗的副标题是《纪念鲁迅有感》，那么，诗中有哪些句子是诗人为了纪念鲁迅而写呢？请同学们快速浏览全诗，找一找，同桌之间可以相互补充。（先同桌交流，然后全班交流）

（4）“有的人活着，他已经死了；有的人死了，他还活着。”这句诗中的“活”和“死”跟我们通常理解的生死的意思一样吗？

（总结：第一个“活”指的是“生命的存活”，第二个“活”指的是“精神的永存”；第一个“死”指的是“精神死亡”，第二个“死”指的是“生命结束”。）

（5）读了“有的人俯下身子给人民当牛马”这句，你想到了什么呢？

（相机启发学生：鲁迅曾说过“俯首甘为孺子牛”，他还说过“我好像一只牛，吃的是草，挤出的是牛奶和血”。臧克家这一句中的“有的人”指的就是像鲁迅这样的人。他通过化用鲁迅的名句来致敬鲁迅，深刻地表现了鲁迅对于人民的热爱。）

（6）“情愿作野草，等着地下的火烧”表达的是一种什么样的精神？如何理解“只要春风吹到的地方，到处是青青的野草”这句诗呢？

（相机启发学生：“有的人情愿作野草，等着地下的火烧”，让人不禁想到鲁迅《野草》的题词中写过类似的内容。“只要春风吹到的地方，到处是青青的野草”还让人想起了白居易“野火烧不尽，春风吹又生”的意境。臧克家在此处又暗引了诗文，这就是臧克家对语言文字的驾驭能力。像鲁迅这样有筋骨的勇士，不怕困难的历练，哪怕有一个倒下了，也会有千千万万的同伴前仆后继地站起来。）

（7）请女生齐读每节诗的前两行，男生齐读每节诗的后两行，我们再来感受一下诗人对比手法的作用。

（8）如果直接把标题《有的人》去掉，就用《纪念鲁迅》来当标题好不好？为什么？

（预设：不好，因为诗人不仅仅是在歌颂鲁迅，而是歌颂和鲁迅相似的一类人。同时谴责那些自吹自擂比人民群众“伟大”，要为自己树碑立传、不让别人活下去的人。通过这样的两类人的对比，更显示出了诗歌的思想深度。）

设计意图：这一环节的教学设计，让学生先同桌合作找到重点诗句，然后帮助学生品读、讨论交流来挖掘诗句背后的深意。这一单元的编排是围绕鲁迅展开的，学生对于鲁迅已经有了一定的了解。在课堂中，教师要充分鼓励学生主动学习，调动学生的思维，和已有的知识体系融合起来。教师并非机械地将概念灌输给学生，而是引导学生体会那些想为自己树碑立传的人，他们的“名字比尸首烂得更早”；而那些“情愿作野草”的人，却是“野火烧不尽，春风吹又生”，人们永远怀念他们。

（9）请同学们再自由读读这首诗，对诗中语言精妙的地方多读读，仔细品品，体会作者的感情。

（10）让我们配上音乐一起读一读。（相机指导朗读）

4. 教学策略简析

第三学段品读教学模式：细细品读诗人的写作手法。

《有的人》这一首经典的现代诗是六年级上册第八单元最后一篇略读课文。这首诗虽然语言平实，简单易读，但是字字句句暗藏玄机。诗人通过两种人强烈的对比，描绘出了两种截然不同的人物形象，凸显出了时代特征，表达了浓烈的情感。

现代诗类文本教学一定要引导学生仔细认真品读。学生经过六年的语文学习，已经有一定的诗歌鉴赏的能力。教学时，教师不必逐字逐句地将诗歌解剖，破坏美感，而应该把诗歌本身交还给学生，让学生自己感知和欣赏。第三学段的现代诗教学可以采用品读的教学模式，老师作为一个引路人，引导学生抓住重点，品读诗人的写作手法、关键用词等，逐步感受诗中蕴藏的感情。可以分为以下几个教学环节：读通文本→重点赏析→讨论交流→感悟诗情→仿照创作。

本课的教学设计就是让学生自读自悟，去寻找这首诗的写作特点。对比、反复的手法显而易见，学生很快就能发现。通过老师的引导启发，学生也能发现全诗总分的结构特点。不仅如此，这首诗的语言也极富特色。臧克家在这首诗中多处化用鲁迅的诗文，比如“俯下身子给人民当牛马”就是改自鲁迅的“俯首甘为孺子牛”，“情愿作野草，等着地下的火烧”则源于鲁迅《野草》题辞中“我自爱我的野草，但我憎恶这以野草作装饰的地面。地火在地下运行，奔突；熔岩一旦喷出，将烧尽一切野草，以至乔木，于是并且无可朽腐”① 数句。臧克家化用鲁迅的诗文来讴歌鲁迅精神，形象而又鲜明，能更透彻、更贴切地表达诗作的主题。这首诗语言凝练，富于节奏感，情感表达在对比中产生强烈的效果。尽管通过这一单元的学习，学生对于鲁迅已经有了一定的认知，但是解读这首诗背后的一些引用还是有困难的。教师在教学过程中应该对这些了然于胸，适时地把这些经典引用补充给学生，帮助学生品读诗文。通过教师这一系列的引导，学生了解了臧克家运用的表达手法，明白了语言文字间暗藏的玄机，自然而然也就感受到了诗人的爱憎分明，在学习过程中也更深刻体会到了诗歌遣词造句的独有魅力。

五、教学认识

在各种版本的小学语文教材中，现代诗类文本都有所涉及，但大多被编排为略读课文或出现在单元练习中，鲜少以课文形式出现。一般在一年级的教材中，现代诗类文本才会作为课文出现。正是因为这样的教材编排，造成了许多教师重视古体诗教学，忽视现代诗教学。而且，教材中出现的现代诗类文本大多通俗易懂，看起来似乎教学“价值”不高，因此现代诗教学“冷遇”的情况较为明显。类文本教学将“现代诗类文本”作为一种独立的文体进行文本解读、教学研究，大大提高了现代诗类文本的地位，对于教师和学生的素养形成都大有益处。

1. 从文本价值的角度看

（1）现代诗类文本教材得以重组

现代诗有二三十种流派，有些流派比较相似，很难进行区分。就诗论诗、就诗学诗是语文现代诗教学中的大忌。一些教师过于重视现代诗本体的教与学，而忽视了其中蕴藏的音律美、意境美和情感美。在原有的教材

---

① 鲁迅．鲁迅全集（第二卷）[M]．北京：人民文学出版社，2005：163.

编排中，现代诗类文本是零碎分散的，每首现代诗传递的诗人情感也是不同的。课堂中，教师不能把作品本身要表达的思想感情和作品产生的时代特征以及学生的思想感情的共鸣结合起来，往往陷入某种知识的教学中。

文本分类可以将同时代背景、表达的情感相似的现代诗放在一起，进行类文本教学。教师在课前应该让学生进行充分预习，通过多种形式查阅资料，了解这一组诗歌的时代背景。了解现代诗产生的背景是解读现代诗的最基本条件。通过群文阅读，学生在不经意间就发现了现代诗的文本特性。在课堂教学中，教师要适时进行补充，精心组织课堂教学语言，跳出诗歌本体，指导学生多读多体会，让学生和一类现代诗文本产生共鸣。在解读现代诗时，不能将自己的观点强行灌输给学生，要尊重学生的个性化解读，培养他们的创新思维。

（2）现代诗类文本的文体价值得到认同

比起古体诗，现代诗写作的内容和学生的生活体验更为接近，所用的现代汉语也和学生的常用语言体系一致。由此可见，现代诗类文本更有助于学生感受语言文字之美。如何让现代诗类文本在当下的语文教学中发挥出其应有的价值呢？如何让学生在学习现代诗类文本时，不但体会到诗文中蕴藏的深厚情感，而且学习到诗人运用语言文字之法呢？现代诗的教学是有规律可循的。教师把现代诗文本归为一类，进行集中地研究、解读，针对不同流派的现代诗的特点，归结出现代诗的多种教学模式，让现代诗类文本在学生的语文学习中发挥应有的语用价值。教师在教学过程中要注重学生现代诗的诵读积累，从小培养学生良好的语感。课堂上，教师根据不同的现代诗，为学生创设不同的情境，根据学生不同的能力层次，指导学生续写、仿写等适度创作。

2. 从教师教学的角度看

诗歌是“文学的文学”。教师要深入了解不同类型的现代诗的特点，准确理解每一首诗歌的艺术特色和情感主旨，充分认识现代诗类文本的审美价值。

（1）现代诗类文本的教学目标更为明确

现代诗如何教？这一问题向来在学界讨论颇为激烈。现代诗教学如何与普通阅读教学区分开来？该突出哪些独特的教学特点？有哪些地方需要特别注意？这些都是一线教师在教学中常常遇到的问题。目前的现代诗教学中，教师普遍缺乏一种本位意识。现代诗教学更倾向于一种思想、道德的教育，教师教不出现代诗的魅力来，把很多的问题意识形态化。

通过现代诗类文本教学研究，教师就能把教学回归到语言本体、文学本体、诗歌本体，现代诗教学才实至名归。平常的现代诗教学中，教师往往把教学的重点放在意象的解读上。这一教学方式固然正确，但是通过现代诗类文本教学研究，我们可以发现现代诗的语体同样是非常独特的。现代诗的语言节奏感强，简洁有力，直击人心。语文教学的根本目的是培养学生的语言能力，现代诗类文本的教学最终还是要落实到现代诗歌的语言上。教师要明确地意识到，除去常教的意象之外，现代诗类文本教学还要引导学生细细品读现代诗的语言，感悟诗人字句的妙用。

（2）现代诗类文本的教学效果更为显著

现代诗类文本的教学研究让教师对“教什么”“怎么教”了然于胸。教师在教学过程中可以根据自己的教学目标打乱原有的教材编排，将同一类现代诗放在一起进行组块教学。

通过前期的研究探讨，教师已经熟练地掌握了现代诗类文本的几种基本教学模式。在此基础上，教师在课堂上便可以放开手脚，轻松自如地跟学生展开对话，带领学生去探究现代诗类文本的语言特点，学习现代诗类文本中常用的意象和表达方式。课堂教学就真正地回归到了诗歌本体，教师作为引路人，带领学生进入现代诗的殿堂，让学生充分地进行自主、合作、探究学习。学生在这样的课堂中，培养了能力，活跃了思维，锤炼了语言，课堂教学效果显著。

3. 从学生发展的角度看

每个人对于语言文字都有独到的见解，每个人的生活经历也是大相径庭的，因此，每个人都有成为诗人的潜质。现代诗类文本在学生的发展过程中有着不可取代的独特地位。

（1）提高审美素养

现代诗的艺术价值是其他文体所不能比拟的，现代诗类文本教学是提升学生审美能力的有效手段之一。现代诗的语言美、音韵美、意境美、情感美等，都是学生通过自发的学习活动感受到的，学生对此印象极为深刻。当学生爱上现代诗时，他的审美趣味就逐渐走向了高级，审美素养也就得到了提升。

（2）启迪诗性智慧

想象是品读现代诗的一种必不可少的手段。诗歌中的意象往往诱发学生把可感性词语想象成其代表的感性世界。现代诗类文本教学不仅可以训练学生的想象力，还可以锻炼学生的创造性思维。俗话说："熟读唐诗三百首，不会作诗也会吟。"对于现代诗也是如此。现代诗类文本教学为学生的模仿创作提供了一片沃土，充分启迪了学生的诗性智慧。

（3）涵养人文精神

现代诗类文本教学中最常用的方法，是朗读。朗读，让学生轻松自如地和现代诗类文本进行亲密接触，荡涤他们的心灵，丰富他们的精神世界。在形式多样的朗读中，学生积累了大量的经典诗作，这些名家大作深深地扎根在他们心里，涵养出了学生的人文精神。现代诗中往往蕴含着诗人强烈的感情，比如赞扬四季之美、呼吁大家珍爱生命、感叹时间的流逝等。现代诗类文本教学就将这些情感体验加倍放大，取得 1 + 1 > 2 的效果。这些诗歌传递给学生源源不断的正能量，涵养了学生的人文精神，让学生不断锤炼自己的品格，成为一个大写的人。

现代诗类文本教学不仅培养了学生的语感，提高了他们的审美情趣，更通过诵读、赏析、模仿等多种教学手段，促使学生的阅读能力、鉴赏能力、写作能力等综合素养全面发展，可谓一举多得。由此，现代诗类文本教学也就真正地为学生打开了语言世界的大门。

第三节　游记类文本

游记，顾名思义，是记录游览经历的一类文章，取材范围比较广泛，或描摹自然风光，或记述人文景观，或叙写风土人情，并表达作者的主观感受和思想感情。根据题材侧重不同，游记有类别之分，如以记录行程为主的记叙型游记，以抒发感情为主的抒情型游记，以描绘景物、景观为主的写景型游记，通过游记来说明一个道理的说理型游记。

小学以现当代游记为主，中学以古代游记为主，阅读的难易程度呈递增趋势。小学阶段从中年级起编排了一些语言优美、想象丰富、描摹细腻、情感真挚的游记类文本，如《海上日出》《记金华的双龙洞》《黄果树瀑布》《草原》《威尼斯的小艇》等，用文字呈现了一幅美不胜收的游记画卷，有助于提高学生对语言文字的鉴赏能力和写作能力。

一、文体特征

游记类文本不同于一般的写景文章，加入了游览者，即作者“我”这一高度个性化的言说对象，景、人、情是相互交织的整体，因而具有鲜明的文体特征和独特的教学价值。

1. 情景交融，感受独特

一切景语皆情语，同样的景，在具有不同人生体验的人眼中，必然会带上个性化的情感色彩，作者在游记类文本的语言表达中自然而然会融入由景引发的情感。例如《草原》一文，老舍依次描写了草原的绮丽风光、蒙古族人民热情迎客的场面和主客饮酒联欢的场面，同时也把他对草原及草原人民的热爱之情浸染在字里行间。再如吴伯箫的《早》，不仅客观再现了访问三味书屋的过程，还花费较多的笔墨叙述了鲁迅刻“早”字的故事，借联想的内容表达了自己的主观情思。

2. 内容有序，结构明晰

游记，一般以记“游”为基础，所以作者通常根据游踪进行谋篇布局。有的文章是按照游览时间的先后顺序来写的，如《鸟的天堂》具体描写了作者和朋友们两次经过“鸟的天堂”看到的情景；有的文章采用了移步换景的顺序，即人走景移，所写景物随着游览者的脚步移动而不断变化，《颐和园》一文第2—5自然段的首句就呈现了作者的路线图：长廊→万寿山→佛香阁→昆明湖，文章结构自然严密，一气呵成；也有的文章是按景物变化的顺序展开描写的，如《海上日出》就是按照早晨太阳变化的顺序来写的，多角度、多层次地展示了“海上日出”的种种“奇观”。

3. 剪裁合理，详略得当

每一篇游记所描绘的景观大多是由众多景点组合而成的一个整体，游览者不可能将所有景点一一详尽记下，通常选择最具特色、最具代表性、最吸引人的景点进行重锤敲击。例如，《记金华的双龙洞》一文中，作者着笔最多的不是题目中的双龙洞，而是由外洞通向内洞的孔隙，给读者留下了深刻的印象。又如《黄果树瀑布》一文，与瀑布的形态相比，描摹得更为具体精彩的是瀑布的声音，作者也在一次教研活动现场公开表示，这篇文章的重点是瀑布的声音，所以原题为《黄果树听瀑》。

4. 语言优美，刻画细腻

叶圣陶先生认为，游记的目的在“引人入胜”。因此，在此类课文中，作者往往通过细致的观察、丰富的想象，运用灵活多样的手法，把景物的特征写得生动形象，优美贴切的语言营造出真实的现场感，使人如临其境。例如《颐和园》中关于昆明湖的描写“昆明湖静得像一面镜子，绿得像一块碧玉。游船、画舫在湖面慢慢地滑过，几乎不留一点儿痕迹”，作者运用比喻、夸张的修辞手法，寥寥数语就写出了昆明湖静和绿的特点，展现了一幅动静相宜的美景图。这样的例子在游记中不胜枚举，不失为学生学习与积累语言的范本。

二、学段要求

小学语文教材一般从第二学段开始安排游记类文本，依据课程标准的理念，各个学段的阅读目标和要求也有所不同。

第二学段（3—4 年级）具体要求：“能初步把握文章的主要内容，体会文章表达的思想感情。能对课文中不理解的地方提出疑问。”这个学段要求学生能够整体感知文本内容，这是一个动态的过程，是与体会作者的思想感情有机融合的过程。在游记类文本的教学中，应侧重于品读作者游览过程中的所见、所闻、所感，初步认识和感知游记的基本规律和写法，为第三学段的学习奠定基础。学生囿于阅历与积累，对游记类文本中的一些内容有距离感和陌生感，应鼓励他们大胆提出自己的疑问。

第三学段（5—6 年级）具体要求：“在阅读中了解文章的表达顺序，体会作者的思想感情，初步领悟文章的基本表达方法。在交流和讨论中，敢于提出看法，作出自己的判断。”这一学段安排的游记类文本，内容更加丰富，意蕴更加深刻，在教学中，教师应更加注重学生与教师、与教科书编者、与文本、与同伴之间的深度对话，引导学生在理解文章内容、情感的基础上，通过感受、思考、揣摩，品味文本的结构顺序、词句修辞、表现手法等有价值的语言形式。

三、学情把脉

第二学段的学生虽说已经具备一定的阅读能力，但由于年龄、认知、心理特点，更喜欢阅读情节性强的叙事性作品，如童话、寓言、小说等，对游记类文本的兴趣不够浓厚。因此，这个学段的游记类文本教学，应创设贴近学生实际生活经验的教学情境，恰当使用多媒体设备，激发学生的阅读欲望，让他们感受到此类文本的有意思和有意义，感受到大千世界的缤纷多变。同时，这个学段的学生正处于习作的起步阶段，游记类文本为他们学写游记、参观记提供了很好的范例，教师不仅要教学生阅读方法，还要渗透相关的习作技巧。

第三学段的学生对游记类文本的特征已经有了基本的认识，初步掌握了此类文本的学习方法，也在习作练习中尝试仿写游记，但总体来说，细读文本的能力不强，对语言文字的敏感度不够，眼中更多的是文本的具体内容，而不是表达形式和方法。面对这种现状，教师在教学中应充分发挥游记类文本的范例作用，引导学生学习并运用文本的言语表现形式，鼓励他们敢于表达自己的独特感受和体验，这对学生语文素养、语文能力的提高是有所裨益的。同时，教师也可以倡导学生在条件许可的情况下，通过游历提升自己的阅历，培养热爱自然、热爱生活的情感。

四、课例分析

（一）《记金华的双龙洞》（第二学段）

1. 教学文本呈现

记金华的双龙洞

4月14日，我在浙江金华，游北山的双龙洞。

出金华城大约五公里到罗店，过了罗店就渐渐入山。公路盘曲而上。山上开满了映山红，无论花朵和叶子，都比盆栽的杜鹃显得有精神。油桐也正开花，这儿一丛，那儿一簇，很不少。山上沙土呈粉红色，在别处似乎没有见过。粉红色的山，各色的映山红，再加上或浓或淡的新绿，眼前一片明艳。

一路迎着溪流。随着山势，溪流时而宽，时而窄，时而缓，时而急，溪声也时时变换调子。入山大约五公里就来到双龙洞口，那溪流就是从洞里出来的。

在洞口抬头望，山相当高，突兀森郁，很有气势。洞口像桥洞似的，很宽。走进去，仿佛到了个大会堂，周围是石壁，头上是高高的石顶，在那里聚集一千或是八百人开个会，一定不觉得拥挤。泉水靠着洞口的右边往外流。这是外洞。

在外洞找泉水的来路，原来从靠左边的石壁下方的孔隙流出。虽说是孔隙，可也容得下一只小船进出。怎样小的小船呢？两个人并排仰卧，刚合适，再没法容第三个人，是这样小的小船。船两头都系着绳子，管理处的工人先进内洞，在里边拉绳子，船就进去，在外洞的工人拉另一头的绳子，船就出来。我怀着好奇的心情独个儿仰卧在小船里，自以为从后脑到肩背，到臀部，到脚跟，没有一处不贴着船底了，才说一声“行了”，船就慢慢移动。眼前昏暗了，可是还能感觉左右和上方的山石似乎都在朝我挤压过来。我又感觉要是把头稍微抬起一点儿，准会撞破额角，擦伤鼻子。大约行了二三丈的水程吧，就登陆了，这就到了内洞。

内洞一团漆黑，什么都看不见。工人提着汽油灯，也只能照见小小的一块地方，余外全是昏暗，不知道有多么宽广。工人高高举起汽油灯，逐一指点洞内的景物。首先当然是蜿蜒在洞顶的双龙，一条黄龙，一条青龙。我顺着他的指点看，有点儿像。其次是些石钟乳和石笋，这是什么，那是什么，大都依据形状想象成神仙、动物以及宫室、器用，名目有四十多。这些石钟乳和石笋，形状变化多端，再加上颜色各异，即使不比作什么，也很值得观赏。

在洞里走了一转，觉得内洞比外洞大得多，大概有十来进房子那么大，泉水靠着右边缓缓地流，声音轻轻的。上源在深黑的石洞里。

我排队等候，又仰卧在小船里，出了洞。

2. 教学目标预设

绘制简单的路线图，了解作者的游览顺序，理清文章的主次。

3. 教学片段设计

师：作者叶圣陶老先生是如何告诉我们游览顺序的，默读，画出相关语句。

（学生默读，画句）

师：请同学们交流一下你们找到的句子。

生："出金华城大约五公里到罗店，过了罗店就渐渐入山。

入山大约五公里就来到双龙洞口……

泉水靠着洞口的右边往外流。这是外洞。

在外洞找泉水的来路，原来从靠左边的石壁下方的孔隙流出。

大约行了二三丈的水程吧，就登陆了。这就到了内洞。

我排队等候，又仰卧在小船里，出了洞。"

师：请同学们小组合作，根据这些句子画一画作者的路线图。

（学生画路线图）

师：大家理清作者的路线了吗？

（学生交流汇报：金华→罗店→入山→洞口→外洞→孔隙→内洞→出洞）

师：请同学们根据这张路线图，试着用自己的话概括地说说作者的游览顺序。

生：作者先来到金华城，出金华城大约五公里后到达罗店，过了罗店就渐渐入山，入山大约五公里就来到双龙洞口，走进去就是外洞。作者仰卧在小船里过了孔隙，就来到内洞欣赏洞内的景物，最后出洞。

师（小结）：叶圣陶老先生每到一个地方，就记录下自己的所见所闻，随着地点的变换，他欣赏到的景物也在不断地发生变化，这样的写作方法就叫移步换景。

师：我是寒假里去游览金华双龙洞的，那么与叶圣陶老先生相比，哪些美景是我没有欣赏到的？

生：老师没有欣赏到春天明艳的景色：那无论花朵和叶子都比盆栽的杜鹃显得有精神的各色的映山红，那盛开的油桐花，那或浓或淡的新绿。

师：你从"明艳"这个词能感受到什么？

生：我从"明艳"感受到春色的景色很美，色彩鲜艳，充满生机。

师：听你这么一说，老师也觉得有点遗憾。我是一路驱车来到双龙洞附近，那么一路上，我可能还会错过什么风景？

生：老师错过的应该是那时时变换调子的溪流声，在汽车上是不大可能听到的。

师：这溪流为什么会变换调子？

生：因为这溪流随着山势的变化而变化，时而宽，时而窄，时而缓，时而急，声音也会发生变化。

师：这么美的映山红，这么有意思的溪流，为什么不写得更加具体些呢？

生：文章的重点不是一路上看到的风景，而是双龙洞。

师：那作者写得最具体的是哪一处景点？

生：由外洞进入内洞的孔隙。

师：受这篇游记的影响，游玩之前，我最感兴趣的就是这孔隙。可实际上，这乘船的过程是相当短的，似乎一眨眼的工夫就结束了，作者为什么能洋洋洒洒写这么具体呢？

生：作者观察得更细致。

师：能抓住片段中的关键词句说得具体些吗？

生：作者把他乘的船描写得非常具体，连用了四个“小”，而且这船只能两个人并排仰卧。

师：作者写这船的小，实际在写什么？

生：实际在写孔隙的窄小。

师：作者还通过哪些描写衬托出孔隙的窄小？

生：作者把自己仰卧在小船里的样子写得很具体。

师：哪一个动词特别吸引你的目光。

生：“贴”这个动词让我感受到作者的全身各个部位都紧紧靠着船底，连动都不敢动。

师：这不敢动让你感受到什么？

生：我感受到这孔隙确实很小，如果稍微动一下，身体的某个部位可能就会碰到山石。

师：作者是多么小心啊！

生：我觉得作者还采用了夸张的手法，他感觉左右和上方的山石似乎都朝他挤压过来，要是把头稍微抬起一点儿，准会撞破额角，擦伤鼻子。

师：的确如此，孔隙并没有低矮到这种程度。作者这样写突出了他当时怎样的心情？

生：紧张，好奇。

师：看来，作者不仅描写了他的所见所闻，还描述了他真实而独特的感受，这样才能让读者有身临其境的感觉。

4. 教学策略简析

（1）借助路线图，厘清文本的脉络结构

游记类文本会按一定的行文线索有序展开，教师应引导学生整体把握文本，从中发现“游踪”，并通过路线图、游览图等形式呈现出来，使抽象的文字与思维可视化，这样就能在短时间内直观而有效地帮助学生在循踪与明线中厘清文本脉络，梳理文本内容。上述课例中，教师还让学生根据路线图概括作者的游览顺序，其实是换种方式归纳文本的主要内容。

（2）简化教学环节，把握文本的写作重点

游记类文本往往段落较多，篇幅较长，如果逐段讲解，肯定费时低效，该如何取舍，才能在有限的时间内长文短教呢？教师应根据不同的文本，找到适合的问题支点，直奔重点，既能有效地完成教学任务，又能在课堂上营造“形散神不散”的韵味。在这个课例中，教师巧妙地引入自己游玩金华双龙洞的经历，找到与文本相匹配的链接点，重组、整合原有的教学内容，形成新的教学内容板块，为后续的文本教学做好铺垫，简化了教学环节，凸显了学生主体。这种删繁就简的设计，使教材内容更富趣味性和挑战性，让学生不知不觉地“卷”进课堂，从中明晰了游记有详有略的选材规律。

（二）《黄果树瀑布》（第三学段）

1. 教学文本呈现

黄果树瀑布

黄果树瀑布，真是一部大自然的杰作！

刚进入黄果树风景区，我们便听到“哗哗”的声音从远处飘来，就像是微风拂过树梢，渐近渐响，最后像潮水般涌上来，盖过了人喧马嘶，天地间就只存下一片喧嚣的水声了。

透过树的缝隙，便看到一道瀑布悬挂在岩壁上，上面折为三叠，好像一匹宽幅白练正从织布机上泻下来。那“哗哗”的水声便成了千万架织布机的大合奏。

瀑布激起的水花，如雨雾般腾空而上，随风飘飞，漫天浮游，高达数百米，落在瀑布右侧的黄果树小镇上，形成了远近闻名的“银雨洒金街”的奇景。

黄果树瀑布泻落在一片群山环抱的谷地里。我们自西面顺着石阶往下走，一直来到谷底。坐在水边一块岩石上，离那道瀑布近得很，中间只隔着一口小小的绿潭，仿佛一伸手便可以撩过来洗洗脸。瀑布泻入谷底溅起的水珠直洒到我们的脸上，凉丝丝的，舒服极了。

黄果树瀑布虽不如庐山瀑布那样长，但远比它宽，所以显得气势非凡，雄伟壮观。瀑布从岩壁上直泻下来，如雷声轰鸣，山回谷应。坐在下面，仿佛置身于一个圆形的乐池里。四周乐声奏鸣，人就像漂浮在一片声浪之中，每个细胞都灌满了活力。

我们久久地坐着，任凉丝丝的飞珠扑上火热的脸庞，打湿薄薄的衣衫。聆听着訇然作响的瀑布声，只觉得胸膛在扩展，就像张开的山谷，让瀑布飞流直下，挟来大自然无限的生机。

离开潭边，我们循着石径登上溪旁的一个平台。绿树掩映间，有一座徐霞客的塑像。他遥对瀑布，仿佛在凝神谛听远处的瀑布声。他完全沉醉了。此时此刻的我们，也完全沉醉了。

2. 教学目标预设

（1）品读描写黄果树瀑布声音的比喻句，感悟声音的变化。

（2）通过不同形式的朗读，感受黄果树瀑布的壮美。

3. 教学片段设计

师：请同学们从课文中找找描写瀑布声音的句子，用横线画下来，看谁找得准确完整。

（学生读文画句）

师：我们来交流一下。

生："刚进入黄果树风景区，我们便听到'哗哗'的声音从远处飘来，就像是微风拂过树梢，渐近渐响；最后像潮水般涌上来，盖过了人喧马嘶，天地间只存下一片喧嚣的水声了。"

"那'哗哗'的水声便成了千万架织布机的大合奏"。

"瀑布从岩壁上直泻而下，如雷声轰鸣，山回谷应。坐在下面，仿佛置身在一个圆形的乐池里。四周乐声奏鸣，人就像漂浮在一片声浪之中，每个细胞都灌满了活力。"

"聆听着訇然作响的瀑布声，只觉得胸膛在扩展，就像张开的山谷，让瀑布飞流直下，挟来大自然无限的生机。"

师：请同学们依次默读这些句子，看一看有什么发现。

生1：这些句子中都有描写瀑布声音的词语。

生2：作者用了比喻的手法。

师：你关注了作者运用的修辞手法。把这些句子连起来看看，还有新的发现吗？

生：我发现瀑布的声音从轻到响，越来越响。一开始就像是微风拂过树梢，渐近渐响，到后来像雷声轰鸣。

师：你有一双火眼金睛，发现了声音的变化。那为什么会有这种变化？

生：作者离瀑布越来越近，他的位置发生了变化，听到的声音也发生了变化。

师：作者采用了什么样的写作手法？

生：应该是移步换景。

师：这是游记常用的手法。在我们听来，瀑布就是一种声音——哗哗，那作者是怎样将声音的变化写得细腻传神的呢？我们就来看看这些比喻句，自己读一读，想一想，再和同桌交流一下感受。

（学生读句子，和同桌交流）

师：我们就按顺序来交流，体会声音如何一步步发生变化的。

生：一开始离瀑布较远，声音不响，就像微风拂过树梢，渐渐地越来越响。

师："微风拂过树梢"是一种怎样的感觉？

生：轻轻的，很柔和。

师：你能读出这种感觉吗？

（学生个别读"刚进入黄果树风景区，我们便听到'哗哗'的声音从远处飘来，就像是微风拂过树梢，渐近渐响"。）

师：还有哪个字也传达了这种轻柔的感觉？

生："飘"这个字让我觉得这声音很轻，好像雾气在空中飘浮。

师：请女生读出这种感觉。

（女生齐读）

生：最后瀑布声像潮水，让我联想到钱塘江大潮，一个个巨浪向岸边涌来。

师：潮水涌上，会想到哪些词？

生：惊涛拍岸、波翻浪涌、惊涛骇浪、巨浪滔天……

师：你能读出这种感受吗？

（学生个别读“最后像潮水般涌上来，盖过了人喧马嘶，天地间只存下一片喧嚣的水声了”。）

师：继续说说自己的感受。

生：瀑布的声音很大，超过了人喧马嘶。

师：瀑布的声音仅仅是超过吗？还有人和马的声音吗？

生：天地间只有水的声音，听不到人的喧哗声和马的嘶叫声了。这声音响彻云霄。

师：谁能用朗读来表现这种铺天盖地的声音？

（学生个别读）

师：一起来试试。

（学生齐读）

师：这句话中的两处比喻写出了声音的变化。能用朗读表现声音的变化吗？

（学生齐读）

师：变化还不太明显，我们一起来感受一下，女生读前半句，后半句男生加进来，全班一起读。

（男女生合作读“刚进入黄果树风景区，我们便听到‘哗哗’的声音从远处飘来，就像是微风拂过树梢，渐近渐响；最后像潮水般涌上来，盖过了人喧马嘶，天地间只存下一片喧嚣的水声了”。）

师：请大家继续交流。

生：我从“千万架”和“大合奏”感受到水声更大了。

师：“大合奏”除了说明声音很大，还说明什么？

生：声音变化多；声音有节奏、高低。

师：听过织布机的声音吗？

生：没有。

师：几架织布机在工作的话，人们大声说话都听不见，只能靠手势。而这里是千万架织布机，这该是怎样的声音？

生：震耳欲聋。

师：让我们用声音化成千万架织布机，读好这句话。

（学生齐读）

师：明明传来的还是“哗哗”的水声，为什么在作者听来，这声音就成了织布机的大合奏？请同学们再读读这段文字，前后结合着思考。

生：因为岩壁像织布机，瀑布像布。

师：哪个词让你觉得瀑布像布？

生：宽幅白练。

师：你们知道黄果树瀑布有多宽吗？最宽时达 81 米！从“泻”字又能感受到什么？

生：瀑布流下来的速度很快，让我联想到李白的诗句，“飞流直下三千尺，疑是银河落九天”。这瀑布溅起的水花肯定也很大。

师：（出示织布机和瀑布的图片）看，瀑布的形态就像从织布机上泻下来的宽幅白练，作者正是由这样的形态联想到了织布机的声响。这样的比喻前后关联，一气呵成，我们再来感受一下。女生读第一句，男生读第二句。

（男生女合作读“透过树的缝隙，便看到一道瀑布悬挂在岩壁上，上面折为三叠，好像一匹宽幅白练正从织布机上泻下来。那‘哗哗’的水声便成了千万架织布机的大合奏”。）

师：（出示“瀑布从岩壁上直泻下来，如雷声轰鸣，山回谷应。坐在下面，仿佛置身于一个圆形的乐池里。四周乐声奏鸣，人就像漂浮在一片声浪之中，每个细胞都灌满了活力”。）这处比喻又让你感受到什么？

生 1：我体会到水声使人充满活力，使人兴奋。

生 2：瀑布泻下来的声音不嘈杂，很好听，人们像坐在乐池里听乐队演奏一样。

师：乐池指哪里？

生：岩壁。

师：作者在哪里听瀑布？

生：作者在岸壁下听瀑布。

师：周围都是什么？

生：周围都是群山。

师：那这圆形的乐池是哪里？

生：谷地。

师：如果老师再想用“哗哗”来表现水声，怎么写才能体现这声音的变化？

生1：字可以越来越大。

生2：笔画可以越写越粗。

生3：我觉得黑板上写满“哗哗”也不足以体现瀑布声音的大。

师：同学们从比喻中，读出了丰富的感受，读出了这“哗哗”声中更多的变化，真好。（板书：哗哗）作者就是凭借精确的用词，精妙的比喻，丰富的联想，生动细腻地写出这“哗哗”水声的变化。让我们通过朗读再来感受这种声音的变化。

（老师引读：刚进入黄果树风景区，我们便听到____，离瀑布越来越近了，最后____。当我们透过缝隙看到瀑布雄伟壮观的身影时，又听到____。当我们来到瀑布脚下，看到瀑布从岩壁上直泻下来时，那水声____。当我们坐下来欣赏时，____）

4. 教学策略简析

（1）品词析句，探寻文本的语言特色

游记类文本的语言是最值得品析的，但景色描写对于以直观形象思维为主的小学生而言，只知语言美、想象妙，但美在哪儿、妙在哪儿，却似乎看不到，摸不到，教师应该依托文本的语言特色，创设充满思辨和想象的学习场，调动学生的知识积累和生活体验，读出文字背后的丰富画面。上述课例中，教师聚焦三个比喻句，巧引妙拨，提炼出新的课堂生成点，使学习的过程具有层次感。第一处比喻，教师在“拂、飘、涌、盖”这些动词上做文章，并敏锐地关注到学生回答中的“超”和文本中“盖”的区别，使学生在辨析中感悟到作者用词的精准。第二处比喻，教师没有狭隘地进行零敲碎打的教学，而是引导学生读一读整段文字，关注文本前后的勾连，体会作者为什么选择“织布机”这一喻体，同时也渗透了瀑布形态的感知教学。通过织布机和瀑布照片的对比，让学生体会到这样的比喻既对应了“形”，又关照了“声”，很贴切。第三处比喻，轻描淡写地谈谈在哪儿听瀑，声音有什么变化就收尾。最后，通过师生合作朗读，进一步感受声音的变化过程。这样的设计，比较轻松地突破了写景内容难找教学抓手的现状，使品词析句有了落脚点。

（2）重视朗读，丰富学生的语言体系

游记类文本语言美、画面美、情感美，非常适合学生反复诵读。新课标也对各个年龄段的朗诵明确提出了目标要求，旨在促使学生在读中品味语言，在读中体会情感，在读中培养语感，在读中表现自己对文本的理解。在上述课例中，教师指导学生通过多种形式、不同层次的朗读方式（个别读、全班齐读、男女生合作读、师生配合读等），感受瀑布声音的变化之美、作者语言的风格之美以及文本所体现出的意蕴之美。只要重视且坚持朗读训练，久而久之，文本中的精彩语句、精当修辞或多或少会内化到学生自身的语感体系之中，从而达到丰富学生语言积累的目的。

（三）《早》（第三学段）

1. 教学文本呈现

早（第6—8自然段）

早哇！鲁迅的书桌上就刻着一个“早”字。

这个字还有这样一段来历：那年鲁迅的父亲生了病，躺在床上。鲁迅一面上书塾，一面要帮家务，天天奔走于当铺和药铺之间。有一天早晨，鲁迅上学迟到了。素以品行方正、教书认真著称的寿镜吾老先生严厉地说了这样一句话：“以后要早到！”鲁迅听了没有说什么，默默地回到座位上。他在书桌上轻轻地刻了一个小小的字：“早”。从那以后，鲁迅上学就再也没有迟到过，而且时时早，事事早，奋斗了一生。

是啊，的确要早。要珍惜清晨，要珍惜春天，要学梅花，作“东风第一枝”。

2. 教学目标预设

（1）理解作者描述鲁迅书桌上“早”字来历的用意，体会借物喻人的写法。

（2）感悟作者以“早”为题的用意。

3. 教学片段设计

师：通过作者的讲述，我们知道了鲁迅书桌上“早”字的由来。但老师有点奇怪，明明这是一篇游记，为什么要写鲁迅的故事呢？是不是偏题了？

生：我认为没有偏题，作者游览的是三味书屋，鲁迅小时候就是在三味书屋学习的。

师：是的，同学们课后还可以读一读鲁迅写的《从百草园到三味书屋》，很有趣味性。

生：游记应该写作者的所见所闻所感，鲁迅的故事是作者的所感。

师：你能抓住游记的特征来谈理由，真会思考！那是什么景触动了作者这样的情感？

生：后园的蜡梅花。

师：蜡梅花怎么会引发作者这样的联想呢？

生：鲁迅和蜡梅花有相似之处，梅花开得最早，鲁迅具有时时早、事事早的精神。

师：由写花到写人，由赞花到赞人，作者采用了什么写作手法？

生：借物喻人。

师：的确如此。有些景物有历史的影子，也有人物的影子，如果我们在写这类景物时，不仅仅只写景物本身，还写联想到的人物、事迹，会使游记的内容更加深刻。跟我们之前学过的游记相比，这篇游记还有哪些与众不同之处？

生：我们之前学过的游记好像都只是写景，这篇课文最后还揭示了一个道理。

师：什么道理？

生：要珍惜时间，时时早，事事早。

师：对呀，景物背后还藏着一种精神，一个道理。还有别的发现吗？

（学生不语）

师：请同学们看看题目。

生1：这个题目就一个字，能激发我们读下去的兴趣。

生2：这篇课文没有用“三味书屋”作为题目，不像游记的题目。

师：那你们觉得作者为什么取这样的题目呢？

生：作者想突出课文的中心。

师：能不能说具体点？

生1：课文主要写了梅花开放得早，鲁迅也具有“早”的精神，所以题目就用“早”。

生2：这个题目也是对鲁迅时时早、事事早的赞美。

生3：这个题目告诉我们，凡事都要“早”。

师：一个“早”字告诉我们，游记的题目也是富有变化的。

4. 教学策略简析

比较探究，发现文本的写作奥秘。在语文教学中，比较是普遍存在的，相似可以比较，差别可以比较，矛盾可以比较，联系可以比较，变化可以比较……语文教材中的字、词、句、段、篇都可以成为比较的资源，我们要善于发现并抓住文本中的比较，甚至在条件适合的情况下人为地创造比较，以便提炼出引发学生思考的问题。《早》这篇游记和以往学生接触的游记有所不同，教师利用这不同之处，在旧知和新知之间搭起了一座学习的桥梁。教师由鲁迅书桌上“早”字来历的故事生发开去，让学生和以前学过的游记比较一番：写作内容有何不同？主题思想有何不同？拟题技巧有何不同？这些带有比较色彩的探索性问题的设计，都是为了发展学生的思维，引导学生全面深入地解读文本，多方向、多角度地思考问题，以突破已有的认知。

（四）《草原》（第三学段）

1. 教学文本呈现

草原（第5自然段）

饭后，小伙子们表演套马、摔跤，姑娘们表演了民族舞蹈。客人们也舞的舞，唱的唱，并且要骑一骑蒙古马。太阳已经偏西，谁也不肯走。是呀！蒙汉情深何忍别，天涯碧草话斜阳！

2. 教学目标预设

理解“蒙汉情深何忍别，天涯碧草话斜阳”这两句诗的含义，并展开想象，写一写这两句诗所描绘的情境。

3. 教学片段设计

师：夕阳西下，再美好的相聚，也终有分别的时刻，此时的宾主双方难舍难分，这正是——

生：（齐读）“蒙古情深何忍别，天涯碧草话斜阳！”

师：你能说说这两句诗的含义吗？

生：蒙古族和汉族人民之间的情谊很深厚，怎么舍得马上就分别呢？大家站在夕阳下无边无际的大草原上，相互倾诉着依依惜别之情。

师：如果我们要具体描写他们离别的情景，可以写哪些内容呢？

生：可以写主客话别的内容，他们都不舍得分开。

师：对，可以写他们的语言和动作。

生：可以写客人感谢主人的热情招待。

师：不错，你能结合前面所学的内容来展开想象。

生：还可以写“天涯碧草”的美景。

师：情景交融更感人。那这里的草原美景和老舍先生在第 1 自然段描写的景象一样吗？

生：不一样，他们是在夕阳西下的时候分别，应该描写黄昏时的草原风光。

师：那我们能借鉴老舍先生的写法吗？

生 1：可以像老舍先生一样，运用比喻、修辞的手法进行描写。

生 2：也可以采用动静结合的方法。

师：那就请同学们动笔写一写吧！可以先写草原美景，再写主客话别，当然也可以写其他联想到的内容。

4. 教学策略简析

读写结合，找准文本的语用训练点。语文教学终究绕不开“写”这个话题，游记类文本有比较鲜明的写作顺序、选材规律、表达特点，教师在指导学生写游记时可以回顾、运用这些技巧。由于语文课堂时间有限，也可以找准一个比较小的写作点，进行适时、适度的练习。《草原》的课后习题提出了这样的练笔要求：展开想象，具体写出“蒙汉情深何忍别，天涯碧草话斜阳”这两句诗所描绘的情境。我们不能忽视这个训练点。教师在指导学生写作的过程中，帮助学生进一步巩固文本内容，建立起所学知识和新情境之间的联系，品味情景交融的写法。

五、教学认识

小学教材中，游记类文本所占比例不大，但具有比较重要的教学价值，我们不能忽视这种文学形式。类文本教学将“游记类文本”作为一种独立的文体进行研究解读，有利于提升教师和学生的素养。

1. 从文本价值的角度看

游记类文本属于人文性较强的一种文体，同时具备文学、旅游以及审美的内涵和要求。这类文本除了描写游览者的所见所闻，还会表达主观的思想感情或思考认识，可谓景中蕴情，情中蕴理。如果教师在挖掘游记类文本的语用价值之外，还关注它特有的熏陶感染作用，就能在教学过程中向学生传递一种热爱自然、热爱生活、热爱世界的美好情怀，有助于学生开阔视野，陶冶情操。对游记类文本有了这样的认识，语文课堂的内容和层次就会更加丰富。

2. 从教师教学的角度看

（1）强化文体意识

教师在深度研读游记类文本的过程中，能够真正理解文本的文体特征，从而逐步建立对游记类文本的整体认识框架，凭借文体确定教学目标、内容、策略，避免只追求理解教学内容而忽视文体形式的现象，做到通过“一篇”教“一类”。同时，教师自身解读教材文本、整合教学内容的能力也会不断提高。

（2）形成教学策略

通过游记类文本的研究，教师可以积累不同的教学案例，从案例中提炼出具有操作性的普适性教学策略，设计实施蕴含文体意识的教学活动，如：通过绘制思维导图，梳理文本的脉络结构；通过品析关键词句，体会作者的语言特色；通过多种形式的诵读，丰富语言积累；通过读写结合的训练，学习表达技巧等，并在实践中继续改进、完善。有了相对稳定的教学策略，教师就能实现教学内容的独特性，不会把游记类文本作为一般记叙文进行教学，课堂教学就更为有效。

3. 从学生发展的角度看

（1）丰富审美体验

游记类文本能够为学生打开一扇窗，让他们足不出户就能欣赏世界各地的景致，在文字中与世界相遇。游记类文本往往文质兼美，除了名山大川、风土人情，还有令人感动的人和情，学生在阅读的过程中，能够丰富审美体验，培养审美情趣。教材中的游记类文本还能激发学生课后阅读更多同类文本的兴趣，甚至激发他们“读万卷书，行万里路”的豪情。

（2）积累文体知识

教师文体意识的强化，也会使学生的文体意识得以萌发，文体知识得以积累，为将来初中语文的学习奠定基础。学生在学习游记类文本的过程中，能掌握该类文本的体裁、题材、语言特点、抒发情感、表达思想等方面的知识。

（3）掌握阅读方法

教师在课堂上重视了游记类文本的教学策略，学生就能够在潜移默化中学到一些共性的阅读方法，如抓游踪、找重点、品语言、悟写法、学表达等，并能把这些方法运用到同类课外材料的阅读中去。

（4）习得写作能力

游记类文本是提高学生鉴赏能力、写作能力的典范，教师若关注了游记类文本的写作特质，必然会潜移默化地渗透相关的表达技巧、语言形式。以后学生写游记时，就会在教师的指导下，运用课上所习得的方法技巧，考虑如何写清所见、所闻、所感这三要素，如何运用移步换景的方法谋篇布局，如何遵循详略得当的规律选择素材，如何从不同的视角观察同一种事物，如何用不同的修辞手法描写同一处景致……只有这样，提升学生的语文核心素养才不是一句空话！

第四节 童话寓言类文本

义务教育部编本教材改编之后，从教材内容来看更换了41%之多，虽然调整的比例较大，但这样的调整，帮助一线教师很好地理清了教材的结构框架，使得整套书的教学目标也更加地清晰明了，教师更加注重教学阅读方法，同时加大了学生的阅读量。入选部编本教材的童话故事有56篇（其中包括童话诗和语文园地中的《和大人一起读》），寓言故事有14篇（包括伊索寓言和中国寓言故事）。

《现代汉语词典》中对于“童话”一词是这样解释的：童话是一种文学体裁，作者常通过丰富的想象、拟人和夸张来编写适合儿童欣赏的故事。童话故事通过离奇曲折、引人入胜的故事情节和浅显易懂的语言，让儿童从小树立正确的是非观，懂得真善美，进而促进儿童人格的塑造。正如列宁所说，儿童的本性是爱听美妙的童话的。现代童话常常赋予主人公儿童的人格，以对话的形式将学生带入故事情景，带领其产生是非对错、惩恶扬善的思考。

寓言故事常采用借喻手法，用假托的故事说明某个道理或意义。不管是伊索寓言还是中国寓言故事，主人公或是人，或是动物植物，多以双方冲突或矛盾点为全文立意中心，激发学生在不同立场下的思考和判断，进而辅助学生真切理解寓言所蕴含的道理。

一、文体特征

1. 夸张、拟人化手法的大量运用

不管是童话还是寓言，其产生距今都有两千多年的历史，因而它们之间有着很多相似之处。最显著的特点就是故事情节大多是虚构的，常常采用夸张手法勾画出故事中主人公的形象，或是用拟人化的手法赋予人类以外的动植物或其他非生物人以生命，使得它们具有人的思想感情或某种人的特点。如安徒生童话中相貌丑陋的“丑小鸭”，因从小就遭受到其他小动物们的欺凌，无奈之下，离开父母，独自流浪，最终经历曲折后成为一只美丽的“白天鹅”。丑小鸭那种善待生命、热爱生命、敬畏生命，坚强地活下去的勇气，正是作者所要传递给孩子们的信念。再如伊索寓言中的《乌鸦和狐狸》，狐狸为了骗得乌鸦嘴里的那块肉，花言巧语，与乌鸦三次对话，对话内容一次比一次甜蜜，而乌鸦经受不住狐狸奉承话的诱惑，最后丢了到嘴的肉。狐狸的狡诈、乌鸦的无知正是影射现实生活中不同人的性格。在童话世界和伊索寓言里，牛羊会说话，木偶能旅行，点石能成金……这些都符合儿童的幻想心理，情节虽然离奇可笑，却意外地使人感到合乎情理。正如安徒生所说，最奇异的童话是从真实生活中产生出来的。也就是说这种幻想和夸张从根本上讲是不随意的，是不脱离现实生活的，它符合儿童的心理特征。它就是将生活的本质方面通过幻想和夸张的形式加以集中、概括、提炼、升华，给以折光的反映，呈现出童话和寓言本身的魅力。

2. 故事结构完整，情节反复

童话故事结构完整，篇幅相对来说较长，但文章结构和语言形式较为类似，大都采用反复的手法。如选入部编本教材一年级下册的《动物王国开大会》，动物王国要召开大会，狗熊作为联络员一次次播报通知。当狗熊每次通知播完后，“××奔来了，对狗熊说：‘你说一百遍，大会也开不起来。’”狗熊只得一次次地去问老虎开大会的具体时间、地点，森林大会才得以开成。文中狗熊相同的播报形式、相同的询问方式和相同的解决方法，使得故事情节一连反复了五次，读起来却毫无啰唆重复之感。再如童话故事《小蜗牛》，小蜗牛每个季节都是“爬呀，爬呀，好久才爬回来”。“蜗牛妈妈说：‘哦，已经是春天（夏天、秋天、冬天）了，快去________吧！’”，

然后小蜗牛看到了四季不同的景色。相似的故事情节、相同的语言形式反复出现，这样的文章结构、语言形式符合小学阶段低年段学生的言语认知特点，给学生完成课后的练习提供了依据，同时为中年级的训练点——复述课文，搭建了一个很好的阶梯。部编本教材安排了这么多的童话故事，就是要把孩子的阅读兴趣和阅读需求结合起来，主要目的还是让孩子练习复述，为三年级下册教材提出的让学生试着自己编童话、写童话，创造自己的想象世界打下基础。

经典的伊索寓言《狐狸和乌鸦》虽然在内容上也有多次的相似情节出现，但大多数的寓言相对童话而言，情节就简单多了。尽管如此，整篇文章的逻辑却非常清晰。一般来说，寓言故事篇幅短小，结构紧凑，语言精练，极富表现力。寓言故事多以情节取胜，没有大量华丽的辞藻，依靠简单朴实的语言呈现出不同的场景，或是在相同的场景下依靠简单描述呈现不同的情节，以此将读者注意力集中于情节，发人思考。如《守株待兔》："宋人有耕者。田中有株。兔走触株，折颈而死。因释其耒而守株，冀复得兔。兔不可复得，而身为宋国笑。"（译文：宋国有个农民，他的田地中有一个树桩。一天，一只跑得飞快的兔子撞在了树桩上，扭断了脖子而死。从此，那个农民舍弃了他的农具，天天等在树桩旁，希望能再得到一只兔子。结果，兔子没等到，他自己却成了宋国的笑柄。）这则寓言描述了两处场景，同一个农夫同一个树桩，相同的场景却因为一只兔子的出现，呈现出不同的情节，进而展现出故事最后"兔不可复得，而身为宋国笑"的结局。尽管文字简洁，但已形成有相对完整情节的简短故事，而故事本身又蕴含深刻的道理，堪称经典的寓言故事。就像著名儿童文学家严文井所说，寓言是一个魔袋，袋子很小，却能从里面取出很多东西来。

3. 展现人们对美好事物的向往和追求

不管是童话还是寓言，都蕴含着人们对美好生活的向往和追求，童话用幻想给儿童编织出一个个充满美好善良的故事，寓言用曲折的情节给学生阐述为人处世的道义。如童话故事《小壁虎借尾巴》一文，小壁虎因尾巴被蛇咬断，分别向小鱼、燕子和黄牛借尾巴，却因各自动物的尾巴都有作用，最终没有借到尾巴，但文章最后的结局却是小壁虎自己长出了尾巴，内心极其喜悦。出人意料的结局，曲折丰富的情节，不但加深了学生对文本内容的理解，同时也让学生明白了小壁虎的尾巴有再生功能。再如寓言故事《亡羊补牢》，养羊人在丢失了羊之后，不听他人的劝阻，直到第二次丢羊，才意识到问题的严重性，如果再不修栅栏，有可能会再次丢羊，于是他赶快动手修理羊圈，把羊圈修得结结实实的。从此，他的羊再也没有丢过。这类文本内容，或是通过童话编织的故事传达世界的美好和善意，或是利用这些动物的活动及相互关系影射一种教训或喻义，以达到讽喻的目的，反映劳动人民健康、朴实的思想，闪耀着人民无穷的智慧和高尚的道德光芒。

二、学段要求

对于童话和寓言故事，各学段的阅读要求各不相同，看似学段之间要求差不多，其实它们是有深浅差别的，是有一定的梯度的，随着学段的升高，它呈现出螺旋形的上升趋势。

（1）第一学段（1—2 年级），《语文课程标准》要求："阅读浅近的童话、寓言、故事，向往美好的情境，关心自然和生命，对感兴趣的人物和事件有自己的感受和想法，并乐于与人交流。"如《小公鸡和小鸭子》《要下雨了》《雪孩子》《坐井观天》《刻舟求剑》《狐假虎威》等，其目的是培养学生发自内心向往美好的情境，从小养成一边阅读一边思考的习惯，激发学生的阅读兴趣，并乐于与人交流。

（2）第二学段（3—4 年级），《语文课程标准》对这一学段的学生提出了"能复述叙事性作品的大意，初步感受作品中生动的形象和优美的词句，与他人交流自己的阅读感受"的要求。"复述叙事性作品的大意""关心作品中人物的命运和喜怒哀乐"是第二学段中阅读能力的一个重要体现。其实，从二年级开始教材就对学生安排了不同形式、不同方法的讲故事训练，每篇文章讲故事都有不同的方法，如二年级上册第一课《小蝌蚪找妈妈》是看图片讲故事，《蜘蛛开店》是根据示意图讲故事，《风娃娃》是根据课后提示讲故事，《陶罐和铁罐》则是分角色演故事，无论是讲故事还是演故事，其目的就是为中年级的复述打好基础。从三年级开始，教材就要求学生练习详细复述，四年级练习简要复述，五年级练习创造性复述。到了中年段，部编本教材更是出现了古文形式的寓言故事，这对此年段的学生来说无疑是一个难点，但这样的编排，足以激发中高年级学生的挑战欲，在阅读的过程中"借助字典、词典和生活积累，理解生词的意义"，思考人物行事的方法，汲取寓言中的精神食粮，以此一步步理解故事最终的意蕴。

（3）第三学段（5—6 年级），《语文课程标准》对于童话和寓言阅读没有明确的要求，但在写作上却提出了“能写简单的纪实作文和想象作文，内容具体，感情真实。能根据内容表达的需要，分段表述”这个要求，和总目标中“在发展语言能力的同时，发展思维能力，激发想象力和创造潜能”相一致。三年级下册就提出让学生试着自己编童话、写童话，发挥想象写故事，以此创造自己的想象世界，培养学生的创造力并协助其合理使用想象力。中年级基本上是大胆想象，但不对想象提出要求。这样，到了高年级就可以有一些话题了，比如说五年级下学期的“根据一些情境来想象”，到了六年级就提出一些合理的想象，因为科幻的想象需要有一定的合理性，不是随便大胆想就可以的，要带有一些合理的成分，这一点和童话、寓言的想象特点是一致的。

三、学情把握

学生按年龄可分为两个阶段，低年级和中高年级。就低年级学生而言，童话故事内容丰富，情节有波澜，具有足够的吸引力，易于学生在语文学习的初期对语文产生足够的兴趣。教师就应该抓住此年段学生注意力不太集中却又喜欢听故事的特点，采用多种形式，对学生进行听说能力方面的培养。当然，更重要的是要教给学生读故事的方法，从最初的读通读顺文章，到有感情地朗读，再到有条理地复述，以此来提高学生的口语表达能力。

寓言故事较童话故事对低年级学生来说更有难度，也相对更难以理解，学生只能读懂寓言表面的意思，而对寓言自身所蕴含的深刻道理，却是一知半解。老师在教学的过程中需对内容和寓意加以详细的解读和分析。联系生活实际不失为一种很好的教学方法，把班级里的一些现象和所学过的一些寓言故事相结合，让学生走进寓言故事中，在潜移默化中接受熏陶、感染、影响并受到教育。正如苏霍姆林斯基所说：“任何一种教育形式，孩子在其中越少感觉到教育意图，它的教育效果就越大。”

而中高年级则相反，童话表述相对直白，易于理解，但内容富有奇特色彩，足以吸引学生。教学的重难点就应当放在整本阅读上，并且要求学生交流个人的读书心得，分享阅读乐趣。在交流的过程中教师要及时地帮助学生做好批注，梳理交流思路，并要培养有依据地表达自己的观点，敢于发表自己观点的能力，不能人云亦云。认真倾听也是一种很好的学习方法，取长补短，共同进步，为习作——写故事梗概打下基础。

寓言则不然，其表述方式、情节铺设及蕴含的道理足以引发学生深刻的思考，激发起学生对语文学习的兴趣。教师就可以借助学过的寓言故事创设学习氛围，布置寓言专刊、寓言习作等，陶冶学生的情操，养成良好的阅读习惯，让这些“隐含”的寓意无形中影响学生的人生观、世界观，从而逐渐完善学生的人格。

四、课例分析

（一）《北风和小鱼》（第一学段）

1. 教学文本呈现

北风和小鱼（第1—2自然段）

北风呼呼地吹着。它向草地吹一吹，青草变了颜色。它向梧桐树吹一吹，梧桐树落了叶。它向鸟儿吹一吹，鸟儿躲进了窝。

北风得意地说：“哈哈，大家都怕我。”

2. 教学目标预设

（1）通读第1、2自然段，能读出北风“得意”的感情。

（2）让学生明白冬天来到之后，自然界发生的一些变化。

（3）学会用第1自然段中的句式“北风呼呼地吹着，它向________吹一吹，________（　　　　）”练习说话。

3. 教学片段设计

（1）播放北风呼呼地吹着的声音，让学生谈自己的感受。这么冷的北风，它分别吹向了谁？请同学们自由读课文第1自然段。

生：北风吹向了草地、梧桐树、鸟儿。

（2）谁能把他们的回答连成一句话？（出示：北风呼呼地吹着。它分别吹向了________、________和________。）

（3）北风吹过，草地、梧桐树和鸟儿都有什么样的变化？听老师读第1自然段，小朋友们边听边用波浪线画出草地、梧桐树、鸟儿的变化。

（4）交流：

① 这北风真厉害呀！你能用哪些词语来形容一下北风？（寒风凛冽、北

风呼啸）

② 我们来当一回厉害的北风，一起读第 1 自然段。（指导学生读出“北风”得意的语气）

（5）拓展思维，说话训练：北风还会向谁吹一吹？它会有怎样的变化呢？

学生根据句式自由练习说话。

（6）整理学生的回答。

① 北风呼呼地吹着，

它向花儿吹一吹，花儿（谢了）。

它向小河吹一吹，小河（结冰了）。

它向青蛙吹一吹，青蛙（钻进了洞）。

它向小朋友吹一吹，小朋友（穿上了厚厚的棉衣）。

② 老师把刚才小朋友说的编成了一首小诗，请小朋友读。

③ 指名读一读。

4. 教学策略简析

（1）创设情境，体会北风之得意

对于从小就生活在江南的学生来说，生活中很难看到“北风呼啸”的情景，上课一开始教师就创设北风呼啸的情境，让学生自己谈感受，从学生的感觉形象入手，以情激情，符合低年级学生的学习特点。这样的设计更容易让学生产生共鸣。然后通过画出“草地、梧桐树、鸟儿”的变化，以及多种方式的朗读，让学生能够很快地感受到北风的“得意”，进而理解“得意”的意思。同时伺机教给学生两个词语“寒风凛冽、北风呼啸”，在语言环境中积累词语，注重培养学生自主学习的意识和习惯。

（2）利用句式，训练语言之表达

文章第 1 自然段中的句式：“北风呼呼地吹着，它向______吹一吹，______。”是本节课一个很好的练笔训练点。教师在教学中抓住此训练点，让学生展开合理的想象，练习说话。这样的训练不仅能让学生体会到冬天大自然的各种事物的变化，而且训练了学生的语言表达能力。这种教学方式通常能唤起学生主动参与的欲望，有利于发展他们的思维和语言能力。

（二）《狐假虎威》（第一学段）

1. 教学文本呈现

狐假虎威（第6—8自然段）

狐狸摇了摇尾巴，说："我带你到百兽面前走一趟，让你看看我的威风。"

老虎跟着狐狸朝森林深处走去。狐狸神气活现，摇头摆尾；老虎半信半疑，东张西望。

森林里的野猪啦，小鹿啦，兔子啦，看见狐狸大摇大摆地走过来，跟往常很不一样，都很纳闷。再往狐狸身后一看，呀，一只大老虎！大大小小的野兽吓得撒腿就跑。

2. 教学目标预设

（1）通过多种方式的朗读及表演，研读"谁之威"。

（2）通过"采访追问"，进一步明白"狐假虎威"的意思，学生受到启发和教育。

3. 教学片段设计

细读第6—8自然段，明白"谁之威"。

（1）过渡：看到老虎半信半疑的样子，狐狸摇了摇尾巴说："我带你到百兽面前走一趟，让你看看——（引读）"那么，狐狸带着老虎来到森林里以后是怎样一幅情景呢？请小朋友仔细读一读第7—8自然段。等一下我想请小朋友把这两个自然段写的事表演一下。

（2）学生自由读书，讨论并找伙伴排练。

（3）请5名学生戴上头饰表演，其余学生当导演。

（4）导演根据表演评议，教师引导，帮助理解有关词语。

理解：神气活现、摇头摆尾、半信半疑、东张西望。

（请饰演导演的学生对表演进行评价）

（5）野猪、小鹿、兔子看到狐狸大摇大摆地走过来，和往常很不一样，明白是怎么一回事吗？哪个词写出了不明白？（出示：纳闷）

（6）"百兽为什么纳闷呢？它们会怎么想呢？"（过去狐狸可没这么威风呀，今天怎么这么神气活现的，走路的样子都不一样了，这是怎么回事呀？）

（7）它们为什么"撒腿就跑"？"它们到底怕的是谁？"（指导读出害怕

的语气）

（8）其实百兽是看到谁才跑的？（老虎）根本就不是怕狐狸。所以说，狐狸是借着老虎的威风——（引读）。这就是成语“狐假虎威”（引读）。“假”就是凭借，“威”就是威风。

（9）看了表演，相信大家再读课文的时候，肯定能读得特别有感情。（练读，指名读，齐读）

4. 教学策略简析

（1）朗读表演，凸显主体地位

语文课堂实践活动是以阅读为本位的，在教学中，教师尝试着让学生进行自由读、小组合作读等多种形式的阅读，加深对文本的理解。通过让5名学生戴上头饰表演，其余学生当导演的方式，学生不仅理解了重点词语的意思，还发挥了想象力，激发了参与意识，学生的主体地位更得到了充分发挥。

（2）巧设问题，理解寓言深意

教学中，教师通过一系列问题的追问，帮助学生理解“狐假虎威”的意思，让学生一步一步慢慢领悟“假”是什么意思，“威”又是什么意思。通过这样的追问式教学，逐步揭示“狐假虎威”这个成语的意思，既突破了教学难点，又培养了学生的自主能力，以及运用学习工具的能力、质疑和解疑的能力。

（三）《小稻秧脱险记》（第二学段）

1. 教学文本呈现

小稻秧脱险记（第3—4自然段）

突然，一阵毛毛雨从天上飘下来。一棵杂草警觉地抬起头，看了看天说：“不对呀，大晴天怎么会下雨呢？”这时，一个洪亮的声音响起来：“这不是雨，而是除草剂，是专门用来收拾你们的！”杂草问：“你是谁？”“我是喷雾器大夫。”喷雾器一边喷洒着除草剂，一边大声地说，“平时你们欺负小稻秧，现在轮到你们倒霉了。”

稻田里的毛毛雨下个不停。杂草有气无力地说：“完了，我们都……喘不过气来啦。”不一会儿，杂草纷纷倒了下去。

2. 教学目标预设

（1）读懂段落的内容，弄明白小稻秧是如何脱险的。

（2）反复朗读，感悟人物语言，读出相应的语气。

（3）体会文中的人物对话，通过比较，让学生明白哪种对话形式更加简洁、明了。

3. 教学片段设计

导学环节

（1）师：小稻秧的营养被蛮不讲理的杂草抢走了，可怜的小稻秧现在生命垂危，请同学们默读课文的第3、4自然段，思考：小稻秧后来是怎么脱险的呢？（学生自由读课文，边读边思考）

（2）生：喷雾器大夫救了小稻秧，消灭了杂草。（看图了解“喷雾器”）

（3）师：同学们注意到了吗？这两段话是由喷雾器大夫和杂草之间的对话组成的，请同学们再次朗读，把能够帮助你读好人物对话的词语画出来，想想该怎么读杂草和喷雾器的话。

（4）生：老师，我画出了“洪亮的声音”和“大声地说”这两个短语，我感觉喷雾器大夫在说话的时候，声音不但响亮，而且很有力量。

师：请你读读喷雾器大夫说的话。（学生读）

师：你可真会读书，关注到了提示语，根据提示语读出了人物的语气。像他那样，我们一起读一读喷雾器大夫说的话。

生：我觉得从喷雾器大夫的职责来说，也应该读得这么理直气壮，我是从“专门、收拾”这两个词感受到的。

师：“收拾”这个词谁来理解一下？

生1：“收拾”就是你如果欺负我，我就打你。

生2：就是把杂草毒死，消灭掉。

师：对，“收拾”在这里就是这个意思。你是怎么读懂的？

生：我是从第5自然段中“杂草纷纷倒了下去”这句话看出来的。

师：“倒下”，就是完蛋了，被消灭了。看来联系上下文理解词语是一种非常好的方法。

师：大家再听我说一句话：“星期天，妈妈把房间收拾得干干净净。”这里的“收拾”又是什么意思？

生1：就是把房间弄干净。

生2：就是整理的意思。

师：两个同学都明白了，第二个同学表达得更好。词语一定要联系课文来理解。谁能把杂草说的话读一读，让人感到它已经是有气无力了？

生：“完了，我们都……喘不过气来了。”

师：我听到你喘气的声音，但是说话的声音这么大能“完”吗？

生：（小声地）“完了，我们都……喘不过气来了。”

师：这位同学在读的时候还关注到了“省略号”，说明此时杂草已经没有力气了，说话断断续续，这就是“有气无力”。

（5）师：这个提示语啊，真好，它还能帮助我们理解文本的内容。我们再来看看杂草们的表现。

生：“杂草警觉地抬起头。”

师：“警觉”一词，你感受到了什么？

生1：杂草的狡猾、警惕，感到情况不对劲，——“不对呀，大晴天怎么会下雨呢？”

生2：也就是说，大晴天是不会下雨的。

（6）师：同学们理解了这段话的意思，那我们来分角色演一演。（选一学生做喷雾器，三五人做杂草，其余学生读旁白）

（7）师：看，这些杂草演得多逼真啊，一个接着一个倒了下去，就是——

生齐：“纷纷倒了下去。”

（8）师：这下小稻秧们可开心了，一个个吸足了营养，又向上挺了挺身子。瞧，你们这一棵棵小稻秧多神气啊，这一切都归功于喷雾器。

拓展延伸

（1）师：同学们还记得第17课《石头书》里的人物对话吗？

出示：

① 川川好奇地问：“叔叔，您在看什么呀？”

“我在读书呢。”叔叔笑着说。

“书？哪里有书哇？”他俩看了看面前这块光秃秃的石头，感到很奇怪。

“石头就是书。你们看，这石头一层一层的，不就像一册厚厚的书吗？”

（2）师：再来看看文中的一段人物对话。

出示：

② 突然，一阵毛毛雨从天上飘下来。一棵杂草警觉地抬起头，看了看

天说："不对呀，大晴天怎么会下雨呢？"这时，一个洪亮的声音响起来："这不是雨，而是除草剂，是专门用来收拾你们的！"杂草问："你是谁？""我是喷雾器大夫。"喷雾器一边喷洒着除草剂，一边大声地说，"平时你们欺负小稻秧，现在轮到你们倒霉了。"

师：我们来比较一下，同样是对话，在形式上有什么不同？

生1：第一个片段，是一个人物的话就是一个自然段，谁说的话看上去很清楚。第二个片段是整个一大段，如果不仔细看，不能一下子区分开来是谁说的话。

生2：我觉得课文中的人物对话是有缺点的，可以像《石头书》课文中的人物对话，改成一问一答的形式，这样会更清楚。

师：说得非常好，特别是写人物对话的时候，如果我们采用分自然段的格式，就让人看得一目了然。同学们以后自己写人物对话也可以采用这种形式。

生：我还发现提示语在不同的位置，有的在前，有的在后，有的在中间，有时候甚至没有提示语。

师：你观察得可真仔细，根据提示语位置的不同，相应的标点符号也要变化，特别是提示语在中间时，冒号要改成逗号。

4. 教学策略简析

（1）感悟人物语言，为表演铺垫

教师引导学生通过反复朗读，感悟人物语言，读出相应的语气。在此过程中，将提示语的用法贯穿整个教学过程，让学生明晰提示语的作用及表达的情感。同时伺机理解几个关键词语的意思，为表演课本内容做好准备。

（2）通过对比，明晰对话形式

三年级的学生在写人物对话时，往往会出现比较杂乱的情况，特别是人物对话比较多时，更会出现不知道哪句话是谁说的现象。针对这种情况，教师延伸相同表达形式的片段，通过两段人物对话格式上的不同，让学生在写明白人物对话时，采用分段式的格式，更加一目了然，同时通过对比，让学生自己发现提示语在句子中不同位置时的标点符号的正确运用。

（四）《守株待兔》（第二学段）

1. 教学文本呈现

守株待兔

宋人有耕者。田中有株。兔走触株，折颈而死。因释其耒而守株，冀复得兔。兔不可复得，而身为宋国笑。

2. 教学目标预设

（1）通过多种形式帮助学生读懂每句话的意思。

（2）通过想象，明白寓言故事所蕴含的道理。

3. 教学片段设计

理解句意，疏通文义

（1）再读课文

① 结合注释再读课文。

② 在读课文的过程中，你能读懂哪个问题？

③ 学生读后讨论。

教师根据学生的回答，归纳出示：谁在等兔子？耕者为什么守着树桩等兔子？他等到了吗？

（2）逐句理解文意

① 这个宋国人是干什么的？

② 文中除了有农夫还有什么？课文中是怎么说的？

③ 农夫为什么会捉到这只又肥又大的兔子？

④ 接下来的日子，农夫是怎么做的呢？

⑤ 出示断句，“因/释其耒/而守株，冀/复得兔”。读一读。

理解“释”和“冀”的意思。请学生翻译整句话的意思。

⑥“耒”字教学。

“因释其耒而守株，冀复得兔。”这句话里“耒”是生字，它的意思是什么？

出示“耒”的图片，教师解释：上面有把手，下面有犁头，它是翻土用的农具。想一想你以前学过的生字中，哪个生字是以“耒”做偏旁的？（随机板书“耕耘”）

请学生观察字形，结合图片，联系生活实际，说说以“耒”作部首的字大多和什么有关。

⑦ 创设情境：想象一下，农夫是怎样等待兔子的？

为了肥美的兔子，这个农夫不吃饭、不喝水，他______

烈日炎炎，地里的禾苗仿佛在呼喊：我们快要渴死啦，谁来帮帮我们？农夫却______

寒风呼啸，地里的庄稼仿佛在哭泣：我们要冻死啦，谁来救救我们？这个农夫仍然______

⑧ 他这样一直等，有什么收获吗？（板书“收获”）理解“为”的意思。

（3）疏通课文

① 让我们把这几句话送回到原文中，好好读一读。

② 谁能试着像读第四句一样读出节奏感？（配音乐）

写话表情，总结寓意

（1）读了这则寓言，你觉得农夫做得对吗？你想对农夫说什么呢？把你想说的话，简单写一写吧。交流。

老师也有两句话想送给他，谁来读一读？

出示：一分耕耘，一分收获。不劳而获，终究一事无成。

（2）兔子是经常撞在树桩上吗？（不是，这只是一种偶然情况）

老师还有一句话想要送给农夫，谁来读一读？

出示：不能把偶然的现象当成经常发生的事。

4. 教学策略简析

（1）抓住关键词，逐句理解文意

对于刚刚进入中年级的学生来说，初次接触文言文的寓言故事，读通句子、理解文章内容是个难点，所以关键词语的理解对于读懂句子的意思就显得非常重要。教师在教学时可采用多种方法着重帮助学生逐字理解生字的意思。特别是生字“耒”的学习，通过“耒”的图片教学帮助学生熟悉这个字，拉近课文与生活实际的距离。同时通过“耒”字演变引导学生找一找生活中以“耒”做偏旁的字，不仅加大了知识的宽度，也体现了语文的人文性与工具性特点。

（2）创设情境，拓展想象

文言文可以说是“惜字如金”，如果没有丰富的想象，学生很难准确地理解文章所要表达的意思。教师在备课时进行预设，恰当适时地创设情境，帮助学生展开合理的想象，可以帮助学生理解农夫的懒惰、想要不劳而获的想法，进而水到渠成地揭示寓意。

五、教学认识

童话和寓言类文本在教材中占有较大的比例，随着学生年级的增高，其占比愈来愈少，到了高年级，只是在学生阅读世界名著时出现了童话故事《骑鹅旅行记》的节选。童话作为学生接触语文学习的领路人，在语文学习的初期，教师应该侧重引导学生对文本的兴趣。而寓言故事到了高年级大多以文言文寓言的形式出现，文言文寓言作为小升初衔接的重要部分，其比例在高年级课本中较大，因此，教师在高年级教学中应该更加侧重对于文本的分析和教学。类文本教学将“童话和寓言类文本”作为单独一类文本进行教学，以提高教师的个人修养及学生的文学素质。

1. 从文本价值的角度看

童话、寓言和其他文学作品一样，具备的特质非常多。虽然每一篇课文包含的语文核心素养很多，但要看文本内容注重哪个方面，教学时就应突出哪个方面。如部编本二年级上册的第一个单元，教材编排了《小蝌蚪找妈妈》《我是什么》《植物妈妈有办法》三篇阅读课文，本单元的人文主题为“热爱大自然”。三篇阅读课文蕴含了自然现象、动物的生长过程、植物种子的传播等科学常识。课文的语言生动、活泼，富有童趣，旨在让学生在阅读课文中识记生字词，从故事或者形象中正确理解所蕴藏的科学常识，喜欢阅读科普类童话故事，产生热爱自然、探究自然的兴趣。显而易见，这个单元的教学从学生的语文素养的形成和提升来讲，应重在语文积累、审美和思维。

寓言故事因其本身都蕴含着一定的道理，利用寓言寓意的多面性，在教这类体裁的文章时，更多的可从“思维发展与提升”方面来组织教学。如在教学寓言故事《陶罐与铁罐》时，就可以通过品读语言文字、赏析人物形象、分析故事情节等方式带领学生熟悉文本，理解课文，并由此引导学生发展由表及里、由此及彼的思维方式。这篇寓言故事以对话的形式组织故事情节，可以侧重引领学生抓住陶罐和铁罐的对话，感受陶罐和铁罐说话时的不同神态、语气，体会它们不同的内心活动。其实，这时这个寓言故事的寓意是什么已经不重要了，其关键之处反而是引导孩子们通过词句赏析，把自己感悟到的东西清晰地、有逻辑地且富有感情地表达出来，从而提升学生的思维能力。总而言之，寓言的学习，不仅是对语言文字的学习，更是一种对思维的探索，对逻辑的分析，对智慧的感悟。

2. 从教师教学的角度看

（1）加深对文本的研究

伴随着童话及寓言类文本的研究过程的不断深入，教师之间交流的内容会越来越丰富，思想的火花碰撞会越来越激烈，教学的策略越来越稳定，教学的反思也越来越完善。在这样多次的交流、碰撞、反思的学习活动中，教师群体之间不断擦生出新的理解与发现，逐渐提高对童话和寓言类文本的认识，抓住学生理解和感悟的关键，探究类文本中的共性，从而走向一次次个性化的构建。

（2）形成教学策略

大多教师在童话和寓言教学时，往往侧重于引导学生如何理解文本内容，却对寓意的揭示缺少策略研究，使得童话和寓言这类文本未能充分发挥它们作为语文教材应有的教学作用。针对现状，教师要努力使童话和寓言教学做到“意从言中来”，让学生于“无声”中“明理”。教师可通过多次案例研究，注重读说结合、读思结合、读写结合，形成一定的教学策略，使得教师在教此类文本时不只单纯地强调语文的工具性特点，而是关注工具性和人文性的统一。

3. 从学生的发展角度看

（1）有效促进思维发展

对于低年级的学生来说，他们的心智发展还不完善，对于世界的认识处于一种朦胧的状态，认识事物也较直观和片面。而童话和寓言故事相对来说内容简单，道理浅显，更加适合他们阅读。学生们能从童话故事中直观地学到许多知识，如原始森林的神秘，各种动物的生活习性，奇花异草的特征，四季及风云的变化等，一些简单逻辑的推理活动随着故事情节的发展也在学生的脑海里逐渐形成，使得学生从感性认识慢慢向系统化和逻辑性方向发展。童话和寓言是孩子想象和现实之间的媒介，帮助他们去了解和体验世界，促进学生的思维发展。

（2）有效形成正确的世界观

童话和寓言故事中蕴含着丰富的道德自律和利他精神，这对于学生思想道德品质的养成极其重要。当童话的形象美、情感美和情境美如甘甜的雨露滋润儿童的心田时，当寓言中一些做人做事的道理融入孩子的生命时，它们便演绎为一种促进学生和谐发展的力量，使学生朝着健康的人格发展。

（3）有效提高语文素养

对于低年段的学生，童话和寓言故事能唤起他们阅读及听说的兴趣，保有学生的创造力和想象力，并逐渐构建他们边看边思考、边听边记忆的思维方式，加强对文本的理解，对文字的运用，对想象力和创造力的合理使用，并通过复述和模仿等方式促进学生语言文字能力的提升。同时，童话和寓言故事给予了中高年段学生想象的空间，允许他们在现实生活的基础上发挥想象力和创造力，让学生学习如何在符合逻辑的条件下加入想象的色彩，细致生动地描述故事情节，描绘人物形象，展现故事场景。学生可以通过听童话、读童话、编童话激发自己内心的童心，在快乐中学习知识，这能在未来的生活中和创新创造之时，发挥出极大的效用。寓言故事让学生在故事情节中思考人物行事对话的寓意，思考其中蕴含的道理，进而培养学生的逻辑和思辨能力，为日后议论文等文体写作打好基础。

第五节　历史故事类文本

历史类文本，是以历史材料为依据，主要叙述一些重大的历史事件和广为流传的历史人物故事的文本。这类文本首先具有一定的历史真实性，可以帮助学生了解历史、认识历史，树立正确的历史观和世界观；同时，此类文本在基于历史事实的基础上，还具有一定的文学性，可以作为学生学习语言、掌握语文要素的学习素材。因而，历史类文本作为一种很重要的故事类文体收录到了小学语文教材之中。

选入教材的历史类文本大致可以分为两大类：一类是历史故事，这类文本讲述了历史上有记载的名人名家故事，有的是写古人小时候的小故事，如《司马光砸缸》《曹冲称象》《王戎不取道旁李》等；有的是写古人励志成才的故事，如《纪昌学射》《司马迁发愤写<史记>》《厄运打不垮的信念》等；还有的写名人轶事，如《扁鹊治病》《西门豹治邺》《伯牙鼓琴》《书戴嵩画牛》等。另一类是历史事件，这类文本选用历史上发生过的一些重大事件为写作内容，或叙述一次意义重大的战争（战斗），如《卢沟桥烽火》；或描述一个宏大的场面，如《虎门销烟》；或记录一个非常重要的历史瞬间，如《开国大典》；或描写一次历史性灾难，如《圆明园的毁灭》。还有一类文本将人物的故事放在历史事件之间，比如《将相和》，在“完璧归赵”“渑池相会”“负荆请罪”三个连续的历史事件中，呈现蔺相如和廉颇之间从“不相干”到“不和”再到“和”的过程；而《狼牙山五壮士》则叙述了在晋察冀游击战这一特殊的历史时期，五位战士可歌可泣的英雄事迹。

一、文体特征

历史类文本属于叙事类文本的一种，但是不同于一般的叙事文本，它加入了“历史”这一要素，便具有鲜明的文本特色与独特的语用价值。

1. 尊重历史，内容真实可信

历史类文本最为鲜明的文体特征便是基于历史，尊重历史，内容真实可信，这就要求此类文本的语言必须严谨、规范、准确。比如，以“七七事变”这个重大历史事件为写作对象的《卢沟桥烽火》，发生的时间：7 月 7 日夜晚—第二天凌晨—当天晚上，战斗的地点：卢沟桥—宛平城—卢沟桥，事情的发展：卢沟桥失守—守住宛平城—夺回卢沟桥以及它的意义“拉开了抗日战争的帷幕”等，都应该是历史的还原，必须真实可信。同样，《虎门销烟》这一历史事件，发生的时间、销烟的地点、参与的人员等，也是以史料为依据的，并确保语言的准确性。

2. 情节曲折，人物形象丰满

历史类文本，往往会通过具体的故事来塑造人物形象，比如《将相和》，通过“完璧归赵”“渑池相会”两个故事，表现蔺相如的有勇有谋、大义凛然，通过“负荆请罪”的故事，表现出蔺相如顾全大局、大公无私的品性，将蔺相如这个人物形象立体化。三个故事环环相扣，再加入廉颇这个人物形象来制造矛盾冲突，使得故事情节跌宕起伏，引人入胜。再如《扁鹊治病》，这篇文章并没有直接写扁鹊如何治病，医术如何高超，而是通过写扁鹊见齐桓公，在当事人没有感知到任何病症的情况下，三次分别指出其“病在皮肤”“病在肠胃”“病入骨髓”，最后预知无法医治而逃离、齐桓公病死的结局，故事虽然不长，但是三次对话推动了故事的发展，扁鹊医术高明的形象便不言而喻了。

3. 注重细节，场面描写精彩

历史类文本，在叙事的过程中，往往会把能够突出此次事件的重要场景描写得非常细致，给人留下深刻的印象。如《开国大典》对几个场面进行了细致的刻画：第一，对于观礼人员的描写，先总体阐述参加开国大典的人员来自各行各业，总数达三十万人，再写汇集广场的群众队伍是怎样一大早远道赶来，汇成了人的海洋。这个场面描写，烘托了开国大典盛况空前的氛围，也表达了人们的激动心情，以此说明开国大典是中国人民的伟大盛典。第二，毛泽东主席登上天安门城楼，庄严宣告“中华人民共和国中央人民政府今天成立了！”并亲自升起五星红旗的场景同样振奋人心，因为这是新中国成立时最为伟大的历史瞬间，是载入史册的画面，必须将三十万人的欢呼、三十万人的脱帽肃立、三十万人的掌声等细节重现。第三，阅兵式上，三军将士接受领导检阅的场面气势恢宏，高潮迭起，体现了中国军队特有的英勇之气。再如《虎门销烟》，对销烟当天的环境、人物群像以及销烟时的动态场景都做了具体的描写，将当时的场面、氛围渲染到了极致，其目的就是为了体现出虎门销烟这一伟大壮举的大快人心及伟大意义。

4. 用词讲究，情感倾向鲜明

收入小学课本的历史类文本，与一般的文史资料不同，兼具真实性与文学性，是具有一定的情感倾向的。如《卢沟桥烽火》是以“七七事变”这个历史事件为依据的，但是作者的叙述语言却极富情感性，主要体现在用词的讲究上。如文中同样写进军，写日军是“偷偷地”，写我军是“悄悄地”；同样写失败，写我军是“寡不敌众”“暂时退守”，写日军是“鬼哭狼嚎”“狼狈而逃”。这些词汇带上了作者的主观感情色彩，有着明显的情感倾向，使得文章充满了浓浓的人文色彩，读来酣畅淋漓，也能引起读者的共鸣。

二、学段要求

语文学习，最终的目的是学生养成语文能力，提高语言素养，形成健全人格。历史类文本，作为学生语文学习的一种媒介，有着不可替代的语用价值。

语文课标的总目标要求学生“在语文学习过程中，培养爱国主义、集体主义、社会主义思想道德和健康的审美情趣，发展个性，培养创新精神和合作精神，逐步形成积极的人生态度和正确的世界观、价值观”，“初步具备搜集和处理信息的能力”。

历史类文本，具有较强的人文价值，有利于培养学生的道德情操与审美情趣，帮助其形成正确的价值观。如《卢沟桥烽火》，是典型的爱国主义思想教育的阅读文本；《司马光》《曹冲称象》《王戎不取道旁李》等历史故事，主人公都是富有创新精神、具有独特个性的人物，有利于唤醒学生的创新意识，培养学生的创新精神；《虎门销烟》《开国大典》《卢沟桥烽火》《圆明园的毁灭》等文本，离学生的实际生活较远，则需要学生在查阅资料的过程中，形成搜集和处理信息的能力。

第一学段（1—2 年级）具体要求：“阅读浅近的童话、寓言、故事，向往美好的情境，关心自然和生命，对感兴趣的人物和事件有自己的感受和想法，并乐于与人交流。”此学段安排的历史类文本，表现了对生命的关注，如司马光救落水孩童的故事；刻画了形象鲜明的人物，如会砸缸救人的司马光，会借助大船和石子来称象的曹冲。他们身上发生的事情很有趣，他们处理问题的方法很独特，这些都能引发学生产生自己的感受和想法，并在讨论与交流中体验表达的乐趣。

第二学段（3—4 年级）具体要求：“能初步把握文章的主要内容，体会文章表达的思想感情。能对课文中不理解的地方提出疑问。”这个学段安排的历史类故事，可以有效训练学生概括故事主要内容的能力，如《虎门销烟》《扁鹊治病》《西门豹治邺》等，都可以让学生按照“六要素法”，完整而简洁地概括课文的内容；同时，这些文章也明确表达了作者的思想感情，如《虎门销烟》中对林则徐销烟壮举的赞叹，《西门豹治邺》中对西门豹为民除害的歌颂等；另外，因为这些历史类文本与学生的生活实际有一定距离，因此，也需要学生提出疑问，不懂就问，养成质疑的学习习惯。

第三学段（5—6 年级）具体要求：“能联系上下文和自己的积累，推想课文中有关词句的意思，辨别词语的感情色彩，体会其表达效果。”“在阅读中了解文章的表达顺序，体会作者的思想感情，初步领悟文章的基本表达方法。在交流和讨论中，敢于提出看法，作出自己的判断。”“阅读叙事性作品，了解事件梗概，能简单描述自己印象最深的场景、人物、细节，说出自己的喜爱、憎恶、崇敬、向往、同情等感受。”这个学段的历史类文本，对落实学段课标要求有较高的语用价值，如《卢沟桥烽火》，文中词语带有鲜明的感情色彩，需要学生在文本阅读时，辨析感情色彩，体会表达效果；同时，这篇课文以时间顺序为线索，有助于学生领悟文本的基本表达方式；另外，此文本通过激烈的战争场面描写，表达了作者对日军的憎恨、对我军的赞美，可以引导学生关注场面与细节，表达自己的喜恶情绪。

三、学情把脉

第一学段的学生活泼好动，学习效果与学习兴趣的关系极为密切，他们对社会、对世界的认知几乎尚无，因此这一学段的教材中，叙事类文本以有趣的童话、寓言故事为主，历史类故事较少，但也有安排，如《曹冲称象》《司马光》等。这些文本叙述的都是古代人物小时候的有趣故事，人物与第一学段学生的年龄相仿，容易引起共鸣，同时故事简单浅显，与第一学段学生的性格特征与认知水平相吻合。

第二学段学生已经具备了一定的阅读理解能力，语文学习不仅仅停留在“兴趣”的层面，他们需要在语文学习的基本技能上得以提高，如在学会概括故事主要内容的方法、会正确体会文章的思想感情、养成质疑解惑的学习习惯等方面有所发展，因此这个学段的历史类文本讲究结构的完整性，会将事情的时间、地点、人物、起因、经过、结果这六大要素完整地呈现，以帮助学生掌握“六要素法”概括主要内容的方法。同时，讲究故事发展中的细节，呈现的场景往往有所取舍，详略得当。这些文本就不拘泥于人物小时候的故事，而出现了大事件，如《虎门销烟》《西门豹治邺》等。

第三学段学生具备了一定的语文素养，有了较为全面的语文知识与学习能力，心智逐步成熟，他们对外界事物（事件）也有了主观感知的能力。有部分学生（尤其是男生）开始喜欢阅读历史类书籍，并会对历史人物或事件发表自己独特的见解。他们可以读较长的文本，可以读带有情感倾向的文本，可以对文本内容做出自己的主观判断，他们的价值观、世界观、历史观正在萌芽并需要正确的引领。于是这个学段的历史类文本，便有了《将相和》这样的长篇文本，对学生提出了阅读速度的要求，也引导学生对历史人物做出自己的判断；便有了《开国大典》，以激发起学生应有的民族自豪感和爱国情怀；便有了《圆明园的毁灭》，提醒学生牢记祖国经历的屈辱与苦难。

四、课例分析

（一）《曹冲称象》（第一学段）

1. 教学文本呈现

曹冲称象（第4自然段）

曹操的儿子曹冲才七岁，他站出来，说："我有个办法。把大象赶到一艘大船上，看船身下沉多少，就沿着水面，在船舷上画一条线。再把大象赶上岸，往船上装石头，装到船下沉到画线的地方为止。然后称一称船上的石头。石头有多重，大象就有多重。"

2. 教学目标预设

（1）读懂段落的内容，弄明白曹冲称象的具体步骤。

（2）会用"……再……然后……"的句式有序表达。

（3）针对"曹冲称象"的方法谈自己的看法，体会曹冲的"聪明"。

3. 教学片段设计

（1）自由读课文，想一想曹冲称象分几个步骤。

（分成三步：赶大象上船，在船身下沉处画线—把大象赶下船，往船上装石头，装到船沉到画线处为止—称船上石头的重量，就是大象的重量。）

（2）按照这三个步骤，分三小组读这段话。

（3）想一想，课文是用哪些词将这三个步骤连接起来的。

（课文用"再""然后"这两个表示顺序的词，把称象的步骤连接起来，表述得清楚明白。）

（4）你能用"……再……然后……"说一句话吗？

（一件事情的几个步骤，用上连接词，会表达得有条理。）

（5）对比大臣和曹冲称象的方法，你认为谁的办法好？为什么？

（让学生结合文本中的语句展开讨论，明白曹冲称象的"聪明"之处。）

（6）你有什么好办法来称象？

（让学生结合生活经验自由讨论，鼓励大胆表达。）

4. 教学策略简析

（1）发挥文本语言特点，练习有序说话

这是“曹冲称象”最精彩的语段，文本通过表示顺序的连词，将一件事情的几个步骤表述得非常清晰。对于低年级的学生来说，正需要训练说好一句话，说好一个长句子，因此教师应该充分利用文本的语言特色，对学生进行“有序”说话练习。教学时，先要让学生理解“……再……然后……”这两个连词的作用，体会用上连词可以将步骤写得更有条理的好处，再结合生活实际进行说话练习，实现文本学习向语言运用的迁移。

（2）围绕问题展开讨论，引导辨析思维

在“怎样称象”这个问题面前，大臣们的“固化思维”和曹冲的“发散思维”之间出现了矛盾冲突，那么谁的主意好？好在哪里？谁的主意不好？为什么不好？引导学生在对相关语句的阅读中，明白大臣们考虑问题的思维方式过于机械——只会从大象本身出发，这种思维简单无效；而曹冲的思维方式不是停留在大象本身，而是找到了大象的“替代品”——石头，它们可以化整为零，可以称出重量，这种方法简单易行。也就是说，大臣们眼里，称的是大象；曹冲眼里，称的是大象的重量。当然，要让学生看清楚文字背后的内涵，他们的思维力是达不到的，但是引导他们进行比较性阅读，则可以训练他们的思辨能力。

（3）角色代入，发散思维，鼓励主观表达

在阅读文本的基础上，不妨抛下一个问题：你有没有什么更好的办法来称象？让学生结合自己的生活认知自由地发表自己的观点，不论他们想出哪些办法来解决这个难题，都要聆听他们方法背后的思维过程，同时肯定他们能够进行主观表达的积极性，这很重要。因为对感兴趣的事情发表自己的想法本来就是第一学段语文学习的目标要求。

（二）《虎门销烟》（第二学段）

1. 教学文本呈现

虎门销烟

1839 年 6 月 3 日，是中国历史上值得纪念的日子。

这一天，天气晴朗，碧海、蓝天、绿树，把古老的虎门寨装点得分外壮丽。一大早从各地闻讯赶来的男男女女、老老少少，把宽阔的海滩挤得水泄不通。新搭起的礼台上彩旗林立；礼台下，一侧是身着朝服的文武官员，另一侧是应邀前来观看的外国商人。

午后二时许，林则徐等人健步登上礼台。这时候，礼炮轰鸣，群情沸腾。随着林则徐一声令下，震惊中外的虎门销烟开始了。只见一群群光着脊梁、赤着双脚的民工，先向灌了水的销烟池里撒下盐巴，再把收缴来的鸦片抛入池内，然后又把一担担生石灰倒下去。顿时，销烟池里像开了锅一样，“咕嘟咕嘟”直冒泡，散发出股股难闻的气味。

看到害人的鸦片被销毁了，成千上万的老百姓激动得跳哇，叫哇，欢呼声响彻虎门上空。

销烟整整持续了23天，二百多万斤鸦片化为烟渣，随着潮水卷进了咆哮的大海之中。

虎门销烟这一伟大壮举，沉重地打击了外国侵略者的嚣张气焰。它向全世界表明，中国人民是不可欺侮的！

2. 教学目标预设

（1）概括课文的主要内容，会复述课文。

（2）重点阅读场面描写，体会环境烘托的作用。

（3）借助资料进行文本补白，体会虎门销烟的伟大意义。

3. 教学片段设计

第一板块：通读课文，概括文章主要内容

（1）默读课文，用笔圈画出虎门销烟的时间、地点、人物、事情以及它的伟大意义。

（2）交流。

（时间：1839年6月3日；地点：虎门寨；人物：林则徐等人；事情：销毁鸦片；伟大意义：虎门销烟这一伟大壮举，沉重地打击了外国侵略者的嚣张气焰。它向全世界表明，中国人民是不可欺侮的！）

（3）将这些要素连起来，说说课文的主要内容。

（1839年6月3日，林则徐等人在虎门寨集中销毁鸦片，沉重打击了外国侵略者的嚣张气焰，表明中国人民不可欺侮。）

第二板块：读懂场面，体会虎门销烟之“壮”

（1）体会销烟前环境之“壮丽”。

① 自然景观：碧海、蓝天、绿树、沙滩。

② 环境布置：彩旗林立。

③ 人物群像：男男女女、老老少少、水泄不通、文武官员、外国商人。

（2）体会销烟时场面之“壮观”。

① 氛围营造：礼炮轰鸣，群情沸腾。

② 动态场景：撒盐巴—抛鸦片—倒石灰。

③ 百姓反应：激动得跳哇，叫哇，欢呼声响彻虎门上空。

（3）朗读场景，读出场面之“壮”。

第三板块：补充资料，理解事件伟大意义

① 交流图文资料，体会鸦片带给中国人民的灾难。

② 出示补充资料，明白虎门销烟背后的强大阻力，体会外国侵略者的嚣张气焰。

③ 有感情地朗读最后一个自然段。

④ 回顾课文，思考：销烟行动持续了23天，课文为什么只写了第一天的情景？

（重大的历史事件，最为关键的便是第一天，它是历史的“重要时刻”，是一个事件的开端，是最为瞩目的时间点，因此作为重点来描写，体现了此类文本在选材上的详略取舍。）

4. 教学策略简析

（1）引进历史素材，拉近学生与文本的距离

这篇课文叙述的是震惊中外的历史事件“虎门销烟”，因为离现实生活的年代久远，社会背景、政治背景都与学生的生活实际相差甚远。文本中，老百姓为何因为销烟而欢呼雀跃？销烟时为什么要有外国商人参与围观？为什么销烟行动会震惊中外？文中为什么说此次销烟打击了外国侵略者的嚣张气焰？这些问题，都是学生需要质疑的。这些问题的解决，需要建立在学生对这段历史了解的基础上，因此引进课外阅读素材，对文本进行补充就非常重要。历史类文本的教学，往往都需要运用“引进素材”这一教学策略，以帮助学生实现与文本的有效对话。

（2）扣住关键词语，感受该事件的典型场面

这篇课文的最后一个自然段是中心句，指出虎门销烟是一伟大“壮举”。在教学时，便扣住这一“壮”字，从销烟前、销烟时两个时间点，分别体会销烟环境之“壮丽”、销烟场面之“壮观”。在教学时，阅读环境描写的语句，让学生明白环境描写可以渲染当时热烈的氛围，表现出人物激动与喜悦的心情。同时，让学生明白，在故事类文本中，往往会运用环境描写来起到烘托与铺垫的作用。而阅读销烟场面，则要让学生抓住销烟的

几个步骤，引导学生体会动态描写的“有序”与动作的“准确”。同时，也让学生学习一个连续的动态场景描写的基本方法：正确用词，准确描写出人物的系列动作；将场面划分成几个先后有序的步骤，使用连接词让场面描写衔接自然而井然有序。

（三）《卢沟桥烽火》（第三学段）

1. 教学文本呈现

卢沟桥烽火（第2—5自然段）

1937年7月7日深夜，星光暗淡，万籁俱寂。一支全副武装的日本军队，偷偷地向卢沟桥摸来。驻守在卢沟桥的中国士兵发现了敌情，便大声喝问：“谁？口令！”一个日本军官气势汹汹地说，他们有一个士兵失踪了，要到宛平城内去“搜查”。这显然是蓄谋已久的挑衅行为。面对敌人的无理要求，守桥的中国士兵当即严词拒绝。

日军恼羞成怒，首先向中国军队开起火来。“嗒嗒嗒……”密集的机关枪子弹倾泻在卢沟桥桥面上。中国守军立即开枪还击。但由于众寡悬殊，守桥部队伤亡较大，只得暂时退守大桥东头的宛平县城。

第二天凌晨，日军向宛平城发动进攻。早有防备的中国守军同仇敌忾，奋起还击，打得日本鬼子人仰马翻。日寇吃了亏，便拉来大炮。随着震耳欲聋的炮声，宛平县城的东门和西门被炸开了。日本鬼子端着上了刺刀的步枪，“哇哇”叽叫着，疯狂地向县城扑来。英勇的中国守军举起明晃晃的大刀，冒着敌人的炮火，在杀声中冲出了县城。大刀向鬼子们的头上砍去，顷刻间刀光闪闪，鲜血四溅。在硝烟和火光中，日寇被杀得哭爹喊娘，狼狈而逃。

当天晚上，大刀队员们手握大刀，腰佩手榴弹，又悄悄地向卢沟桥进发。到了桥头，大刀队员们齐声呐喊：“小鬼子，看刀！”日寇猝不及防，一个个人头滚落，尸横桥头。这时，我们的援军又从敌人背后杀来，两面夹击，打得日寇鬼哭狼嚎，抱头鼠窜。激战一直持续到9日凌晨，侵占桥头的日军全部被歼，卢沟桥重又回到了中国军队的手中。

2. 教学目标预设

（1）按照时间顺序，理清“卢沟桥事变”的过程并会复述。

（2）有感情地朗读课文，体会作者在描写战争场面时的情感色彩。

（3）品读课文，体会抓人物动作、神态、语言来描写场面的方法，并会迁移运用，写一个场面。

3. **教学片段设计**

第一板块：默读课文，理清文本脉络

（1）“卢沟桥事变”的经过，课文按照时间顺序写了三个场景。请在文中画出三个时间点，并将三个场景概括说明。

（2）学生自主默读思考。

（3）交流：完成表格。

时　间	场　景
1937年7月7日深夜	日军挑衅开火，我守军反击，因寡不敌众暂退守宛平
第二天凌晨	血战宛平城，日寇大败，狼狈而逃
当天晚上	突袭卢沟桥，全歼日军，夺回卢沟桥

第二板块：朗读课文，感受激烈场面

（1）放声朗读课文，将这三段描写战争场面的文字读通顺，读流畅。

（2）将描写我军的语句用“____”画出，描写日军的语句用“～～～”画出。

（3）同桌合作读，一个读描写我军的句子，一个读描写日军的句子。

（4）默读，将描写我军和日军的关键词语圈出来。

（5）交流：完成表格。

时间	场景	日军	我军
1937年7月7日深夜	卢沟桥失守	全副武装　偷偷地　摸 气势汹汹　恼羞成怒 蓄谋　挑衅	严词拒绝 开枪还击
第二天凌晨	血战宛平城	人仰马翻　哭爹喊娘 狼狈而逃	同仇敌忾　奋起还击 举起　冒着
当天晚上	夺回卢沟桥	猝不及防　鬼哭狼嚎 抱头鼠窜	悄悄地　进发 两面夹击

（6）男女生分角色读这段课文。

第三板块：咀嚼文字，体会感情色彩

（1）同样是晚上，同样是进攻，请看作者是如何描述的。（出示句子）

1937年7月7日，一支全副武装的日本军队，偷偷地向卢沟桥摸来。

当天晚上，大刀队员们手握大刀，腰佩手榴弹，又悄悄地向卢沟桥进发。

① 男女生分读，发现用词的不同。

（描写敌军用“偷偷地”，描写我军用“悄悄地”。）

② 揣摩作者的意图，体会用词的精妙。

（“偷偷地”带有贬义色彩，表达了作者对日军侵略行为的愤怒；“悄悄地”带有褒义色彩，表达了作者对我军大刀队员攻其不备战略的赞扬。）

（2）同样写战斗失利，你又发现了什么？（出示句子）

但由于众寡悬殊，守桥部队伤亡较大，只得暂时退守大桥东头的宛平县城。

“小鬼子，看刀！”日寇猝不及防，一个个人头滚落，尸横桥头。这时，我们的援军又从敌人的背后杀来，两面夹击，打得日寇鬼哭狼嚎，抱头鼠窜。

① 男女生分读，感受当时激战的气氛。

② 品析关键词，感悟用词的感情色彩。

（“众寡悬殊”“伤亡较大”“暂时退守”等词，让人体会到中国守军不怕牺牲、英勇顽强的精神；而“人头落地”“尸横桥头”“鬼哭狼嚎”“抱头鼠窜”等词，则让读者看到了日本侵略者的可耻下场，读来特别痛快解恨。这两段话的描写，带有作者明显的感情倾向。）

（3）齐读第4—5自然段，用心感受语言文字中包含着的真挚情感。

（4）尝试按照上面表格中的词语进行复述。

（5）小结：战争类历史事件，因为带有作者强烈的主观情感，在阅读时，通过关键词语的对比与品析，就能咀嚼出此类文本特有的语言特点，品味出特别的语文味。

第四板块：讨论交流，学习场面描写

（1）课文描写的三个场景中，你最喜欢哪个场景的描写呢？

（2）比较辨析，学习写场景的方法。

① 出示：

场景一：英勇的中国守军举起明晃晃的大刀，冒着敌人的炮火，在杀声中冲出了县城。大刀向鬼子们的头上砍去，顷刻间刀光闪闪，鲜血四溅。在硝烟和火光中，日寇被杀得哭爹喊娘，狼狈而逃。

场景二：当天晚上，大刀队员们手握大刀，腰佩手榴弹，又悄悄地向卢沟桥进发。到了桥头，大刀队员们齐声呐喊：“小鬼子，看刀！”日寇猝不及防，一个个人头滚落，尸横桥头。这时，我们的援军又从敌人背后杀来，两面夹击，打得日寇鬼哭狼嚎，抱头鼠窜。

② 比较：两个场景描写有何不同？

（第二个场景较为具体生动：第一，写出了大刀队员们进发时的动作“手握大刀”“腰佩手榴弹”“悄悄地”，更能表现出大刀队员们是有备而来，攻其不备；第二，加入了队员们杀敌时的语言“小鬼子，看刀!”，表达了队员们奋勇杀敌的英勇；第三，场景中有敌我双方的交集，“大刀队员们……”“日寇……”“我们的援军……”“打得日寇……”）

第五板块：迁移运用，练习写一个场面

写一个激烈的场面，比如比赛场面。要求抓住双方人物的神态、动作、语言来进行描写，要写出比赛的氛围来。

4. 教学策略简析

（1）找到内在线索，理清脉络，帮助复述

这篇课文以时间顺序为线索，将历史事件的起因、经过、结果有序串联，脉络清晰，叙事有条理。在教学时，引导学生找到时间顺序，并以此为出发点，概括事件在发生、发展过程中的几个场景，让学生明白：历史事件的阐述，需要按照一定的线索来阐述，而时间顺序是最为自然贴切的一条叙事线索。

（2）抓住典型场景，感受氛围，体验情感

这篇文章抓住事件中的典型场面，表现出战争的激烈，同时作者用带有主观感情色彩的语言对敌我双方进行对比性描写，语言极具情感性。教学时，引导学生通过朗读，读出场面的激烈氛围，读出文字的情感倾向，让学生明白：要让场面更吸引人，就要抓住双方人物的动作、神态、语言展开描写；要让情节更有渲染力，就要让文字带上作者的主观感情色彩。

（3）语言迁移运用，读写结合，学写场面

这篇课文最大的语言特点就是场面描写非常精彩，无论是“血战宛平城”，还是“飞夺泸定桥”，两个战争场面的“激烈”跃然纸上，读来荡气回肠。对于第三学段的学生来说，将一个场面写具体也是必须具备的能力，因此此文本可以作为迁移写作的很好范本。在教学时，对于如何写好一个场面要进行方法的渗透铺垫，如通过句子的对比辨析，体会人物的神态、动作、语言描写可以让场面更生动传神。在此基础上迁移运用，写一个激烈的场面，比如比赛场面，学生就会抓住双方人物的动作、神态、语言来进行描写，写出比赛的氛围来。历史类文本不乏场景描写，带领学生体悟场面描写的方法进行迁移性练习，有助于学生语言能力的提高。

五、教学认识

历史类文本在教材中的比重不是太大，主要属于叙事类文本的范畴，分散在各年段的不同主题单元中，它的研学价值往往会被语文教师忽视。类文本教学将“历史类文本”作为一种独立的文体进行文本解读、教学研究，对于教材课程开发以及教师和学生的素养提升都大有裨益。

1. 从文本价值的角度看

（1）历史类文本的知识体系得以建构

在原有教材中，历史类文本呈现的是零碎分散的状态，因此它的知识点也是零散的，每一个单一文本的教学价值都需要教师自己去揣摩，去选择，这就带来了问题：知识点的确定是否符合课标要求与学生需求？每个文本的语文要素如何确定？又如何取舍？

文本分类，将历史类文体的文本放在一起进行语文要素的整理，再按照学段课标要求与学生的年龄特征、语文水平进行排序，形成一个较为系统的历史类文体知识体系。这种系统的、全面的、经过教学实践检验了的知识体系一旦建立起来，既便于一线教师了解并掌握此类文本的教学目标与训练要点，又能有的放矢地展开类文本教学，也使得学生的语文学习更具专题性，获得的语文知识更有系统性。

（2）历史类文本的文体价值得到认同

历史类文本不好教，是不少教师的共识。主要原因是不少教师认为此类文本大多带上一点“爱国主义教育”“伟人光环”“主旋律色彩”等人文情怀，教学时也往往把这些文本的人文性放大，甚至变成最重要的教学目标。这样，不仅课堂教学毫无生趣，其作为教学文本的语文价值也被忽视了。

历史类文本的教学研究，可将这种文体集中分成一类，要求做此类文本研究的教师团队用语文的眼光去重新审视文本，去充分发现、挖掘、提炼、总结出此类文本的特殊文体价值，引领一线教师摈弃固有的对历史类文本的惯性思维，让这类文本在语文学习中发挥应有的语用价值。

2. 从教师教学的角度看

（1）历史类文本的教学策略得以形成

由于没有文本分类的意识，教师教学时往往会缺乏文体意识，找不到文本教学的目标定位，顾及不了文本的文体特点，掌握不了文本阅读的基本规律，也无法形成相对稳定的教学策略。

而类文本教学，便于教师进行同类文本的小样本研究，从中提炼出该类文本的语言特点与表达技能，从而有针对性地选择相应的教学策略。历史类文本的教学研究，同样可以让教师在发现此类文本的教学规律的同时，逐步形成切实有效的、相对稳定的教学策略。这样，一线的语文教师在进行此类文本的教学时，也能有参考，有方法，对课堂教学目标的把握也会更有方向。

（2）历史类文本的课堂教学更加高效

因为“有类”，教师在进行类文本教学时，教学目标会更加明确，教学内容会更加清晰，教学的基本流程也会呈现相对稳定的状态，这便使得教师在教学时更加“心中有数”。

在教师熟练掌握历史类文本的教学基本方式之后，在课堂上便可以放开手脚，抛开细枝末节，轻松自如地跟学生展开对话，带领学生去探究此类文本的语言特点，学习此类文本的典型表达方式，大大增强语文学习的效度。这样的课堂，教师是灵动的，师生关系是和谐的。

3. 从学生发展的角度看

（1）语文探究的活动范围得以延展

学生在类文本学习的背景下，可以相对集中、系统地学习历史类文本，便于熟练地掌握此类文本学习的阅读规律、基本方法、思维方式与阅读技能，并形成一定的阅读经验，这就为学生走出课堂之后的课外自主阅读提供了可能。

通过历史类文本的学习，学生可以将课堂学习到的相关阅读方法，迁移到课外阅读，这样就将学生语文学习的空间范畴由课堂向课外延伸，可以极大地满足学生语言文字学习的需求，增加学生文本阅读的数量，有利于学生阅读能力的发展。语文，向课外打开，向生活打开。

（2）语文学习的能力得以螺旋上升

历史类文本具有叙事性特点，在各学段的语文学习中呈现不同的语文要素，让学生的语文能力得以螺旋式提升。第一学段，学生借助历史故事的阅读，学会在感知有趣的事情时产生自己的想法，并能乐于交流；第二学段，学生阅读历史故事（事件），学习概括故事的主要内容，认识人物的主要特点，初步学习通过查阅资料来加深对文本的理解；第三学段，学生借助长篇的历史故事，锻炼快速阅读的能力，学习点面结合的场面描写方法，掌握叙事的基本表达方式，体会作者的思想感情，并形成正确的情感、态度、价值观。类文本教学，让教师更关注学生的学习主体地位，让学生的自主学习能力得到快速提高。

（3）与文本、伙伴的对话得以走向深入

因为类文本学习有规律可循，学生容易掌握同类文本的共性学习方法，因此，课堂上学生更容易成为学习的主体。他们可以利用所学的方法，去迁移阅读新的同类文本，在安静自由的空间里与文本、作者进行深度的心灵对话；可以跟同桌、伙伴就同类文本学习展开讨论，交流互动，在合作探究中形成高阶思维品质；还可以借助阅读、上网等手段查阅资料、整理信息，为文本补白，与历史对话……这样的课堂，有时候安安静静，充满着自主阅读的沉静之美；有时候窃窃私语，学习共同体之间的思维小溪在自由流淌；有时思辨不休，一个个充满个体智慧的思维火花在碰撞……历史类文本学习，打通了历史与现实的通道，让课堂学习成为学生感知历史、触摸历史、与历史人物对话、对历史事件思辨的探索之旅。这时的课堂，充满了情感与感召力。

第六节　散文类文本

散文，从广义上说，是指诗歌以外的一切写作文体；从狭义上说，指文学意义上的散文，是与诗歌、戏剧、小说并列的文学体裁。当代散文研究学者刘锡庆对散文有一句形象的评价：散文姓“散”（散行成体），名“文”（文学），字“自我”（独特的情感）。散文因其顽强地表现作者的灵魂，强调与心灵的对话，追求生命意义的开拓，所以在阅读教学中，散文教学成为广大教者心中关注的焦点，如何进行散文教学也成了目前阅读教学的重点和难点。

一、文体特征

1. 结构形散而神聚

“形散”主要是说散文取材十分广泛自由，不受时间和空间的限制；表现手法不拘一格：可以叙述事件的发展，可以描写人物形象，可以托物抒情，可以发表议论，而且作者可以根据内容需要自由调整、随意变化。“神聚”，即散文所要表达的主题必须明确而集中，无论散文的内容多么广泛，表现手法多么灵活，都是为了更好地表达主题。

为了做到形散而神不散，在选材上应注意材料与中心思想的内在联系，在结构上借助一定的线索把材料贯穿成有机整体。散文中常见的线索有：以含有深刻意义或象征意义的事物为线索；以作品中的“我”作线索。以“我”为线索的散文，由于写的都是“我”的所见所闻所思所感，读来更加真实可信、亲切感人。

2. 语言优美而凝练

所谓优美，就是指散文的语言清新明丽，生动活泼，富于音乐感，行文如涓涓流水，叮咚有声，如娓娓而谈，情真意切。所谓凝练，是说散文的语言简洁质朴，自然流畅，寥寥数语就可以描绘出生动的形象，勾勒出动人的场景，显示出深远的意境。

散文素有“美文”之称，它除了有精神的见解、优美的意境外，还有清新隽永的文采。经常读一些好的散文，不仅可以丰富知识、开阔眼界，培养高尚的思想情操，还可以从中学习选材立意、谋篇布局、遣词造句的技巧，提高自己的语言表达水平。

3. 意境真挚而深邃

散文注重表达作者的生活感受，抒情性强，情感真挚。作者借助想象与联想，由此及彼，由浅入深，由实而虚依次写来，可以融情于景，寄情于事，托物言志，表达作者的真情实感。

二、学段要求

1. 第一学段（1—2 年级）

《语文课程标准》在阅读指导中提道：“结合上下文和生活实际了解课文中词句的意思，在阅读中积累词语。借助读物中的图画阅读。”散文教学要求我们每一个教师都能协助学生体会那些表情达意较深刻的词句，感知其美妙之处，让学生受到美的熏陶。

散文对语言的要求很高，优秀的散文有诗一般的语言。在学习鉴赏散文的过程中要细细品味文中那些经过作者精心锤炼的语言，感受其中的魅力。教学中可以引导学生对散文的一些精彩语段及词语进行赏析、揣摩，体会散文语言的丰富内涵和无穷魅力。

2. 第二学段（3—4 年级）

《语文课程标准》指出，3—4 年级学生“能初步把握文章的主要内容，体会文章表达的思想感情”。在教学中要抓住散文的意境进行教学，散文的主题、感情、技巧等都被带动起来时，才能把散文的思想、感情、技巧讲得深入浅出。教师先进入意境，对作品有深刻透彻的理解，才能带着学生进入意境。在感受作品、产生共鸣的基础上，教师带着强烈的感情，把意境传导到学生的情感之中。在这个过程中，教师的“带情”与“引导”是很重要的两个环节。教师要以自身的情绪去影响、感化学生，带领学生在美妙的文本里遨游，以达到教学的目的。

（1）营造意境

散文，尤其是借景抒情的散文，往往都会营造一种意境，散文内涵的赏析，要借助于对意境的体会。营造意境导入就是用富有诗情画意的语言或利用多媒体技术把作者笔下之景呈现在学生面前。散文以意境取胜，生动传神的描写、优美深邃的意境是一篇优秀散文的要素，课前的导入要引导学生从文章的“境”，感知情与景的水乳交融，神与形的和谐统一。在欣赏过程中不断培养和提高学生的审美能力。

（2）感情铺垫

散文教学渗透着审美情感和体验。散文倾注了作者的感情，学习散文不走进作者的情感深处，就不能真正地理解作者，也不会理解作者的情感。导入时应做一定的感情铺垫，使学生处于一种良好的情感状态，用心去感受作者的感情，把阅读学习的过程当作是自己的体悟过程，真正融进作者的情感世界，与作者进行心灵的沟通，进行情感的碰撞，进行生命的对话。散文情感强烈，字字句句都饱含深情厚谊，要用心去领会。

（3）介绍写作背景

在导入的时候介绍写作背景是教师常用的一种方法。散文带有作者强烈的主观色彩，作者的情感受到时代环境等多方面因素的影响，从而产生不同的情怀和感触。散文中的情感流露体现着作者独特的个性，同时也带有时代的印记。所以在教一些时间跨度大、写作背景较复杂的散文时，可以让学生尽可能多地了解作者的背景和文章的创作背景，从而更好地把握文章所蕴含的情感。

3. 第三学段（5—6 年级）

《语文课程标准》在高年段的阅读教学要求中明确指出，“在阅读中了解文章的表达顺序，体会作者的思想感情，初步领悟文章的基本表达方法。在交流和讨论中，敢于提出看法，作出自己的判断”。优秀的散文作品往往以关键的词句来升华情感，凸显主题。这关键性的词句，被称为“文眼”。通常情况下，散文的“文眼”既能够体现作者的构思行文，又对表现文章的主旨、意蕴起画龙点睛的作用。阅读散文，抓住了“文眼”，把握作者的情感和文章的主旨也就水到渠成了。

虽然散文的“文眼”与主旨不同，但是散文的主旨和“文眼”密切相关。“文眼”是作者情感的升华，可以直接体现文章的主旨；同时，文章的主旨又多通过“文眼”来明确。当学生对课文内容有了一定的了解之后，教师就要引导学生理清作者的思路，弄清散文的线索，再以“文眼”为支撑点架起整个框架。在学生了解文章的布局后，教师可以选取最能表达文章思想感情的地方讲解，让学生在学习中体验作者的情感，把握文章所要表达的思想感情。

三、学情把脉

1. 散文教学中，精美的散文作品和枯燥的课堂教学不匹配

散文是文学性很强的文体，能最真诚、最直观地表现作者的内心世界。如果教师没有认识到每一篇散文都具有独特情感这一鲜明特征，忘却作者的写作动机，无视文章的情感体悟，忽视生命的心灵对话，就很容易把“每一篇”散文教成“这一类”散文。所以，各类“美文”一旦进入课堂，常常就变得枯燥无味。本来应该是学生最感兴趣和最易产生共鸣的文体，学生却被动接受，不肯阅读。

2. 散文教学中，散文文体与教学内容不匹配

散文是要有情感投入的，指导学生进行抑扬顿挫的朗读，比东拉西扯的文章分析，更能体现散文的语言特点和情感特色。当前的散文教学中，诵读指导的时间越来越少，分析理解的比重越来越多，学生反而难以走进文本，投入感情。更有甚者，有些教师把散文教成了小说，教成了说明文和说理文。比如，我们经常可以看到老师们在《黄河的主人》的阅读教学中，带着学生认真分析人物形象；在《早》这篇课文的学习中，认真指导学生如何按照方位顺序写书屋的陈设。

3. 散文教学中，景语与情语不匹配

"一切景语皆情语"，这句话每位教师都懂，但在课堂上，尤其是散文教学中就不是那么回事了。比如《早》这篇课文，老师们的教法各具特色，却有一个共性——都把教学目光聚焦于"三味书屋""蜡梅""早字的来历"，如何按照方位顺序写陈设，如何从色泽形态上写蜡梅，试着叙述鲁迅刻"早"的来历。上课结束布置作业，模仿三味书屋的方位描写自己的书房或教室。诚然，一课一得也很不错，但是学习吴伯箫的这篇散文，仅仅做到这些就到位了吗？这是散文教学应有的模样吗？这值得我们思考。

4. 散文教学中，情感体验与理性鉴赏不匹配

在散文教学中，大多数教师习惯于在学生初读文章后，就匆匆引导学生按照自己的教学思路理解、分析文章。这样做，虽然提高了课堂学习课文的速度，但弊端也非常明显。第一，学生缺少对文章整体感知的过程。其二，由于缺乏整体感知，所以学生对文章没有产生自己的见解，也就没有由感性认知到理性鉴赏的提升过程。还有一点需要说明的是，在散文教学环节，美文赏析环节多以口述为主，教师让学生谈感受，学生的回答也一般停留在对文字的感性认识上，教师引导和总结的语言本身也缺乏必要的理性光芒，这对学生充分理解散文的内容和情感很不利。

四、课例分析

（一）《宋庆龄故居的樟树》（第二学段）

1. 教学文本呈现

宋庆龄故居的樟树（第4—5自然段）

樟树不高，但它的枝干粗壮，而且伸向四面八方，伸得远远的。稠密的树叶绿得发亮。樟树四季常青，无论是夏天还是冬天，它们总是那么蓬蓬勃勃。

别的树木容易招虫。从同一棵石榴树上，可以捉到三四种不同的虫子。它们还要养儿育女，繁衍后代，子子孙孙都寄生在树上。而樟树本身却有一种香气，而且这种香气能永久保持。即使当它枝枯叶落的时候，当它已经作为木料制作成家具的时候，它的香气仍然不变。只要这木质存在一天，虫类就怕它一天。樟树的可贵之处就在这里。

2. 教学目标预设

学习作者表现樟树蓬蓬勃勃和拒虫永久的可贵之处的写法。

3. 教学片段设计

（1）作者是如何把樟树蓬蓬勃勃的特点写清楚的？

预设：

①“伸得远远的”：枝干很有力量，生命力旺盛。（指名学生有感情地朗读）

②“绿得发亮”：叶子会发亮，说明什么呢？（绿得很耀眼，叶子长得十分好，充满生机）小结：一个“亮”字，就写出了樟树的生机与活力，实在是太精彩了。（指导朗读）

③“无论……总是……”：这组关联词你读懂了吗？能用自己的话来说吗？（不管是夏天还是冬天，樟树永远蓬蓬勃勃。）

想象：一年四季，樟树会经历哪些挑战与磨难呢？谁来用这样的句式说一说？

例：无论是天寒地冻还是烈日酷暑，樟树总是那么蓬蓬勃勃。（指导朗读）

（2）小结并指导背诵：作者用“伸得远远的”来写出枝干的粗壮，用“发亮”写出了树叶的稠密，更用“无论……总是……”写出了樟树的四季常青，清楚表现了樟树蓬蓬勃勃的特点。我们可以根据这个顺序背诵段落。

（3）作者又是怎样去写樟树“拒虫永久”的特点的呢？

预设：

① 对比。这样对比去写有什么好处？（更能凸显樟树拒虫永久）的确，对比能更突出所表现事物的特征，这种写法值得我们学习。

指导朗读，体会对比手法带来的表达效果。

② 用上关联词。出示描写樟树拒虫永久的三句话，指名学生说说自己的发现。

逐句分析：

第一句主要讲什么？（有拒虫香气、香气能永久保持）哪里看得出香气只有樟树有？又从哪里看出这香气能永久保持？（而、却、而且）

点拨：二、三句和第一句有什么关系？（进一步阐述香气久到什么程度）这两句又是如何把香气永久保持说清楚的呢？（即使……仍然……；只要……就……）

小结：关联词在句子连接和情感表达上的作用可真不小啊，谁再来读读这三句话？（指名读）

4. 教学策略简析

教学中，通过核心问题的出示："这是两棵（　　）的樟树"来引导学生感知樟树外在和内在的特点。把重点放在品味语言上。在樟树外形的段落学习上，引导学生从"伸得远远的""绿得发亮"和关联词"无论……总是……"感知樟树枝繁叶茂、生机勃勃的同时体会作者遣词造句的讲究，让学生在语文学习中得到言与意的双重提升。

散文之美，除了美在语言，更美在有序的表达。在樟树内在品质段落的学习上，学生明白作者在写樟树可贵之处所用的方法是对比，并用上了关联词进行承接过渡。在此基础上，教师就地取材，让学生也用对比的手法，写一写"樟树蓬蓬勃勃"的特点，并提醒注意两部分内容的衔接。在散文教学中，教师尤其要关注散文行文的思路。细读每一篇散文，我们会发现，每一篇都有其不同之处：在构段方式上，有总分、承接、并列等结构形式；在表现手法上，有对比、排比、比喻等；在文章结构上，有并列式、递进式、承接式……入选小学阶段的散文，结构显豁，段落分明，这对于帮助学生正确理解文意，培养其逻辑思维能力有很大的作用，更是学生迁移模仿的范例。

（二）《珍珠鸟》（第三学段）

1. 教学文本呈现

珍珠鸟（第7—12自然段）

起先，这小家伙只在笼子四周活动，随后就在屋里飞来飞去，一会儿落在柜顶上，一会儿神气十足地站在书架上，啄着书背上那些大文豪的名字，一会儿把灯绳撞得来回摇动，跟着逃到画框上去了。只要大鸟在笼里生气地叫一声，它就立即飞回笼里去。

我不管它。这样久了，打开窗子，它最多只在窗框上站一会儿，决不飞出去。

渐渐它胆子大了，就落在我的书桌上。它先是离我较远，见我不去伤害它，便一点点挨近，然后蹦到我的杯子上，低下头来喝茶，再偏过脸瞧瞧我的反应。我只是微微一笑，依旧写东西。它就放开胆子跑到稿纸上，绕着我的笔尖蹦来蹦去，跳动的小红爪子在纸上发出“嚓嚓”的响声。

我不动声色地写，默默享受着这小家伙亲近的情意。这样，它完全放心了，索性用那涂了蜡似的小红嘴，“嗒嗒”啄着我颤动的笔尖。我用手抚一抚它细腻的绒毛，它也不怕，反而友好地啄两下我的手指。

白天，它这样淘气地陪伴我；天色入暮，它就在父母再三的呼唤声中，飞向笼子，扭动滚圆的身子，挤开那些绿叶钻进去。

有一天，我伏案写作时，它居然落到我的肩上。我手中的笔不觉停了，生怕惊跑它。待一会儿，扭头看，这小家伙竟趴在我的肩头睡着了，银灰色的眼睑盖住眸子，小红爪子刚好被胸脯上长长的绒毛盖住。我轻轻抬一抬肩，它没醒，睡得好熟！还咂咂嘴，难道在做梦？

2. 教学目标预设

梳理行文脉络，弄懂小珍珠鸟是如何一步一步亲近“我”的。

3. 教学片段设计

（1）理事：同学们，小珍珠鸟在主人家干了哪几件事儿呢？请大家迅速浏览课文，圈画或概括出来。

（飞来飞去、喝茶、琢笔尖……）

（2）找线：作者一下子写了七件事，但我们读来一点都不觉得散乱，因为作者用了一根“线”把这些事件串了起来，请你找一找那根“线”。

（线一：表示先后顺序的词语；线二：笼子四周、屋里、柜顶……；线三：小鸟对“我”越来越信任）

（3）尝试抓线索复述故事：谁能用上刚才理出来的线索，把小珍珠鸟与“我”的亲近过程理清楚？

4. 教学策略简析

“形散神不散”是散文最主要的特征，作者精心选择了一些素材，为其所要表达的主旨服务。但这类文本线索往往不明朗，初看仿佛是作者随性所作。对小学阶段的学生来说，精准抓住那根串联文本的线，感悟文章主旨，颇有难度。若让学生误以为写文章也是如此，“捡到篮里就是菜”，思维混乱胡写一通，岂不坏哉？那么，散文教学的那根线，该怎么抓呢？

教师做了如下呈现：首先梳理“事”，雏鸟在主人家干了哪些事？经过几个学生的回答及补充，明确总共是“飞来飞去”“喝茶”“啄笔尖”等七件事。老师又说，作者一下子写了七件事，但我们读来一点都不觉得散乱，因为作者用了一根“线”把这些事件串了起来，请你找一找那根“线”。学生一下子思维荡漾，找到了“起先，随后，渐渐地，先，然后，再”这些表示先后顺序的“时间线”；找到了“笼子四周，屋里，柜顶上，书架上，灯绳上，小桌上，杯子上，笔尖上，手指上，我的肩上”这条“地点线”；在老师的提示下，还找到了小鸟的胆子越来越大，对“我”越来越信任这条暗线。找好线后，再引导学生按照一条线或两条线，将这些事件连起来说完整、说连贯。就这样，老师如同一个理毛线的高手，把学生脑中杂乱无章的信息一条条捋得顺顺当当。

散文教学就是要引导学生关注零碎事件，进而发现串联事件的情感线索，才能领会文章的主旨。对于刚刚升入五年级的学生来说，概括事件有点难，而文中的一明一暗两条线索是读出“鸟与人”情感发展的关键。最后的复述，更是着重训练了学生“连线成面”的当堂表达。这种由找“事”到动“情”的散文阅读方法，具有普适性，对促进学生同类文本的阅读理解和习作构思的启发上，具有积极意义。

（三）《趵突泉》（第二学段）

1. 教学文本呈现

趵突泉（第 1—3 自然段）

千佛山、大明湖和趵突泉，是济南的三大名胜，现在单讲趵突泉。

在西门外的桥上，便看见一溪活水，清浅，鲜洁，由南向北流着。这就是由趵突泉流出来的。假如没有这泉，济南定会丢失一半的美。

泉太好了。泉池是差不多见方的，三个泉口偏西，北边便是条小溪，流向西门去。看那三个大泉，一年四季，昼夜不停，老那么翻滚。你立定呆呆地看三分钟，便觉得自然的伟大，使你再不敢正眼去看。永远那么纯洁，永远那么活泼，永远那么鲜明，冒，冒，冒，好像永远不感到疲乏，只有自然有这样的力量！冬天更好，泉上起了一片热气，白而轻软，在深绿的长长的水藻上飘荡着，不由你不想一种似乎神秘的境界。

2. 教学目标预设

感悟大泉的特点，体会语言表达的精妙。

3. 教学片段实录

（1）感受大泉

师：我们先去欣赏大泉。大家先读读描写大泉的这段话，你觉得它最大的特点是什么？

生1：一直在翻滚，一刻不停。

生2：不停地在冒。

师："冒"是什么意思呢？谁能用自己的话来说。

生1：往上升腾。

生2：向上跳跃。

生3：奔腾。

生4：钻。

师：那作者为什么连用三个"冒"？自由读一读，想一想。

生1：用了三个"冒"，感觉到这泉水十分有活力。

生2：我觉得泉水冒得很高并且源源不断。

生3：我感觉这里用三个"冒"，呼应前面的三个"永远"，读起来很有节奏。

（教师相机梳理观点并指导朗读）

生4：三个"冒"，让人觉得泉水冒的时间很长。

师：读这段文字，你从哪里能更直接感受到趵突泉冒得时间长？

生：从"看那三个大泉，一年四季，昼夜不停，老那么翻滚"可以看出。

师：你主要从哪些关键词感受到的呢？

生：一年四季、昼夜不停。

师生合作：是啊，春天的趵突泉，它在——冒；夏天的趵突泉，它在——冒；凉爽的秋天，趵突泉，它依旧在——冒；即使是寒冷的冬天，它还是在——冒，白天去看趵突泉，它在——冒；晚上去看趵突泉，它也在——冒。所以数次游览趵突泉的老舍在文中这样写——（读）"看那三个大泉，一年四季，昼夜不停，老那么翻滚。"

师：还可以从哪里感受到趵突泉冒的时间已经很长了？

生：从“永远那么纯洁，永远那么活泼，永远那么鲜明。冒，冒，冒，好像永远不知道疲倦似的，只有自然有这样的力量！”也能看出。

师：缩小范围，从哪里看出？

生：四个“永远”。

师：这趵突泉究竟冒了多长时间了呢？一百多年前，清朝一个叫刘鹗的文人写了一部名为《老残游记》的小说，《老残游记》这样描绘趵突泉（屏幕显示）：“三股大泉，从池底冒出，翻上水面有二三尺高……三股水均比吊桶还粗。”（学生读，简单说感受）九百多年前，北宋文学家曾巩的《齐州二堂记》中第一次出现趵突泉的名字（屏幕显示）：“有泉涌出，高或数尺，其旁之人曰趵突之泉。”一千四百多年前，北魏郦道元所写的著名地理学著作《水经注》中写到趵突泉（屏幕显示）：“觱涌三窟，突起雪涛数尺，声如隐雷。”早在三千五百多年前，就有文字记载趵突泉，当时人们称“趵突泉”为“泺”。也就是说，这趵突泉至少这样冒了将近四千年。

师：谁来用朗读表达感受？

师：如果你就站在趵突泉旁边，看着趵突泉就这样冒了几千年，你有什么想问、想说的？

生1：你这样冒，不疲倦吗？

生2：你的水不会枯竭吗？

生3：大自然太伟大了，太不可思议了。

师：是啊，同学们，老舍先生在文章中抒发了和大家一样的感受。（出示读：“你立定呆呆地看三分钟，便觉得自然的伟大，使你再不敢正眼去看。”）

师：“不敢正眼去看”不是害怕，而是跟你们的想法一样，叹服于自然的伟大。

师：我们在写景的时候，既可以写自己听到的、看到的，也可以写自己的感受。

4. 教学策略简析

语文的核心就是理解与表达。我们在平日的课堂上更多地关注对语言文字的理解，却较少关注作者是如何去用语言文字表达的。其实，学会表达是语文教学的根本。这个教学片段，以“冒”字入手，引导学生探究为什么连用三个“冒”，从表达的角度体会作者遣词用句的奥妙。

而后，教师抓住“冒”这个字，通过师生交流互动，理出了一条清晰的行文线索：先领悟泉水冒得高，冒得时间长，从而感受大自然的神奇、伟大，最后敬畏之情油然而生。由“冒”引领，抓住段的脉络，渗透了“段”的训练，课堂散发出令人耳目一新的语文味，散文教学真正做到了形散而神不散。这不仅发展了学生的思维，体现了教师的教学智慧，同时收到了教学效益的最大化。人们常把散文称作美文，因为其凭借优美的言语表达来体现意境之美。所以，散文通过个性化的言语表达，传载着细腻而丰富的人生经验，这些，都需要教师带着学生慢慢欣赏，细细咀嚼，反复品味。

五、教学认识

1. 从文本价值的角度看

《语文课程标准》明确指出，语文学习要培养学生高尚的道德情操和健康的审美情趣，形成正确的价值观和积极的人生态度。由此可知，美育是语文教学重要内容之一，所以对散文这种文质兼美的文体而言，让学生掌握散文结构，品味散文语言，感受作者的思想与情感，带领他们充分领略散文的美是重中之重。因此，在散文教学过程中，让学生体会散文体裁特色的同时，更要让其收获具有陶冶性和审美性的情感体验。

2. 从教师教学的角度看

（1）悦纳人文，挖掘深层内涵

当前，日常的阅读教学普遍存在模式化、碎片化和浅层化的倾向，越来越多的教育者开始关注深度阅读教学，如江苏省著名中青年教师王开东就提出：“深度语文的深度，主要表现在课程理解之深、文本剖析之透和课堂把握之精上。”的确如是，阅读教学不该停留于表层，隔靴搔痒，要对文本进行深入剖析，引导学生深入思考，挖掘文本深层的人文内涵，从而使学生得到语文素养的提高。

由于现当代散文大多兼具抒情性和哲理性，因此，在散文教学中，要想真正理解文本，教师必须对文本进行深入探究与解读，挖掘深层人文内涵，不断提高学生习得语文的核心素养。

（2）深度解读教材，提高教学效果

好的教学效果离不开对教材的解读。而散文文本解读同样遵循以学生为主体、教师为主导的原则。解读文本时，教师既要考虑到如何从语言上进行细致分析，更要让学生从中学会积累和运用语言，深入探究语言的内涵，理解文本的真正意义。学生只有积累了相应的文学知识和生活阅历，才能逐步提高自己的阅读和理解能力，这正是每一个语文教师追求的最大化的教学效果。

（3）关注真实学情，重视思维生长

皮亚杰在关于儿童认知发展第四个阶段的叙述中，认为小学阶段的儿童能初步理解符号的意义、隐喻和直喻，能做到简单意义的概括，其思维发展水平逐渐接近成人水平。我们的教学对象正处于这样一个阶段，意味着他们可以思考我们的教学内容并概括理解散文中的情感与内容。但由于他们的阅历尚浅，无法深刻体会散文中更深层次的情感，因此，在散文教学中，要关注学情，重视思维生长，营造使学生更好地融入其中的氛围，使学生感受文本魅力。

除此之外，语文还担负着传承传统文化的责任，而散文恰恰蕴含了文化深度和对人生哲理思考的意义。每一位教师有责任让课堂变得有深度，使学生成长有效度，更好地体现语文课程的传承功能，使语文课真正成为一种熏陶人、培育人的教育科目。或许，散文教学将在其中扮演着非常重要的角色。

3. 从学生发展的角度看

（1）领略散文之美，提高语文素养

在教学中，教师带领学生通过对文本的学习，细品散文的语言，挖掘文中每一处细节或不经意间的表述所包含的深意，体悟现当代散文中情与理的交融，品味作者对人生的思考和感悟，真正领略到散文的美感，从而培养学生健全的人格和丰富的情感，使之树立正确的人生观和价值观，逐步发展学生的感性与理性思维能力，真正把提高学生语文素养放在课堂的中央领地。

（2）感悟散文表述，学习逻辑思维

形散神聚是散文的一大特点，我们发现，现行小语教材中散文类文本的课后习题中往往会有有“复述课文”的练习。因而，在课堂上帮助学生理清文章的脉络，理出关键词，给学生一条讲述故事的绳索，让其能够顺着故事思路进行复述，极为重要。同时，还要注意概括方法的有机渗透，如时间顺序表达、抓关键词表述等。长此以往，学生的思维、表达也会越来越有逻辑性。

第五章 共思学习——生化教学过程反思

第一节 神话传说类文本

“神话”在《现代汉语词典》中的解释是：关于神仙或神化的古代英雄的故事，是古代人民对自然现象和社会生活的一种天真的解释和美丽的向往。

神话产生于原始时代，是人类最早的精神产物之一，它的产生表现了古代人民与自然的斗争和对理想的追求。神话一般可分为三种类型：开辟神话、自然神话和英雄神话。开辟神话反映的是原始人的宇宙观，用来解释天地是如何形成的，人类万物是如何产生的。自然神话是对自然界中各种现象的解释。数量最多的是英雄神话，这类神话比前两者稍晚产生，表达了人类反抗自然的愿望，同时，也可以说是人类某种劳动经验的总结和概括。从这时候开始，原始人类已经不再对自然界产生极端的恐惧心理，有了一定的信心，开始把本部落里具有发明创造才能或者做出重要贡献的人物，加以夸大想象，塑造出具有超力量的英雄形象。总之，神话产生于人类的童年时期，是想象的产物，充满了神奇色彩。

选入小学语文教材的神话传说类故事，从来源来看，有的来自民间传说，如《大禹治水》《日月潭的传说》《牛郎织女》等；有的来自神佛类故事，如《九色鹿》；有的来自经典名著，如《哪吒闹海》《三打白骨精》。从文本的核心价值来看，有的神话以歌颂情感为主，如《牛郎织女》；有的以弘扬精神为主，如《开天辟地》《精卫填海》《普罗米修斯》等；还有的既歌颂情感又弘扬精神，如《沉香救母》《嫦娥奔月》等。

一、文体特征

神话传说类故事语言浅显易懂，想象丰富神奇，故事性强，可以概括出以下几点主要特征。

1. 想象丰富，情节夸张

神话的最大特点是“神”，本质就在于情节夸张，有着丰富的想象力。盘古用斧头开天辟地，最后身躯化生为世间万物；女娲端盆对准大窟窿一泼，金光四射，天的窟窿就补上了；夸父口渴，一口气接连喝干了黄河和渭水两条大河，他的手杖可以变成枝繁叶茂、硕果累累的桃林。不仅如此，就连人物活动的环境也很神奇，远远的天空塌下一大块，山冈上燃起了熊熊大火，田野里洪水泛滥……神话传说类故事想象丰富，情节夸张，充满了神奇的色彩。而儿童是天生的幻想家，想象贯穿于整个小学阶段的阅读实践中，教师要充分激发学生的想象，让学生随着神话故事进入角色，想象创造，让人物形象随着学生的想象逐渐立体，从而激发学生进一步探究的兴趣。

2. 英雄人物，正义凛然

选入小学语文课本中的神话传说类故事的主人公多是“英雄”。他们在战胜自然、征服自然的斗争中，表现出了极强的威力。夸父逐日，献出了生命，还要在生命的最后一刻弃杖化为桃林；女娲不顾生命安危，克服重重困难，求雨神熄火、造船救人、找石补天，终于把天补好；后羿面对天帝的儿子，毫不畏惧，拉开万斤力弓弩，搭上千斤重利箭，无一虚发，连射九个太阳，被罚到人间也不后悔；女娃的魂魄化为精卫，填海不止；大禹为了治水起早贪黑，不辞劳苦，忍受了巨大的痛苦，三过家门而不入，一心扑在治水上。这些英雄人物都是真理、正义、善良的化身。教学中要紧扣人物形象，让学生感悟人物身上的品质或美德，从而培养学生良好的审美素养。

3. 苦难故事，向往美好

神话英雄们往往被置于苦难的困境中，如小沉香经历了生母被压华山之下，骨肉分离之苦，普罗米修斯为人类盗取天火而被锁在高加索山上，遭受每日鹫鹰啄肝之痛等。正是面对“苦难”这种极端境遇，英雄所表现出来的那种英勇顽强、勇于承担等品质，才极具力量地彰显了“神性”的崇高。故事虽多与苦难有关，但表达了先民追求理想、向往美好生活的愿望。

如《普罗米修斯盗火》中，描写宙斯惩罚普罗米修斯受难时，那是一种超越常人的痛苦，日复一日没有终点的痛苦，普罗米修斯“受难”被写得如此惨烈！读者正是在惨烈的苦痛描述中，在痛彻心扉的审美体验中，经受灵魂的洗礼，领悟到普罗米修斯对人类深切的关怀之心与伟大的博爱情怀。教学时，教师要引导学生感受人物形象，感悟古代劳动人民对美好生活的向往，从而构建正确的人生观、价值观。

4. 年代久远，一带而过

神话传说故事经常用“传说”“很久很久以前”这种看似比较模糊却又让人感觉时间久远的词语，或如《开天辟地》中“一万八千年”这样时间跨度特别大的表示时间的词；虽然故事发生的年代久远，但是用的笔墨却不多，经常一带而过。

二、学段要求

翻阅《语文课程标准》，并没有发现“神话”一词，估计是将神话归入了故事类与叙事性作品中了，要求在阅读时关注人物，感受语言，有自己的感受与看法，这是课标作为“基本法”对神话类故事阅读的基本要求。当然，不同学段的学生由于认知水平和生活经验不同，阅读神话类故事的要求也有侧重。

1. 第一学段（1—2 年级）

《语文课程标准》指出：“阅读浅近的童话、寓言、故事，向往美好的情境，关心自然和生命，对感兴趣的人物和事件有自己的感受和想法，并乐于与人交流。”“能较完整地讲述小故事。”因此，针对低年段学生，主要激发他们学习神话的兴趣，通过朗读走进神话传说类故事的情节，感知人物形象的神奇，并能简单复述故事。

2. 第二学段（3—4 年级）

《语文课程标准》指出：“能复述叙事性作品的大意，初步感受作品中生动的形象和优美的语言，关心作品中人物的命运和喜怒哀乐，与他人交流自己的阅读感受。”因此，针对中年段学生，侧重让他们在品味人物形象中感悟神奇，并可以开始尝试课本剧的表演。

3. 第三学段（5—6 年级）

《语文课程标准》指出：“能联系上下文和自己的积累，推想课文中有关词句的意思，辨别词语的感情色彩，体会其表达效果。”“阅读叙事性作品，了解事件梗概，能简单描述自己印象最深的场景、人物、细节，说出自己的喜爱、憎恶、崇敬、向往、同情等感受。”“受到优秀作品的感染和激励，向往和追求美好的理想。”因此，针对高年段学生，侧重引导他们通过在品析语言表达效用、揣摩谋篇布局方式的基础上，感悟神话形象的象征意义。

神话传说类故事的教学目标在每个学段有每个学段的侧重点，我们在教学时并非是要人为地把三个学段的重点目标割裂开来，可以按照“三维整合，多次重复，螺旋上升”的原则，准确把握各学段的目标要求，实行逐步提升，寻求深入浅出，一课一得，使学生真正有所得。

三、学情把脉

课标在第一学段提出了能“讲述小故事”的目标要求。低年级的学生已经具有了一定的识字能力，具有了初步的抓重点词句理解一段话的能力，也具有了一定的独立阅读能力，教师可以开始训练学生讲述故事的能力。当然在实际教学中，我们会发现这一学段学生对抓要点复述课文掌握得还不够好，爱把复述变成背诵课文，个别语言表达能力较弱的学生复述课文还比较困难。因而对神话故事复述的要求，我们可定位为“在老师的指导下初步学会抓要点，用自己的话复述神话故事”，而不是让低年段的学生去“独立复述”，更不是“创造性地复述”。

到了中年段，学生已经初步具备了依托文本语言感知人物鲜明形象的能力。经过低年段的练习，学生也已具备了讲述故事的能力，如果把低年段的复述称作简要复述，则中年段应该是详细复述，尝试创造性复述。教学实践中，我们会发现这种能力的发展往往是不尽如人意的。有的学生书面考试可以考出优异的成绩，但这只能说明他们在知识积累、阅读水平、书面写作等方面得到了相应的发展，并不代表其口语能力就很好，甚至有一部分得高分的学生在课堂上经常保持沉默，很少举手回答问题。这种现象恰恰说明学生的语文能力发展得不够全面，这足以引起我们教师的重视，进而加大口语表达能力培养的力度。从语文教学的本质上思考，复述的意义更在于让学生经历一次次“理解、感悟、运用”的语言实践活动，从而发展学生的言语能力。而“讲演”是学生最喜欢的学习方式，课本剧表演这一特殊的“复述”形式会提高学生的学习兴趣。学生边看边读边想，图画、语言、想象三者相结合，学生能看到画面，并能与语言结合，进一步转化为自己的感受。我们在教学过程中可以尝试以演促读的形式，实现语言的积累、感悟和内化。

在高年段神话传说类故事的学习中，很多学生容易被神话传说超现实的故事情节所吸引，而忽视了对其文本语言规律和文本形式的关注。因此，在神话传说类故事教学中，教师不但要让学生深入感知神话传说文本的内在气质，更要让学生关注语用，体验神话传说类文本语言表达的魅力。

四、课例分析

（一）《九色鹿》（第二学段）

1. 教学文本呈现

九色鹿

在一片景色秀丽的山林中，有一只鹿。它双角洁白如雪，身上有九种鲜艳的毛色，漂亮极了，人们都称它九色鹿。

这天，九色鹿在河边散步。突然，耳边传来“救命啊，救命！”的呼喊，只见一个人在汹涌的波涛中奋力挣扎。九色鹿立即纵身跳进河中，将落水人救上岸来。

落水人名叫调达，得救后连连向九色鹿叩头，感激地说：“谢谢你的救命之恩。我愿永远做你的奴仆，终身受你的驱使……”

九色鹿打断了调达的话，说：“我救你并不是要你做我的奴仆。快回家吧。只要你不向任何人泄露我的住处，就算是知恩图报了。”

调达郑重起誓，决不说出九色鹿的住处，然后千恩万谢地走了。

有一天，这个国家的王妃做了一个梦，梦见了一头双角洁白如雪、身披九种鲜艳毛色的鹿。她突发奇想：如果用这只鹿的毛皮做件衣服穿上，我一定会显得更加漂亮！于是她缠着国王要他去捕捉九色鹿。国王无奈，只好张贴皇榜，重金悬赏捕捉九色鹿。

调达看了皇榜，心想发财的机会来啦，就进宫告密。国王听了，立即调集军队，由调达带路，浩浩荡荡地向着九色鹿的住地进发了。

山林之中，春光明媚。九色鹿在开满鲜花的草地上睡得正香。突然，乌鸦高声叫喊道："九色鹿，九色鹿，快醒一醒吧，国王的军队捉你来了！"九色鹿从梦中惊醒，发现自己已处在刀枪箭斧的包围之中，无法脱身。再一看，调达正站在国王身边。九色鹿非常气愤，指着调达说："陛下，您知道吗？正是这个人，在快要淹死时，我救了他。他发誓永不暴露我的住地，谁知他竟然见利忘义！您与这种灵魂肮脏的小人一起来残害无辜，难道不怕天下人笑话吗？"

国王非常惭愧。他斥责调达背信弃义，恩将仇报，并重重惩罚了他，还下令全国臣民永远不许伤害九色鹿。

2. 教学目标预设

（1）通过人物的动作、语言、心理活动，进一步体会人物形象。

（2）在抓住主要情节的基础上展开合理的想象，把故事复述得具体、生动。

3. 教学片段设计

【课堂试教】

第一板块：复习旧知，回顾大意

（1）同学们，这节课我们继续学习第21课，齐读课题——九色鹿。这个故事中的主要人物是谁？（九色鹿、调达）

（2）课文主要讲了什么故事？（九色鹿救调达；调达进宫告密；九色鹿斥责调达。）

（3）喜欢这个故事吗？今天我们就来讲一讲这个故事。

第二板块：品人物形象，述生动情节

（1）请同学们自读课文第2—5自然段，想一想：九色鹿给你留下了怎样的印象？把你感触深的词句画出来再读一读。

（2）交流：九色鹿给你留下了怎样的印象？（善良勇敢、见义勇为）

① 你从哪里感受到的？（相机指导抓住关键词句朗读）

② 九色鹿不顾自己的危险，毫不犹豫地跳进了河里救人，这种行为就叫见义勇为。这种不顾自己安危而救别人的精神我们可以称为奋不顾身。

③ 勇敢的力量来自善良的心灵！让我们一起来感受九色鹿奋不顾身的

救人精神。齐读第2自然段。

① 说说自己的体会。

② 为了能更好地揣摩人物的内心，我们可以用朗读再现当时的情景。谁读调达的话？谁读九色鹿的话？其余同学一起来读旁白。

③ 同学们有没有发现调达说的这段话后面有个省略号？表示什么意思呢？九色鹿为什么要打断他？

④ 小结：九色鹿冒着生命危险救了调达却不求回报，真是善良无私。

⑤ 现在能把这组对话读得更符合当时的情景吗？请两位同学来试试，只要读引号里的话。

（引导：九色鹿打断调达的话，应该怎么表现？）

（3）这时，九色鹿的朋友乌鸦来了。乌鸦问："九色鹿，大家都在找你，你怎么跑河边来了？"九色鹿会如何把刚才的事情告诉乌鸦呢？

（指名学生扮演九色鹿复述故事。通过乌鸦的提问，引导学生抓住九色鹿的动作、语言来讲这件事情，把故事情节复述具体。）

如果你们是九色鹿，会怎样讲这件事呢？（学生练习，指名说）

小结：在复述故事时，我们就要像刚才那样，进入故事的情境，抓住人物的动作和语言，这样才能更好地突出人物鲜明的形象。

（4）九色鹿不仅把这件事告诉了乌鸦，还讲给了谁听？赶快找一找九色鹿告诉国王的这段话！

小结：同样是复述一件事，既可以像刚才告诉乌鸦那样，把事情的经过叙述具体，也可以像现在这样，用简要的语言进行概述。

① 九色鹿，刚才你把这件事讲给乌鸦的时候，我们发现你很快乐，现在你的心情怎样？

② 九色鹿为什么会这么气愤？你能联系上下文说一说吗？

是啊，这让九色鹿怎么也意料不到！"竟然"这个词语在这里表示了出乎自己意料的意思。

③ 谁能读出九色鹿的气愤之情？（指名读句子，点评）

④ 九色鹿斥责调达见利忘义，什么叫"见利忘义"？

⑤ 摆在调达前面的是什么样的"利"？

⑥ 当调达站在皇榜前，看到"重金悬赏"这几个字时，他是怎么想的？此时他的眼里、心里只有什么？而忘记了什么？

小结：调达的这种行为就叫见利忘义，也叫背信弃义、恩将仇报。

刚才我们读出了词语背后的故事，关注了人物的心理活动，让故事情节更生动了！

（5）听了九色鹿的这番义正词严的话，国王会怎么想？士兵们会怎么想？乌鸦又会怎么想？（指名说话）

① 点拨：把这些人物的想法加入我们的故事中，故事的情节会更加生动、更吸引人。

② 现在所有的人都明白了事情的真相，因此调达这种见利忘义、恩将仇报的卑鄙小人只有一种下场——一起读一读这个大快人心的结局。

第三板块：图文结合，合作复述

（1）总结：像《九色鹿》这样的民间故事正是以它生动的故事情节和鲜明的人物形象打动了一代又一代的人，至今仍被人们广泛传诵。因此，我们也有责任把这个故事继续流传下去。

（2）（出示四幅插图）老师把这个故事浓缩在这四幅图里，请同学们四个人为一组，每人选一幅图，合作把故事复述具体。（指名小组复述，老师相机点评）

【课堂诊断】

《九色鹿》讲的是九色鹿救了落水人调达，落水人发誓永不说出九色鹿的住处，但在金钱面前，落水人背信弃义，出卖了九色鹿，最后受到了严惩的故事。课文情节生动，语言浅显易懂，学生比较喜欢。因此，课堂上除了故事情节以外，更重要的就是通过阅读，感受人物形象，为此，在学生初读课文了解大体情节之后，教师确定了这堂课学习的主要任务——体会两个主人公的品质特点，然后再学习复述故事。但学生复述后会发现，对于人物品质学生不难弄懂，关键是复述故事时出现了问题，学生把复述课文当成了背课文，或者复述的时候语言不够连贯，对复述课文的方法并不明确。因此，教师调整教学重点，把感受人物品质在第一课时中交流品悟，第二课时侧重于学习复述课文。

【课堂重构】

第一板块：回顾故事内容，理清文脉

（1）上节课我们学习了民间故事——《九色鹿》。它属于神佛类故事，这类故事的特点是惩恶扬善。（板书：惩恶扬善）

（2）通过上节课的学习，你知道谁是善的化身吗？能联系课文内容来说说九色鹿善在哪儿吗？（板书：勇救调达）谁又是恶的代表呢？它又恶在哪儿呢？（板书：见利忘义、恩将仇报、背信弃义）具体表现在哪儿呢？（板书：进宫告密）

刚刚同学们说的这些词都是课文中的，让我们一起读一读这些词语。

（3）好的故事需要传扬，讲好故事，第一步就要理清它的脉络。其实刚才我们已经把脉络理清楚了，九色鹿勇救调达是故事的起因，调达进宫告密是事情的经过，结果是调达受到了惩罚。谁能用自己的语言把故事简单地说一说？

（4）但是这样讲故事能吸引人吗？不够生动。我们可以在原文基础上适当增减，通过联想和想象，一句话可以变成几句话，这样讲故事就会变得更生动。这节课我们就来练习如何把故事讲生动。

第二板块：学习复述

（1）学讲“原因”。

① 先自己试着说说救调达的故事。

② 指名说。

（出示句子）“调达郑重起誓，决不说出九色鹿的住处，然后千恩万谢地走了。”瞧，调达会怎么郑重起誓呢？（指名说）

你们看，加入了调达的语言，让人物开口说话，故事就有了声音。你还可以给人物加上动作，让人物更生动。

找找哪些地方你觉得可以加？（郑重起誓，千恩万谢）

小结方法：给人物动作，人物就生动起来。（板书：给人物动作）

瞧，讲故事一点都不难，我们只要让人物开口说话，给人物加上动作，就可以让故事更生动。

（2）练习说经过。

用上我们刚才学到的方法，自己练习说一说故事的经过。请一位同学来讲，其他同学认真听，等会儿做小评委。

调达看到皇榜时会想些什么？

生1：哈哈，真是天上掉馅饼了，我终于变成有钱人啦！

生2：太好了，发财的机会终于来了，等我拿到钱，我一定要买一座大别墅，一辆豪车，过有钱人的日子。

这个时候的他有没有想到九色鹿对他的恩情呢？

生1：哎，我曾经可是对九色鹿郑重起誓的，不能言而无信，可是，现在有这么好的机会能当上富人，我到底该怎么办呢？算了，只好对不起九色鹿了。

生2：哈哈，这世界上只有我知道九色鹿的下落，看来我要发大财了。我曾经答应九色鹿绝不说出它的住处，这样做是不是不太好？可是，我如果告了密，就是家财万贯啊。对不起，九色鹿，你就当再帮我一回吧。

小结：你看，我们又找到了一个讲故事的好方法：进入人物内心世界。（板书：进入人物内心世界）

同桌练说进宫告密环节。

请两个同学来合作。指名说并点评。

（3）发挥想象，复述结尾。

听同学们讲故事，老师也想来讲一讲。我讲的是九色鹿斥责调达的部分。请你认真听，仔细观察，听完要给我点评。

小结：讲故事时，我们不仅可以用语言来表达，还可以加上动作、表情，甚至语气的变化，让故事绘声绘色。（板书：表情）

谁上台来试试？

听了九色鹿的话，国王非常惭愧，心里会想些什么呢？为了更符合人物身份，国王一般会自称本王。

面对这个小人，国王是怎么做的？找到文中句子，读一读。他会怎么斥责、惩罚调达，又会怎么保护九色鹿呢？请你展开想象，用上我们之前学到的方法写出来。

第三板块：整合复述故事

瞧，用我们的想象让人物说话，故事生动多了，加上人物动作、表情，人物就活灵活现，走进人物的内心世界，让人如闻其声如见其人！接下来请四人小组来个故事接龙，一个人说起因，两个人说经过，另一个人说结果。可以动起来，开始练说。

第四板块：总结

同学们今天讲得绘声绘色，看来这个故事深受大家的喜欢。《九色鹿》最早出现在敦煌莫高窟的壁画上，千百年来深受广大人民的喜爱。那就让我们做这个故事的传播者吧，回家把这个故事讲给爸爸妈妈听，讲给弟弟妹妹听，让更多的人听到这个故事。

【课堂反思】

《九色鹿》属于神佛类故事，这类故事的特点就是惩恶扬善，由此让学生回顾上节课的内容，带领学生理清文章脉络，引导学生运用恰当的词语对课文进行概括，这是对故事情节的概述过程，更是选词用句的言语训练过程。

“学生是学习和发展的主体。”要想把故事讲生动，对于四年级的学生来说难度较大，所以第一步教师先扶着练，讲“起因”，紧扣“郑重起誓”这个词，展开想象：调达会怎么郑重起誓呢？接着和学生一起总结出让故事讲生动的方法：让人物开口说话，给人物动作。学生按照这样的方法练讲“经过”，并根据要求评价、完善。为了更加深刻地体会人物形象，对人物有更全面的了解，教师提供插图，让学生想象调达看到皇榜时的心理活动，从而习得另一个让故事讲生动的方法：进入人物内心世界。

在此基础上，教师示范讲了九色鹿斥责调达片段，学生通过观察和评价，发现故事不仅可以用语言来表达，还可以通过动作、神态，甚至语气的变化来表达。同时抓住文本的补白，让学生补充国王的心理、语言、动作等，从而将学生从课本引向更广阔的空间。

从整节课看，学生在课堂上是有生长的。深度学习，就是在教师引领下，学生围绕着具有挑战性的学习主题，全身心积极参与、体验成功、获得发展的有意义的学习过程。课堂中给学生指导方法、做示范，而把大量的时间让给学生自己练习、评价，让学生慢慢成长，真切地学到把故事讲生动的方法。其实，复述课文的过程不仅是课文语言内化的过程，还是学生听、读、思、记的训练过程。它不仅可以提高学生说的能力，更在说的训练过程中提高了学生的阅读理解能力，使学生养成认真倾听别人发言的习惯，有利于学生创造性思维能力的培养，同时也渗透了一些写的技巧，体现了语文教学的实践性。

4. 教学策略简析

（1）透视内心活动，丰富人物形象

要想将故事叙述得精彩，除了要求叙述者具备较高的叙述技巧之外，对故事本身细节的把握也是非常重要的。如何才能把故事讲述得跌宕起伏、扣人心弦呢？这就要求学生在教师的引导下，在原有教材内容的基础上充分发挥想象，将教材文本中没有涉及的内容挖掘出来，再现对话语言，揣测内心活动等，这样才能真正丰满故事发展的情节，为学生的精彩叙述奠定基础。学生把自己当成了调达，让故事中的调达说起话来，复述就变得生动起来，调达的人物形象也显得更加具体。学生慢慢走进了调达的内心，感受调达复杂的内心变化，有了这样深刻的理解，复述课文时对于调达这个人物形象的把握就更加到位，让人如闻其声，如见其人！

（2）想象表演补白，丰富文本内容

神话故事以其大胆的想象、奇特的夸张等特点吸引着学生。在神话故事教学中，若是缺少了学生的大胆想象，那么教学便失去了张力。因此，教师要充分利用好故事的空白处，激发学生的想象力，锤炼学生的表达能力。在表演环节，学生通过老师的示范，知道了讲故事不仅可以用语言，还可以加上动作、表情、语气等。同时，教师在教学中紧紧抓住文本的语言，利用文本补白，通过训练说写，使学生在复述表演过程中，也对课文中的一些关键词语和故事内容进行了较好的整合，内化语言，感悟语言，从而真切地感受人物丰满的形象，语言的运用能力也得到了一定的发展。这样抓住人物形象展开教学，既尊重了文本和文体的特点，又以传统文化传承为核心，渗透着文化的内涵，体现了语文教学的真正价值。

（二）《嫦娥奔月》（第三学段）

1. 教学文本呈现

嫦娥奔月

相传在远古的时候，天上突然出现了十个太阳，直晒得大地冒烟，老百姓实在无法生活下去了。

有一个力大无比的英雄名叫后羿，他决心为老百姓解除这个苦难。后羿登上昆仑山顶，运足气力，拉满神弓，"嗖——嗖——嗖——"一口气射下了九个太阳。他对天上最后一个太阳说："从今以后，你每天必须按时升起，按时落下，为民造福！"

后羿为老百姓除了害，大伙儿都很敬重他。很多人拜他为师，跟他学习武艺。有个叫逢蒙的，为人奸诈贪婪，也随着众人拜在后羿的门下。

后羿的妻子嫦娥，是个美丽善良的女子。她经常接济生活贫苦的乡亲，乡亲们都非常喜欢她。一天，昆仑山上的西王母送给后羿一丸仙药。据说，人吃了这种药，不但能长生不老，还可以升天成仙哩。可是，后羿不愿意离开嫦娥，就让她将仙药藏在百宝匣里。

这件事不知怎么被逢蒙知道了，他一心想把后羿的仙药弄到手。八月十五这天清晨，后羿要带弟子出门去，逢蒙假装生病，留了下来。到了晚上，逢蒙手提宝剑，迫不及待地闯进后羿家里，威逼嫦娥把仙药交出来。嫦娥心里想，让这样的人吃了长生不老药，不是要害更多的人吗？于是，她便机智地与逢蒙周旋。逢蒙见嫦娥不肯交出仙药，就翻箱倒柜，四处搜寻。眼看就要搜到百宝匣了，嫦娥疾步向前，取出仙药，一口吞了下去。

嫦娥吃了仙药，突然飘飘悠悠地飞了起来。她飞出了窗子，飞过了洒满银辉的郊野，越飞越高。碧蓝碧蓝的夜空挂着一轮明月，嫦娥一直朝着月亮飞去。

后羿外出回来，不见了妻子嫦娥。他焦急地冲出门外，只见皓月当空，圆圆的月亮上树影婆娑，一只玉兔在树下跳来跳去。啊！妻子正站在一棵桂树旁深情地凝望着自己呢。“嫦娥！嫦娥！”后羿连声呼唤，他不顾一切地朝着月亮追去。可是他向前追三步，月亮就向后退三步，怎么也追不上。

乡亲们很想念好心的嫦娥，他们在院子里摆上嫦娥平日爱吃的食品，遥遥地为她祝福。从此以后，每年的八月十五，就成了人们企盼团圆的中秋佳节。

2. 教学目标预设

（1）联系生活实际理解词语，展开合理想象，创设情境，体验、感悟人物形象，激发学生对神话故事的兴趣。

（2）根据对课文内容的理解，对人物形象表达自己的看法，提高学生思维、表达、鉴赏的能力。

3. 教学片段设计

【课堂试教】

（1）这个神话传说中的主人公是哪几位？（后羿、逢蒙、嫦娥）请大家默读课文，思考：他们分别是怎样的人？画出相关的语句。

（2）交流。

① 后羿。

力大无穷：抓住“运足气力”“拉满神弓”“一口气射下了九个太阳”感受后羿的力大无穷。

为民造福：抓住“从今以后，你每天必须按时升起，按时落下，为民造福!”感受后羿运用自己力大无比的神力来为民造福。

② 嫦娥。

美丽善良：抓住“经常接济”“老百姓非常喜欢”感受嫦娥的心地善良。相机理解“接济”一词（财物上的资助）。

舍己为人：抓住“让这样的人吃了长生不老药，不是要害更多的人吗?”感受嫦娥牺牲自我幸福生活的精神。相机区分“舍己为人”与“乐于助人”的意思。

机智勇敢：抓住“威逼”“周旋”感受其机智勇敢。

“周旋”在字典中有三个解释：a. 回旋；盘旋。b. 交际应酬；打交道。c. 与敌人较量，相机进退，以战胜敌人。你认为此处的“周旋”应选哪种解释?

嫦娥是怎样和逢蒙周旋的？想象一下当时那惊心动魄的场面。

谁能读好这个惊心动魄的场面?

从中可以看出逢蒙是个怎样的人?（板书：奸诈贪婪）还从哪儿也能看出?（第3 自然段）

（3）嫦娥吃了仙药的结果是什么?

① 指导朗读。（语速要放慢）

②“飘飘悠悠”“碧蓝碧蓝”这些词很有特点，前者是 AABB，后者是ABAB 形式的词，你能照样子说几个这样的词吗?

③ 你觉得这段话写得怎么样？美在哪儿？你能读出来吗?

（指名读，其他学生看插图）

④ 这一段写得这样美，可是嫦娥的心情呢?

（4）后羿外出回来，不见了嫦娥，他是怎样做的？画出后羿找妻子的句子。你能体会后羿当时的心情吗?（急切）谁能把这种急切的心情读出来?

（5）乡亲们知道了这件事后，会说些什么？他们对嫦娥的思念之情体现在哪儿？他们为什么非常想念嫦娥?

让我们用无比怀念的感情来朗读最后一段。

【课堂诊断】

《嫦娥奔月》主要讲了美丽善良的嫦娥为了老百姓不受伤害，与奸诈贪婪的逢蒙在周旋中吞下了仙药，飞入月宫，和后羿天各一方的故事。在教学设计的过程中，教师从品析人物形象入手，抓关键词句，创设情境，注重朗读指导，感受人物形象。体会三个人物的不同特点并用准确的词语概括对故事中人物的认识，对于高年级的学生来说比较简单。但高年级的学生不能仅仅感悟人物形象，更要在评判中形成自己的是非观，从而形成正确的价值观。可以让学生交流文中嫦娥、后羿、逢蒙三人中，你最喜欢谁、最佩服谁、最痛恨谁，并说明理由。第 5 自然段中“威逼”和“周旋”这两个词，充分体现了逢蒙和嫦娥的性格特点。这两个词有很大的发挥空间，在教学中教师让学生入情入境地展开合理的想象：逢蒙是怎样威逼嫦娥的？嫦娥又是怎样机智地与逢蒙周旋的？学生说得还是不错的。但是这样做使得大部分学生只能当听众。此时，如果再让学生结合内容表演复述，每个学生自己先练习，再复述，学生的学习积极性会更高。

【课堂重构】

（1）这个神话传说中的主人公是哪几位？（后羿、逢蒙、嫦娥）请大家默读课文，思考：你最喜欢谁？最佩服谁？最痛恨谁？为什么？从文中找到相关语句。

（2）交流。

① 后羿。

力大无穷：抓住“运足气力”“拉满神弓”“一口气射下了九个太阳”感受后羿的力大无穷。

为民造福：抓住“从今以后，你每天必须按时升起，按时落下，为民造福!”感受后羿运用自己力大无比的神力来为民造福。

② 嫦娥。

美丽善良：抓住“经常接济”“老百姓非常喜欢”感受嫦娥的心地善良。相机理解“接济”一词（财物上的资助）。想象嫦娥会如何接济老百姓。

舍己为人：抓住“让这样的人吃了长生不老药，不是要害更多的人吗?”感受嫦娥牺牲自我幸福生活的精神。相机区分“舍己为人”与“乐于助人”的意思。

机智勇敢：抓住“威逼”“周旋”感受其机智勇敢。

③ 逢蒙。

奸诈贪婪：抓住“假装”“手提”“迫不及待地闯”“威逼”“翻箱倒

柜”“四处搜寻”体会逢蒙的奸诈贪婪。

（3）嫦娥是怎样和逢蒙周旋的？请同学们想象一下当时的情景，同桌两人一组进行表演，注意将人物语言、动作、心里活动演出来。

（同桌合作表演，再指名学生表演）

嫦娥啊，你为什么要与逢蒙周旋呢？当周旋失败后，你又为何一口吞下仙药？

（4）嫦娥吃了仙药的结果是什么？

① 指导朗读。（语速要放慢）

②“飘飘悠悠”“碧蓝碧蓝”这些词很有特点，前者是 AABB，后者是 ABAB 形式的词，你能照样子说几个这样的词吗？

③ 你觉得这段话写得怎么样？美在哪儿？你能读出来吗？

（指名读，其他学生看插图）

④ 这一段写得这样美，可是嫦娥的心情呢？

（5）当嫦娥的身体轻起来了，飞出了自己温馨的家，飞离了和睦相处的乡亲们，她的心情会怎样呢？你能体会吗？而当后羿外出回来，不见了妻子嫦娥，他又是什么表现呢？嫦娥站在一棵桂树旁深情地凝望着后羿，后羿也深情地凝望着天上的嫦娥，他们有无数的话要向对方诉说：

后羿啊后羿，________________。

嫦娥啊嫦娥，________________。①

（6）《嫦娥奔月》的故事从远古走来，流传着多种版本。老师找了几种，请大家快速地读一读。（补充《嫦娥奔月》的多种版本）

① 比较、鉴别、讨论：你有什么发现？

② 李商隐有诗：“嫦娥应悔偷灵药，碧海青天夜夜心。”诗中描述的是怎样的嫦娥？

③ 故事中的嫦娥形象与我们书中的嫦娥形象不一样，你更喜欢哪个？为什么？

【课堂反思】

对于嫦娥的美丽善良，让学生说一说除了课文中提到的“经常接济生活贫苦的乡亲”外，还为大家做过什么，这样对嫦娥的善良就会有进一步

---

① 顾祝群．基于神话故事教学的文化课堂重构——以《嫦娥奔月》教学为例［J］．教学实践与研究，2016（29）．

的认识。对于逢蒙的“奸诈贪婪”，先让学生找一找，说一说“奸诈贪婪”表现在哪儿，学生基本都能从文中找出答案，再让学生进行补充想象表演：逢蒙和嫦娥周旋时，他们会怎么说？怎么做？学生根据自己的经验想象，有的语气模仿得很到位，还加上了动作。让学生想象善良的嫦娥奔向月亮的时候，后羿和嫦娥可能在想什么，又会说什么。学生充分想象，给课文的空白处进行补充，内化了人物形象。神话故事在发展流传中产生了很多的版本，不同版本之间人物形象有很大的差别。最后设计了不同版本之间的对比阅读，可以引导学生有新的发现，这对于高年级学生来说还是很有必要的。在发展学生比较阅读能力的同时，还让学生领略神话故事中人们对美好事物的追求与向往。

4. 教学策略简析

（1）联系生活理解词语，情境表演诠释人物特点

儿童用独有的诗性和个体的灵性感受世界，在想象中把周围世界纳入自己的世界。课堂上，学生联系生活理解“接济”，想象说话，留足时间精心补白，激活学生的思维与想象，同时深化对语言的感悟。为了更好地理解“周旋”，感受嫦娥的机智与逢蒙的奸诈，教师创设情境，让学生想象情境进行表演。而学生用生动的表演再现了嫦娥和逢蒙周旋的情景，通过表演诠释了人物的特点，在表演过程中理解了词语的意思，内化了人物的形象。学生对嫦娥与后羿不能相守感到惋惜，这也是《嫦娥奔月》这个神话故事的魅力之一。创设嫦娥与后羿天上人间的对话情景，让学生直抒胸臆。学生通过最形象的方式感受神话的神奇之处，从而激发阅读神话的兴趣。

（2）品析评价，在比较中体验情感

《嫦娥奔月》在塑造人物时采用了对比烘托的手法，以嫦娥、逢蒙为对比，刻画出一个善良、有情有义，同时又甘愿自我牺牲的嫦娥形象。在学习中引导学生读一读描写人物语言、动作、神态、心理的语句，体会文中三个人物的不同特点并用准确的词语概括对故事中人物的认识，交流三个主要人物中你最喜欢谁，最佩服谁，最痛恨谁，为什么。高年级的学生不能仅仅感悟到人物形象，更要在评判中形成自己的是非观，从而形成正确的价值观。

神话故事在发展流传中产生了很多的版本，不同版本之间人物形象有很大的差别。《嫦娥奔月》一文以鲜明的态度歌颂、赞美了嫦娥，与古文献

有关嫦娥的记载相比做了很多加工、修饰，使嫦娥的形象与月同美，使之符合人们对美的追求。因此，不同版本之间的对比阅读，可以引导学生有新的发现。

在了解了故事的情节、品味了细节后，引导学生揣摩作者创作这个故事的用意，并有效利用这一资源，再补充其他版本的传说。组织学生比较朗读、鉴别讨论：通过对李商隐诗中“偷”字的质疑，你更喜欢哪个嫦娥？为什么？在发展学生比较阅读能力的同时，引导学生领略对美好事物的追求与向往。

五、教学认识

神话传说类文本的阅读教学是小学语文教材中非常重要的一部分。现行小学语文教材从低年级开始，就安排了好几篇神话传说故事，神奇的人物形象、离奇的故事情节、大胆的夸张与想象等深深地吸引着学生。如此众多数量的神话入选小学语文教材，也充分说明了此类文本具有不可替代的积极意义，因而，研究神话传说类文本的教学很重要。

1. 从文本价值的角度看

神话作为反映万物起源、自然现象和人类对社会生活探寻的一种特殊形式的作品，在人们不断传承和发扬传统文化的过程中，经加工后逐渐成为一种独特的文学形式，它体现了早期人类丰富的想象力、民族文化的精神气质等。在小学语文教材中，神话传说类文本所占比例较大，有着独特的教学价值，它对儿童某些方面的发展起着重要的作用。神话传说类文本，不能等同于其他文本，更不能简单地以神话传说类文本作为载体进行道德伦理的教化。神话传说类文本教学要有自己独特的教学策略，形成独特的教学模式。在教学中如何抓住这类文本样式的特点，让学生拓展阅读空间，了解传统文化，提升语文能力，值得我们深思。

2. 从教师教学的角度看

（1）神话传说类文本教学现状

神话传说类文本有别于其他类别的文本，其独特的文体特征决定着教学侧重点也应表现出一定的独特性。但教学中神话传说类文本混同于其他类文本教学还是主流。

新课程改革以后，我们不难发现小学语文教材中明显增加了神话传说类文本，这类题材比较特殊的文本，学生爱读，教师爱教，但教学中仍存在着一些问题：

① 当前神话传说类文本教学中，教师常常只体现了它是一个阅读文本，而没有从神话传说类文本的实际特点出发，把这类文本等同于其他普通题材的文本教学，只关注了文本的共性教学价值，而缺少关注神话传说文体特有的教学价值。

② 教师过多地进行内容分析，深入挖掘主题，而忽略了理解文本内涵和训练语言运用。教学过程中突出了神话传说故事中的人物、内容、蕴含的道理或是启示等，而忽视了此类文本本身蕴含的神奇想象，把“神奇”忘得一干二净。一些教师在课堂上所提问题大部分都是围绕内容、情节、内涵等方面的，很少从“形式”入手，探究“内涵”是如何通过“语言”来承载或表达的。其实，神话传说类文本的意义不仅在承载、传达的内容和情节，更在语文本身，也就是引导学生揣摩课文是如何表达的，从而懂得如何运用语言，进一步掌握渗透着思想感情的、生动活泼的语言文字。

③ 教师重视情节分析和情景再现，缺乏想象力培养和“趣味性”的品位。教师把教学的重点落在分析故事的起因、经过、结果上，关注了情节脉络与情景再现，而对于神话故事丰富想象的挖掘和学生想象力的培养没有着力研究和体现。如一位老师谈盘古开天辟地的过程，在讲天地未开时的混沌状态，突然有学生问：哪里来的斧子？教师没有引导学生理解神话传说类文本可以大胆想象、情节夸张的特点，而一味追寻斧子的来历，这显然没懂得神话传说类故事具有不同于其他文体的特点，对神话形成过程中的重要作用也不清楚，这样就与神话传说类文本教学的目的有了分歧。所以，教学此类文本时减少一些分析的元素，帮助学生插上想象的翅膀，和学生共同沉浸于想象的海洋，才是语文教师应有的教学神话传说类文本的态度。

（2）神话传说类文本教学策略

在现阶段的神话传说类文本教学过程中，大多数语文教师在课堂上还是只运用和强调了语文的工具性特点，忽略了工具性和人文性的统一。针对上述神话传说类文本教学中存在的一些问题，提出如下教学建议：

① 朗读促感悟，感知人物形象。神话传说类文本中的人物都是英雄，具有极强的精神感召力。每个故事里都有一个或几个形象鲜明的人物，而

这些形象都是正义的化身。我们可以抓住重点词句，反复朗读，在读中感悟神话夸张的语言，感悟英雄人物的形象，让“神”的力量转化为英雄形象，永驻学生心间。

② 抓空白、续结尾，激发丰富想象。儿童的想象天马行空，在他们眼中，世间万物都是有生命、有意识的，而神话传说正好符合儿童的想象，因此可以通过神话传说类课文教学培养学生的想象力，激发学生的思维，体会神话传说的神奇。

仔细阅读神话传说类课文，我们会发现，神话故事想象十分丰富，但往往语言简洁、通俗易懂，文中有很大的想象空间。如果能找准并用好这些“空白点”，不仅能激发学生的想象思维，而且学生在言语实践过程中，语言素养会得到大幅度的提升。可借助教材“空白点”引领学生发挥其想象，锻炼学生的说话、写话能力，进行情境再现与信息交换等训练，使课堂教学开放而活跃。

在神话传说类课文教学过程中，可以根据故事具体的情景，引导学生展开想象，为一些神话故事创作不一样的结局。比如《普罗米修斯盗火》一课的最后，普罗米修斯被释放并最终获得了自由。这样的结尾留给我们很多的想象。可以设计一个问题：普罗米修斯获得自由后，宙斯还会继续惩罚他吗？希腊大英雄赫刺克勒斯救了普罗米修斯，他会不会被宙斯抓去而受到惩罚？其他众神对此又有怎样的想法？这样续写结尾，既可以激发学生的想象，又可以训练学生的语言表达能力。

③ 抓文脉、关键词，学习复述故事。神话传说是人们一代一代口耳相传流传下来的故事，故事性很强。学生天生爱听故事，爱讲故事。而讲故事也是神话故事教学最好的策略。我们发现小学语文教材中的神话传说类文章课后都有“复述课文”的练习。如何在神话传说类文本教学中培养学生的复述能力呢？首先，课堂上可以先帮助学生理清文章的脉络，理出几个关键词，给学生一条讲述故事的绳索，让其能够顺着故事思路进行复述，这样学生就能在复述故事的过程中内化故事内容，感悟神话故事的神奇和合理，同时也发展学生的语言表达能力，可谓一举多得。其次，也可以教给学生一些方法，如列小标题法、抓关键词连贯法、按起因—经过—结果的顺序叙述法等，做到方法的指导在课内、结果的呈现在课内。久而久之，学生的复述能力就会得到提高，课后复述课文的学习要求也就能得到落实。

（4）延伸拓展阅读，领略神话魅力

教材是个“例子”，给学生传递的信息是有限的，但知识是无限的。“用教材教”的教学理念指引教师要引导学生把课堂上学到的方法，运用到课外阅读等语文实践中去。例如，以一篇神话传说的学习为契机，引领学生进入神话世界，领略中华民族优秀传统文化的博大精深。在教学过程中，要以教材中的“课文”为引子，带动学生多阅读其他类似的文章。教师也可以将相同类型的神话进行归类，这样可以让学生清晰地认识到神话的主题类型，让学生根据自己的喜好自由选择阅读，受到更多传统文化的熏陶和感染，激发更高的阅读热情，进一步领略神话的魅力。

3. 从学生发展的角度看

神话传说类文本，以其简练的语言、鲜明的人物形象、曲折的情节成为发展学生核心能力、铸造学生核心素养的重要资源。

（1）品析词句，培养学生敏锐的语感

词句是语言表情达意的基本要素。在神话传说教学中，教师基于文本的语言表达特色，引导学生品析词句，感受语言文字的魅力。比如在教学《开天辟地》一文时，教师首先引导学生反复品读“轻而清的东西，缓缓上升，变成了天；重而浊的东西，渐渐下降，变成了地”这一片段，启发学生发现这句话的表达特点。经过思考品析，学生发现两句话意思相对、字数相等，读起来很有节奏感。接着，引导学生进行词语替换，将“渐渐”替换成“缓缓”，让他们说说自己体会到什么。这样，在析字酌句中学生体会到盘古开天辟地的艰辛以及他无私献身的精神。总之，在神话传说教学中，教师要瞄准语用点，通过各种策略品析词句，让学生在发现中有所感悟，逐步培养学生敏锐的语感。

（2）复述故事，训练语言的表达能力

神话传说多以口头形式，经过长期的发酵、增补和交互影响而形成，因此，口头性是其最典型的语言特征。在神话传说教学中，只有让学生复述出来，才能体现神话传说语言的口头性这一特征。学生复述故事的过程就是把自己置身于神话传说情境中感受、理解故事的过程，不仅能提高学生的口头表达能力，增强记忆，还能帮助学生丰富自己的语言积累，提高阅读和写话能力，是学生语文学习能力的内容之一，更是训练学生语言表达能力的有效途径。

（3）想象补充，提升想象思维能力

神话传说故事情节奇特，结构离奇怪异，人物形象鲜明独特，这是神话传说类课文有别于其他文体的特征，也是小学生最感兴趣的地方。神话传说教学可以提高学生的阅读兴趣，利用故事的空白处让学生展开想象，激发他们的创造力和想象力，使他们对知识产生求知欲望，从而获取和整合新的知识，提升学生的想象思维能力。

（4）体验鉴赏，培养审美创造能力

审美能力是语文素养的重要内容，作为母语教育，培养学生良好的言语能力的同时，不能忽视学生审美能力的培养。神话传说类故事具有天然的审美价值，是重要的审美教育资源。神话传说类故事的人物原型往往都是英雄人物，具有崇高的道德感。在神话传说的世界里，无论是"万物有灵"的幼稚，还是死而复生的"幻思"，无论是对"神灵主宰"的敬畏，还是对"英雄救世"的颂扬，无论是对自然万物的"人化"，还是对人类自身的"物化"，都能给儿童创造无限的审美空间，让儿童获得美的启迪。借助神话传说类故事向学生施加英雄形象的影响，就会在鉴赏英雄人物品格中达到陶冶性情、塑造心灵的目的。这样学生对英雄人物就会有种莫名的崇拜与敬畏，从小心中就有了英雄的形象，也逐渐培养了学生鉴赏与创造的能力。

第二节　小说类文本

小说，是一种以塑造人物形象为中心，借助完整的故事情节，结合具体的环境描写，反映社会生活的文学体裁。作为一种叙事性比较强的题材，小说具有很高的文学价值和艺术魅力。小说因其独具个性的人物形象、一波三折的故事情节，以及生动逼真的环境描写而备受学生的喜爱，对学生人格塑造和阅读能力的培养都有积极的意义。

选入教材的小说大致可以分为两类：一类是节选或改编自中国古典文学的小说，如部编本的《草船借箭》《景阳冈》《猴王出世》《红楼春趣》，以及苏教版的《三顾茅庐》《林冲棒打洪教头》等，这类小说通常以中国古典名著为基础，通过曲折生动的故事情节、栩栩如生的人物形象、生动细腻的语言描写，让学生感受古典名著的魅力。另一类则是单独成篇的小小说，如苏教版的《船长》和《爱之链》，这一类小说，往往短小精悍，结构精巧，寥寥数百字就能刻画典型的人物形象，揭示深刻的人生道理。

一、文体特征

纵观各个版本的小学语文教材，小说在每一册教材中所占比例不是很大，主要集中在中高年段，且大多都经过了故事化的改编。但是万变不离其宗，小说所具备的基本特征仍然被保留了下来。

1. 故事的虚构性

阿·托尔斯泰说："没有虚构，就不能进行写作。整个文学都是虚构出来的。"① 小说是叙事性文学，而叙事性文学是用话语来虚构艺术世界的，它的本质特征就是虚构。

例如家喻户晓的《三国演义》，就多处用到了虚构的手法，而这手法大多用在了诸葛亮、关羽、曹操三人身上。部编本《草船借箭》一文，本身就是虚构的，是罗贯中在史实的基础上进行的艺术化处理，旨在突出诸葛亮的英雄主义色彩，也正是这种虚构性成就了诸葛亮的传奇色彩。而这种英雄主义、传奇经历也是吸引学生阅读《三国演义》的主要原因之一。

2. 人物的典型性

一部小说的成功，往往是因为塑造了一个个鲜明的人物形象，因此，小说所刻画的人物，被称为"典型形象"或"典型人物"。就如我们所熟知的《三国演义》中，关羽是名将，诸葛亮是贤相，曹操是奸雄，他们就是小说中的典型形象，具有代表性和象征性。

而编进教材的小说，大都是中外名家的短篇或片段，因篇幅的限制，所描写的人物往往更加高度典型化。例如人教版《凤辣子初见林黛玉》一文中，几句话就将王熙凤的人物形象展现得淋漓尽致。首先，她的出场方式就与众不同，未见其人，先闻其声："我来迟了，不曾迎接远客"，紧随其后的是作者对王熙凤的肖像描写和王熙凤对林黛玉说的一席话，这些都是对王熙凤的正面描写。而林黛玉和贾母对王熙凤的看法与评价，则从侧面入手，与那些正面描写相辅相成，共同刻画了王熙凤的性格特征。至此，

---

① 阿·托尔斯泰. 论文学［M］. 北京：人民文学出版社，1980：252.

王熙凤张扬泼辣、阿谀奉承、见风使舵的形象就跃然纸上了。

3. 情节的跌宕性

小说主要是通过故事情节来展现人物性格、表现中心主题的，小说的情节一般可以分为开端、发展、高潮、结局四个部分。一篇好的小说，故事情节必定一波三折，扣人心弦，而矛盾冲突就是造成情节起伏的关键所在。

以部编本的《桥》为例，文中就交织着多个矛盾，跌宕起伏，扣人心弦。在短短五百一十二字的篇幅内，作者竟也能做到"尺水兴波"，纵观整篇小说，可谓是"一波五折"：遭遇洪水后，人们惊慌失措，奔向救命的木桥，就在大家争先恐后打算渡桥的生死存亡之际，老汉出现了，他的出现，给大家带来了生的希望，这是第一折；有党员不愿意遵循老汉的命令，与他产生争执，老汉予以回击和斥责，这是第二折；一个"小伙子"意图"插队"，被老汉愤怒制止，并赶到队伍后面，这是第三折；最后，当只剩下老汉和"小伙子"时，他们俩竟然相互推让，结果都被洪水吞没，这是第四折；洪水退却后，一个老太太来这里祭奠丈夫和儿子，故事到这里就戛然而止了，人们这才恍然大悟，"老汉"和"小伙子"竟是一对父子，这是第五折。整个情节设计，让人出乎意料，却又在情理之中，起到了震撼人心的艺术效果，小说的魅力在这"一波五折"的情节中得以彰显。

跌宕起伏的情节背后，往往是作家的匠心独运，教师在教学过程中，如果能够扣住这些重要的情节来组织教学，就容易由表及里，触及小说的灵魂。

4. 环境的精妙性

环境描写是对人物所处的具体的社会环境和自然环境的描写，一般来说，小说中的环境描写是为交代背景、衬托人物、发展情节、渲染气氛服务的。如苏教版六年级上册《爱之链》一文中写道："在一条乡间路上，乔伊开着那辆破汽车慢慢地颠簸着往前走……"破公路、破汽车、破天气，这些因素加在一起，自然而然地引出了乔伊的"破心情"，这看似无意的环境描写，其实都是作者的精心铺垫。

《船长》一文中的环境描写同样发人深思。第 2 自然段中写道："薄雾笼罩着大海。突然，沉沉夜雾中冒出一个阴森森的往前翘起的船头。"这"薄雾"和"沉沉夜雾"奠定了全文的基调，就像恐怖电影一样，预示着将要发生的灾难。而第29自然段中“人们透过阴森可怖的薄雾，凝视着这尊黑色的雕像徐徐沉入大海”这句环境描写，与前文相呼应，恰如其分地渲染了故事的惊险氛围，同时进一步烘托出哈尔威船长悲壮高大的人物形象。

一部小说中，环境描写或许只有寥寥数语，但这只言片语，却往往暗藏天机，意味无穷，须得细细品味。

二、学段要求

从课程标准的设计中，可以非常明显地看出，小学阶段的语文课程标准，对特定的文体“小说”，并没有提出明确具体的“目标要求”，而是把它归纳到“叙事性作品”的教学目标中。

1. 第一学段（1—2年级）

“阅读浅近的童话、寓言、故事，向往美好的情境，关心自然和生命，对感兴趣的人物和事件有自己的感受和想法，并乐于与人交流。”此学段教材中并没有出现小说类文本，但不代表教师可以忽略小说这一特殊的文体。小学一二年级的学生思维活跃，好奇心强，可塑性也强，正是培养阅读兴趣、养成良好阅读习惯的好时期。小说相对其他文本而言，更能吸引低年级学生的阅读兴趣，因此，低年段小说教学应把重点放在培养学生阅读小说类文本的兴趣上，让他们喜欢阅读小说，在感受阅读乐趣的同时，积极与同伴分享交流。

2. 第二学段（3—4年级）

“能复述叙事性作品的大意，初步感受作品中生动的形象和优美的语言，关心作品中人物的命运和喜怒哀乐，与他人交流自己的阅读感受。”此学段教材中逐渐出现了小说类文本，但主题相对明显，情节相对简单，教师可以把重点放在以下两方面：一是整体把握小说情节，概括小说的主要内容，并复述；二是抓住人物的语言、动作、神态等具体的细节描写，感受典型人物形象。

3. 第三学段（5—6年级）

“阅读叙事性作品，了解事件梗概，能简单描述自己印象最深的场景、人物、细节，说出自己的喜爱、憎恶、崇敬、向往、同情等感受。”高年段的小说教学则具有更高的要求：首先，五六年级的小说类文本，往往构思精巧，耐人寻味，因此要求学生在把握小说情节的基础上，还要进一步体会作者在情节构思上的特点。其次，此学段的小说类文本，主题相对深刻，典型人物形象突出，教师在教学中可以引导学生多角度、多层面地感悟小说的主题，并通过分析、交流准确把握小说中的典型人物形象，体会作者描写人物时的方法及作用。再者，环境描写同样是小说类文本的重要组成之一，体会文中环境描写对人物、情节或主题的作用，能够加深学生对此类文本的理解和思考。

三、学情把脉

从小学生的阅读来看，小说是他们喜爱的一种文体，学生喜欢看小说，但又厌恶学习小说，形成了一种“喜看厌学”现象。这其中的缘由也不难理解：小说的特点是虚构性、情节性，这就要求学生必须具备一定的思维能力、想象能力和理解能力，这样才能更好地走进小说，感受精彩的故事情节，品味鲜明的人物个性，进而领悟小说主题。

而第一学段的学生，认知水平还处于启蒙阶段，尚未形成完整的知识体系，但他们对事物有着强烈的好奇心和求知欲；第二学段的学生，虽然具有了比较强的自行探究能力，在理解、思维和语言表达方面也有了较大的提高，但显然还不够成熟，只能对小说类文本进行初探而无法深入研究、领悟。而第三学段的学生，通过之前的学习与积累，他们对小说类文本的特征已经有了基本的认识，并初步掌握了学习小说类文本的方法，这也是小学语文教材中小说类文本主要集中在第三学段的原因之一。

由此可见，小学阶段的小说教学，还是要立足于小学生的年龄特征和认知水平，教师要多探究课标，关注学科核心素养，循序渐进，重在引导，激发兴趣和思维。

四、课例分析

（一）《三顾茅庐》（第二学段）

1. 教学文本呈现

三顾茅庐（第2—3自然段）

冬去春来，刘备决定第三次到隆中去，可是他的结拜兄弟关羽和张飞都不同意。张飞嚷道：“这次用不着大哥亲自去。他如果不来，我只要用一根麻绳就把他捆来了！”刘备生气地说：“你一点儿也不懂尊重人才，这次你就不要去了！”张飞答应不再无礼，兄弟三人才一起上路。

他们来到隆中，只见那里的山冈蜿蜒起伏，好像一条等待时机腾飞的卧龙。冈前几片松林疏疏朗朗，潺潺的溪流清澈见底，茂密的竹林青翠欲滴，景色秀丽宜人。离诸葛亮的住处还有半里多路，刘备就下马步行。到了诸葛亮的家，刘备上前轻轻敲门。出来开门的童子告诉刘备，诸葛先生正在草堂午睡。刘备让童子不要惊醒先生，吩咐关羽、张飞在门口休息，自己轻轻地走进去，恭恭敬敬地站在草堂的台阶下等候。等了半晌工夫，诸葛亮翻了一个身，又朝里睡着了。又等了一个时辰，诸葛亮才悠然醒来。刘备快步走进草堂，同诸葛亮见面。

2. 教学目标预设

（1）通过研读人物言行，感受刘备的诚心诚意，体会他尊重人才、求贤若渴的品质。

（2）初步学习本文运用多种手法刻画人物的方法，引导学生感受《三国演义》语言文字的魅力，激发学生阅读文学名著的兴趣。

3. 教学片段设计

【课堂试教】

师：那么刘备的心到底有多诚，意到底有多真？请大家默读课文的第2、3自然段，找找相关语句，写写批注。

师：我们先来看一下第2自然段，谁能读一下？

（学生读）

师：你从哪里体会到刘备的诚心诚意了？

生：我从“刘备生气地对张飞说”这里体会出他的诚心，因为张飞是他的结拜兄弟，他却因为张飞的一句话就生气了。

师：你分析得很到位，抓住了人物之间的关系体会出刘备的诚心诚意。谁还想来说说这句话？

生：我从刘备的话中体会出他的诚心了，他责备张飞不懂得尊重人才，还不让他一起去拜访诸葛亮。

师：你能读出诸葛亮的生气吗？

（学生朗读）

师：同桌分角色来读读他们二人的这段对话，你脑中出现了怎样的张飞？

生：我从“嚷”这个词看出张飞是个冲动的人，他觉得诸葛亮是普通人，不值得刘备一而再再而三地去拜访。

师：你可真是张飞的知音。《三国演义》中张飞的原话是“量一村夫，何必哥哥自去，使人唤来便了”。可见，诸葛亮在他心中不值一提，怪不得刘备气他——

生：不懂尊重人才。

师：交流继续。

生：我觉得他是个鲁莽、粗暴的人。因为他说要用麻绳把诸葛亮捆来。

师：你能嚷着读出张飞的粗暴吗？试试。

（学生朗读）

师：分角色读一读，老师读提示语。

（学生朗读）

【课堂诊断】

在教学第 2 自然段时，教师一直紧扣“诚心诚意”一词展开教学：首先，抓住张飞与刘备的对话引领学生探究，由关键词“嚷”和“捆”，学生不难体会到张飞暴躁的性格，与刘备求贤若渴的态度形成了鲜明的对比。其次，通过不同形式的朗读，加深学生对二人形象的认识。然而，在教学过程中，学生的朗读非常平淡，没有味道，究其原因，是学生对刘备、张飞的认识不够深入，而且教师没有进行一定的阅读指导。另外，本文运用了多种手法刻画人物，如第 2 自然段的侧面描写和对比的手法，在此片段教学中没有得到很好的体现。

【课堂重构】

师：那么刘备的心到底有多诚，意到底有多真？请大家默读课文的第 2、3 自然段，找找相关语句，写写批注。

师：我们先来看一下第 2 自然段，谁能读一下？

（学生读）

师：你从哪里体会到刘备的诚心诚意了？

生：我从“生气”一词体会到的，张飞是刘备的结拜兄弟，他们手足情深、同生共死，现在刘备竟然为了诸葛亮责怪张飞。

师：一句斥责之言，我们听出的是刘备对人才的渴求与尊重啊！

生：我还从刘备说的话中感受到他的诚心了，他不但责备张飞不懂得尊重人才，还不让他一起去拜访诸葛亮。

师：你能读出刘备的生气吗？

（学生朗读）

师：刘备为何生张飞的气呢？

（学生朗读“张飞嚷道：‘这次用不着大哥亲自去。他如果不来，我只要用一根麻绳就把他捆来了！’”）

师：大家看这个“嚷”字，藏着三个口，你觉得该怎么读？

生：要大声喊出来。

师：那请你嚷一嚷。

（学生朗读）

师：你脑中出现了怎样的张飞？

生1：冲动、鲁莽的张飞，因为他说要用麻绳把诸葛亮捆来。

生2：我感受到了一个脾气暴躁、不懂得尊重人才的张飞，他觉得诸葛亮是一介布衣，不值得刘备一再拜访。

师：你可真是张飞的知音。《三国演义》中张飞的原话是“量一村夫，何必哥哥自去，使人唤来便了”。可见，诸葛亮在他心中不值一提，怪不得刘备气他——

生：不懂尊重人才。

师：难怪大家都叫他“莽张飞”呢！你能嚷着读出张飞的粗暴吗？试试。

（学生朗读）

师：人物的语言、动作要细细品味。透过这个“嚷”字，你感受到张飞说话时的心情了吗？

生：他很生气、很不满。

师：那他生气、不满什么呢？

生：不满刘备去拜访了诸葛亮两次都没见到。

师：是呀，他肯定是想到了第一、第二次去隆中的情景了。（出示原著中的相关句子）

师：第一次，他们前去拜访，结果童子说（引读）——

生：“先生今早少出，踪迹不定，归期亦不定。”

师：第二次，他们冒雪前去，结果诸葛亮的弟弟说（引读）——

生：“先生出外闲游，往来莫测，不知去所。”

师：你说气人不气人！张飞的反应就是我们此时此刻的感受，让我们通过朗读表达出不满吧！

（男生齐读）

师：可是刘备是什么反应？

生：非但没有不满，还斥责了张飞。

师：可见，刘备是诚心诚意请诸葛亮出山的。像这样通过描写张飞的言行来衬托主人公刘备的形象的描写方法，我们称作“侧面描写”。

【课堂反思】

《三顾茅庐》选自经典名著《三国演义》，文中的故事情节生动，人物形象鲜明，深受学生喜爱。全文记叙了刘备三顾茅庐，诚心诚意请诸葛亮出山，辅佐他完成统一国家大业的故事，赞扬了刘备求贤若渴、礼贤下士的品格。全文通过对刘备语言、行动的刻画描写，与张飞莽撞、无礼的对比和环境的衬托，表现了刘备请诸葛亮出山的诚心诚意。

在教学中，教师牢牢抓住“刘备诚心诚意请诸葛亮出山”这条主线展开，让学生仔细研读相关人物的动作、语言、神态等方面的语句，力求引导学生通过具体的语言文字来感悟人物的形象，使人物形象在学生头脑中鲜活起来。

在教学第2自然段时，教师让学生分角色读张飞与刘备的对话，以刘备“生气”为切入点，引出张飞的“嚷”，两句对话，一段对比，为刘备“诚心诚意”地拜访诸葛亮做了铺垫。同时，为了更加深入地了解人物形象，还在教学中适时、适量地引入原著中三人前两次拜访诸葛亮的描写，这样既增加了教学的情趣，又升华了人物的形象，还领略到古典名著的精彩，从而激发出学生阅读原著的兴趣，让学生明白“更美妙的文字在名著的里边”，从而真正实现“以课文带名著”的大量阅读。

4. 教学策略简析

（1）抓住人物言行，品味人物个性

本文是一篇小说，文中人物的特点都体现在他们的一言一行之中，因此，教师把教学的重点放在“抓人物言行，品人物个性”上。为感受刘备的形象，教师带领学生朗读刘备、张飞的对话，从“生气”，“你就不要去了”中，学生不难看出为了诸葛亮，刘备对自己的结拜兄弟都动了火，足以说明他的“诚心”。在交流张飞形象时，学生一下子抓住了“嚷”“捆”两个关键字，一个鲁莽、草率的“莽张飞”就跃然纸上了。通过这两个人物的对比，学生更进一步感受到刘备对人才的尊重。此时，恰好引出课文中侧面描写的写作手法，以张飞的鲁莽衬托刘备的诚心，为引出下文对刘备的正面描写做了铺垫。

（2）紧扣关键词语，指导有效朗读

在体会人物个性的过程中，朗读是必不可少的。没有反复的阅读，没有入情入境的朗读，文章就不能走进学生内心。因此，在指导朗读过程中，教师从“嚷”的字形入手，引导学生发现“嚷”中有三个“口”，从而理解“嚷”是“大声地说”的意思。接着让学生说说张飞“嚷”时的心情，学生大多能体会到他生气、不满等情绪，再相机补充一顾、二顾茅庐时的场景，增强学生的感受，真正让学生走进张飞的心灵深处，再读时，自然地“嚷”出心中的不满。

（二）《爱之链》（第三学段）

1. 教学文本呈现

爱之链（节选）

在一条乡间公路上，乔依开着那辆破汽车慢慢地颠簸着往前走。已是黄昏了，伴随着寒风，雪花纷纷扬扬地飘落下来。飞舞的雪花钻进破旧的汽车，他不禁打了几个寒战。这条路上几乎看不见汽车，更没有人影。乔依工作的工厂在前不久倒闭了，他的心里很是凄凉。

…………

餐馆里面十分破旧，光线昏暗。店主是一位年轻的女人，她热情地送上一条雪白的毛巾，让老妇人擦干头发上的雪水。老妇人感到心里很舒服。她发现这位女店主的脸上虽然带着甜甜的微笑，可掩盖不住她极度的疲劳。更重要的是，她怀孕至少8个月了。尽管如此，她还是忙来忙去地为老妇人端茶送饭。老妇人突然想起了乔依。

…………

她关上店门，走进里屋，发现丈夫不知什么时候已经倒在床上睡着了。她不忍心叫醒他。他为了找工作，已经快急疯了。她轻轻地亲吻着丈夫那粗糙的脸颊，喃喃地说：“一切都会好起来的，亲爱的，乔依……”

2. **教学目标预设**

（1）品味两处环境描写，体会其对于塑造人物的作用。

（2）迁移运用，展开想象，以“清晨，乔伊醒来……”开头补一段环境描写。

3. **教学片段设计**

【课堂试教】

师：同学们，环境描写是小说的三大要素之一，《爱之链》这篇小说一开始就交代了乔依所处的环境，请你读一读。

（学生朗读第 1 自然段）

师：作者描写了一条乡间公路，这条小路给你什么样的感受？

生 1：荒凉，一个人都没有。

生 2：我感觉很凄凉！

师：你能读出凄凉的感觉吗？

（学生朗读）

师：作者写了哪些景物来表现这凄凉的场景？

生：写了黄昏、寒风、雪花、破旧的汽车……

师：你们知道为什么要选择这些景物吗？

生 1：是为了突出主人公乔依的凄凉。

生 2：为下文写乔依家境贫困做了铺垫。

生 3：为了衬托乔依失业后的穷困和凄凉。

师：说得真好，这就叫环境衬托，凄凉的环境衬托出乔依凄凉的心境。

师：小说的第二处环境描写在第 10 自然段，只有一句话，谁来读一读？这句话又给你什么样的感受？

生：我觉得他们家很穷，连灯光都是暗的。

师：昏暗的光线，破旧的餐馆，正是这样的环境，衬托出女店主家境的贫寒。还有谁再来说一说？

生：我认为餐馆的环境描写和前面乡间公路的环境描写类似，都是用凄凉的环境衬托乔依一家生活的艰苦。

师：活学活用，前后联系，真不错！

师：其实，课文还藏着第三处环境描写，你们知道在哪里吗？

生：餐馆的里屋。

师：作者却省略了里屋的环境描写，如果要补写一段环境描写，你认为应该怎么写？同桌讨论一下。

师：现在，请你写一段符合人物心情的环境描写，以“清晨，乔伊醒来……”开头，要用上这一句“一切都会好起来的”。

【课堂诊断】

《爱之链》结尾处的“一切都会好起来的”是全文的重点，在这一片段教学中，教师也牢牢地把握住了这个关键的写作点，在理解环境描写的基础上，对学生提出了续写要求，一方面是提醒学生仿照课文构思，续写内容想象要合理，与故事能衔接起来，另一方面也是为了检验学生是否真正领会了文章的主旨，把握了文章的写作特点。从续写情况来看，大部分学生虽然理解了环境描写的作用，但是理解与表达还是有一定差距的，主要表现为：① 描写的事物虽多，但没有代表性。比如，有些同学写得非常细致，写了里屋桌子上的摆设或是地上堆放的东西，这看似具体的描写，实则对表现中心毫无意义。② 续写的中心应该是“一切都会好起来的”，说明乔依夫妇二人对未来是充满希望的，而部分同学把注意力放在了里屋的破败和生活的贫困上，偏离了主题。细细想来，是教师的引领不够，虽然学生凭借过往经验体会到环境描写的特点和作用，但仅仅是蜻蜓点水，文本的深度没有被挖掘出来，需要再进行一番润物细无声的点拨。

【课堂重构】

师：同学们，环境描写是小说的三大要素之一，《爱之链》这篇小说一开始就交代了乔依所处的环境，请你读一读。

（学生朗读第 1 自然段）

师：这里写的环境是乡间公路。作者用一个词概括了这个环境——

生：凄凉！

师：作者写了哪些景物来表现凄凉？具体说一说。

生：作者写了寒风和雪花，让人感到当时的天气很冷。

师：风雪交加的黄昏，真是凄凉。请你读读这句话。

生 1：（朗读）“已是黄昏了……飘落下来。”

生 2：还有一辆破旧的汽车……

师：破旧的汽车，什么感觉？

生：我从“破旧”一词知道乔依很穷，没钱买新汽车。

师：读好这句话。

生：（朗读）“飞舞的雪花……几个寒战。”

师：还有吗？

生：我还知道这是一条乡间小路。

师：什么样的乡间小路？

生：我从“颠簸”一词看出来这应该是一条很破的、坑坑洼洼的小路。

师：你的关键词抓得非常准，带着感悟读读这句话。

生：（朗读）“在一条乡间公路上……往前走。”

师：请你们来读一读第1自然段，看谁能将这份凄凉的感觉读出来。

（学生朗读）

师：语速要慢，再试一次。

（学生语气低沉、缓慢地朗读）

师：真有“千山鸟飞绝，万径人踪灭”的感觉。本文为什么要描写这些景物呢？

生：是为了突出主人公乔依的凄凉。

师：是呀，除了此时的环境是凄凉的，还有什么也是凄凉的？

生：乔依的心境。（板书：心境）

师：从全文来看呢，这一环境描写又有什么作用？

生1：为下文写乔依家境贫困做了铺垫。

生2：虽然天气冷，环境凄凉，但是没有冷却乔依助人的热情，这里用了对比。

生3：为了衬托乔依失业后的穷困和凄凉。

师：说得真好，这就叫环境衬托，凄凉的环境衬托出乔依凄凉的心境。谁来把这种凄凉的感受传递给大家？

（学生朗读）

师：环境的寒冷和心灵的忧愁使乔依倍感凄凉。小说的第二处环境描写在第10自然段，只有一句话，谁来读一读？这句话给你什么样的感受？

生：还是凄凉的感觉，让人一读就知道餐馆很破旧，他们家很穷。

师：昏暗的光线，破旧的餐馆，正是这样的环境，衬托出女店主家境的贫寒。还有谁再来说一说？

生：我觉得餐馆虽然破，但女店主却很热情，看得出来她是一个对生活抱有希望的人。

师：破旧的餐馆和热情的女主人，多么强烈的对比！

生：我认为餐馆的环境描写和前面乡间公路的环境描写类似，都是用凄凉的环境衬托乔依一家生活的艰苦，不过在这凄凉之下，藏着他们对别人的热情与爱心。

师：老师忍不住为你的感悟点赞！

师：其实，课文还藏着第三处环境描写，你们知道在哪里吗？

生：餐馆的里屋。

师：作者却省略了里屋的环境描写，如果要补写一段环境描写，你觉得可以怎么写？同桌讨论一下。

（根据学生讨论总结：破旧的桌椅、褪色的窗帘、单薄的被褥……）

师：老师发现，你们选取的景物都是破败的，和前文的寒风、飞雪有异曲同工之妙，有人有不同想法吗？

生：我觉得可以写一写初升的太阳。

师：哦，你的想法与众不同，说说理由呢？

生：因为小说结尾说“一切都会好起来的”，说明还是充满希望的，而太阳就代表生机和希望。

师：你是一个思维活跃的孩子！还可以写哪些景物，来体现“一切都会好起来”？

生1：可以写窗外的景色，冰雪正在融化。

生2：可以写温暖的烛光。

师：你们说的都不错，那接下来，就请你们细细体会人物的心情，以“清晨，乔伊醒来……”开头写一段环境描写，并用上“一切都会好起来的”这句话。

【课堂反思】

《爱之链》是一篇浅显易懂又富有教育意义的小说，通过乔依夫妇和老妇人之间互助互爱的感人事迹，告诉我们：当别人需要帮助的时候，应该伸出援助之手。

本文的写作特色是大量运用细节描写和环境描写衬托人物心情，刻画人物形象，使文章生动、具体、感人。因此，在教学本片段时，教师逐步分析文中的两处环境描写，并相机渗透环境描写的作用，最后的读写训练，教师让学生模仿第 1 自然段的环境描写方法，以“清晨，当乔依醒来……”为开头，写一段环境描写，来暗示“一切都会好起来的”，并提示学生想一想，在这个破旧的里屋里，除了写破败的事物，还可以写一些美好的景物，如阳光、旭日、烛光等，甚至是那张写着老妇人留言的餐巾纸。这种利用文中的写作方法有针对性的练习，成效是明显的，整个教学井然有序、浑然一体，学生也获益匪浅。

4. 教学策略简析

（1）品读特定环境，感悟人物心境

小说类文本的环境描写，往往具有渲染气氛、营造情境、暗示象征等多重作用，其深意不容忽略。教学中，教师应引导学生重点分析和品味描写乡村公路和餐馆环境的语句，在教师的巧妙点拨下，学生不难发现环境描写具有衬托人物心境、凸显主题的作用，也能逐步领悟到环境与情意之间的契合关系，即特定的环境表达特定的情意，为下文第三处环境描写的补白打下了基础。

（2）借鉴前文写法，补白环境描写

《爱之链》的结尾处写道：“一切都会好起来的，亲爱的，乔依……”给读者制造了一种“意犹未尽”的想象空间。教师可以引导学生借鉴前文的写法，根据结尾处的情感基调，选择合适的景物，进行恰当的环境描写，这样既锻炼了学生的语言表达能力，又加深了他们对小说主题的领悟。从课堂呈现来看，学生的环境描写很精彩：同学们或用简陋的家具、褪色的窗帘衬托生活的贫困，或用清晨初升的太阳暗示“一切都会好起来的”，或用冰雪融化象征乔依一家的热情温暖。这种有效的读写训练，不仅能引领学生走进文本，感悟语言的内涵和形式，还能引领学生走出文本，扎扎实实地演练，学会表达的技巧。整个过程，学生既学以致用，练了笔，又再次深刻感悟了文本的内涵，真是浑然天成，一举多得！

五、教学认识

小说作品中具有的极高的艺术价值和丰富的文化韵味是其他文体所不能取代的。因此，小说类文本在语文教材中虽所占比例不大，但也有着重要的意义，尤其是在中高年级。

1. 从教学价值的角度看

（1）彰显教学价值

小说作为一种独特的文学表现形式，以其巧妙的构思、生动的情节、深刻的主题、细致的描写打动了无数人。著名的教育学家叶圣陶曾经指出：教材无非就是个例子。教材的价值，是为学生提供一个研读感知的平台，因此，我们将教材中的小说以类文本的方式加以整理、审视，即从一篇小说的文本特点出发，为学生探寻这一类型的文本特点提供支撑。从小说类文本研究中，我们不难总结出此类体裁在提升人文素养、遣词造句、情节构思和谋篇布局等方面的教学价值。

（2）形成教学策略

小学阶段的小说类文本虽然不多，但小说作为一种常见的文学体裁，教师还是需要重视的。根据类文本研究，结合小说的文体特征，我们可以总结出以下几个基本的教学策略。

① 以“典型人物”为依托，体会语言之妙。小说中所呈现的不同的语言风格，体现了人物不同的身份、经历与性格等，因此，发现文本的语言风格，促进学生的言语发展，是小说教学的价值所在。在教学中，教师要善于引导学生聚焦典型人物，在他们的外貌、神态、语言、动作、心理等形象描写处驻足，通过想象画面、对比阅读、亲身演绎等方式，品味文本独特的语言风格，体会小说的语言之妙。

② 以“精彩情节”为抓手，领略构思之巧。在阅读小说的过程中，我们会发现很多小说的情节设计中，都有一个十分精妙的手法——一波三折。“一波三折”是小说类文本中经常用到的一种手法。这种写法，不但能使小说的情节跌宕起伏，更能将人物形象刻画得入木三分，让读者欲罢不能。比如《红楼梦》中“刘姥姥三进大观园”，《水浒传》中“三打祝家庄”，《三国演义》中“三顾茅庐”等。教师在教学中，可以文中这些一波三折的情节为切入点，让学生领略作者构思的匠心独运。

③ 以“环境描写”为凭借，感悟主题之深。众所周知，文学作品中的环境描写，通常不是纯粹的写景，它在刻画人物形象、推动情节发展、抒发作者情感、表现思想主题等方面，都具有至关重要的作用。王国维曾在《人间词话》中说：“昔人论诗词，有景语、情语之别，不知一切景语，皆

情语也。”① 小说中特定的环境描写，与小说的主题、人物有着千丝万缕的关系，因此，在小说阅读教学中，引导学生分析环境描写的作用，可让学生更好地把握小说情节，感受人物形象，理解思想主题。

④ 以“有序复述”为手段，感受阅读之趣。小说具有故事性，而复述是理解和分析故事最主要的手段之一。复述的过程，既能有效训练学生连贯表达的能力，又能很快让学生掌握小说的结构。因其一波三折、精彩有趣的情节，所以小说这一类文本的复述通常采用的形式是表演性复述，即学生在把握人物形象特点的基础上，根据自身的理解，在表演中恰当演绎出人物的动作、语言、神态，还可以加入适当的想象。显然，这种形式的表演不但能帮助学生厘清文章的脉络，更能激起他们的阅读兴趣，可谓一举多得！

2. 从教师提升的角度看

（1）文化文体意识

纵观现今小学阶段的小说教学现状，不难发现，有些教师在教学过程中，忽视了小说特有的文体特点，往往把小说当作一般的记叙文来教，更有甚者完全忽略小说相较于其他文体所具有的趣味性，逐段地分析文本，课堂显得无趣而呆板。

其实，相同的文体有相同的内在规律，小说类文本研究，囊括了苏教版、部编本等几十册教材，教师在通盘研读过程中，文体意识必将得到强化，能够真正理解小说类文本的文体特征，逐步建立对小说类文本的整体认知框架，然后再依据小说类文本的特色和具体的学情，选出最优的教学内容和教学策略。

（2）提高自身素养

在当下的小学语文小说类文本教学实践中，很多小学语文教师的小说理论素养不充分，或是对小说教学的关注度不高，缺乏对教材中小说类文本的细致解读，这就导致了小学语文小说教学中出现忽视文体特征、主题解读套路化、要求中学化和泛读化的现象。

类文本研究结合具体的小说教学案例，详细地呈现小学语文小说教学中存在的具体问题，并提出一系列具体的、可操作的应对策略，能够为小

---

① 施议对. 人间词话译注［M］. 长沙：岳麓书法，2003：120－121.

学语文一线教师进行小说教学提供实践参考。而教师在不断地备课、梳理、反思、修改过程中，可以准确把握重点、难点、核心，厘清各个板块之间的相互联系，明确编者的意图。这一不断进化的过程，可以唤醒教师的职业自觉，提升教师的自身素养。

3. 从学生发展的角度看

（1）激发阅读兴趣，拓宽阅读范围

小说简单、容易让学生接受的叙事手法具有很大的吸引力，它的文字也很通俗易懂，因此深得学生的喜爱。小说类文本教学，使学生能通过分析一篇文章的特点，把握住此类文本的基本特征，由篇及类，从而掌握阅读这一类文章的基本方法，建构完整的阅读体系。

如果说，单篇阅读教学是一个线段，那么，类文本教学就是一条射线，一端可以无限延伸。它可以让课外阅读“挤进”课堂，实现课内、课外阅读的无缝衔接，从而增加学生的阅读量，也极大地提升学生的阅读能力。“得法于课内，应用于课外”，把课内所学转化为能力，运用于课外阅读之中，形成一张阅读之网。

（2）发散学生思维，提升语文素养

阅读与思维同行，是阅读教学的本质，然而，当下语文课堂中，思维能力的培养一直没能得到足够重视。类文本教学给我们的语文课堂注入了新的活力，因为类文本学习有规律可循，学生容易掌握同类文本的共性学习方法，教师可以趁机引导学生进行多文本背景下的阅读实践，这样可以有效地拓展和锻炼学生的思维能力，让学生从习惯思维中解放出来，看到更多的可能性，增强思维的创造性。从类文本教学走向类文本阅读，学生的能力和素养也在不断阅读和思考中得到提升。

第三节　记人叙事类文本

20 世纪 30 年代，夏丏尊先生与叶圣陶先生编著的《国文八百课》开启了语文教材记叙文、议论文、说明文三分天下的体例分类。随着体例分类的细化，文学类作品就从记叙文大类里跳脱出来，进一步划分成童话、寓言、散文、小说等文学样式。此处所说的记叙文，指的是狭义的记叙文，即以叙述、描写为主要表达方式的文章体裁，通过写真人、记真事、讲真景来表现主题。

记叙文根据不同的写作对象，还可细分为以下两大类：写景状物类，如《荷花》《火烧云》《爬山虎的脚》；记人叙事类，如《詹天佑》《我的伯父鲁迅先生》《穷人》。“事不离人，人不离事”是记叙类文本的一大特点。写景状物文虽然以描写景物为主，但人物的情感体会往往穿插其中。记人文虽然主要刻画人物形象，但还是需要依托具体事例来表现，写事文也正依靠人物的活动来推进情节的发展，情节的深化更能凸显人物形象。记叙类文本在小学教材中占有很大比例，因此，让学生了解相关知识，掌握相应的阅读和习作方法很有必要。

一、文体特征

1. 表达有序

“记言以叙之”，记人叙事类文本一般都是按照一定的顺序来表述的。有的以时间为序，在文中直接找得到表示时间推进的词句。如苏教版四年级上册《李时珍夜宿古寺》一文中，“太阳渐渐下山”“夜幕降临”“皎洁的月光照进房子里”“月亮慢慢移到了当空”这些内容，就是文本叙述的一条明线。也有的以事情发展顺序为序，即通过事情的起因、经过、结果来呈现完整的故事情节。小学阶段的文章，一事一叙最为常见，苏教版三年级下册《“你必须把这条鱼放掉!”》、部编本六年级上册《狼牙山五壮士》等，条理清晰，一目了然。当然，高年级偶尔也会有多事叙述，用几件事去介绍一个人物。部编本六年级上册《少年闰土》一文，就用了闰土给“我”“讲捕鸟”“捡贝壳”“看瓜刺猹”“看跳鱼”四件事，较全面地刻画了一个机智勇敢、可爱活泼的农村少年形象。总之，记人叙事类文本以一种娓娓道来的方式，让读者知道事情的来龙去脉。掌握了记叙的顺序，就能更好地理解文章的层次，把握全文的结构和中心。

2. 描写细腻

文章中呈现的人物往往较为典型，作者通过对人物的动作、语言、心理活动等的细致描摹，反映人物的性格特点，展现人物的精神品质。阅读时，抓牢细节，细细咀嚼，就能走进人物内心，体会人物形象。如部编本五年级下册《两茎灯草》一文，严监生临死前看见那点燃着的两根灯草，心疼万分，闭不上眼睛，直到小老婆挑掉一根后才“点一点头，把手垂下，登时就没了气”，几个动作，就把他的吝啬刻画得入木三分。再如部编本六年级上册《穷人》一课中那段十分精彩的内心独白：“她忐忑不安地想：‘他会说什么呢？这是闹着玩的吗？自己的五个孩子已经够他受的了……为什么把他们抱过来啊？……他会揍我的！……嗯，揍我一顿也好！”杂乱的思绪折射出桑娜内心紧张、担忧、后悔等情绪，读来让人感同身受。

3. 语言生动

记人叙事类文本往往通过动词、形容词的巧用，各种句式变化及修辞手法的使用，使语言生动自然，极具示范性。在教学中，我们可以结合文本的语言特色，引导学生体会其节奏、形象、情味，并以文本为范例，从读到写，及时抓好习作。如部编本五年级下册第五单元，呈现了许多鲜活的人物形象：为了表现车夫祥子旺盛的生命力，《他像一棵挺脱的树》细致描写了他结实健美的身体；《刷子李》一课更是通过对徒弟曹小三的心理变化的刻画，侧面反映了刷子李技艺的高超。在本单元的学习中，就可以择机安排小练笔环节：课间十分钟，观察一位同学，捕捉一个瞬间，试着用学过的方法写一写他。如此，学生语言感受力、表达力就能得到培养，言语训练也落到了实处。

4. 内容写实

记叙文通常讲述的是真人、真事、真景，表达的也是真实的感受或体验。记叙文叙述的事件，按时间可分为历史事件、现今事件，按视角可分为直述事件和转述事件，按范围可分为影响深远的大事和身边发生的小事。不管是哪类，都是在记录真实生活，抒发真情实感。人教版《语文》六年级上册的《老人与海鸥》讲了一个老人连续十几年风雨无阻喂养海鸥的故事，在老人去世后，海鸥们竟然如同约好了一般到老人画像前祭奠告别，出乎意料又在情理之中，读后让人觉得一股暖意直冲心胸。这篇文章由一则通讯稿改编而来，真的有一位老人连续十几年坚持喂食海鸥，老人去世后海鸥也自发地与老人告别。人与动物这种信任、深情，通过平实的记叙带给人们巨大的震撼。

5. 情意充沛

与议论文、说明文的理性严谨不同，记叙文在记人叙事时，作者的情感态度会不自觉地融入其中，所谓“情动于中而形于言”即是如此。记叙文中情感的流露，能增强文章的感染力，突出文章主旨，是打动读者的利器。记叙文通常通过寓情于情、融情于事的方法来表情达意。如苏教版五年级下册课文《祖父的园子》中有这样一段话："花开了，就像睡醒了似的。鸟飞了，就像在天上逛似的。虫子叫了，就像虫子在说话似的。一切都活了，要做什么，就做什么。要怎么样，就怎么样，都是自由的。"动植物的感受就是作者的感受，在祖父的园子里，作者无拘无束、自由自在，感情自然流露，写景不止写景，而是借景抒情，使得文章情意动人。

二、学段要求

阅读是文本与读者心灵交流的过程，阅读文本，宜根据其文体特征，读出此类文本的"共同法则"。在小学阶段的记人叙事类文本中，可以通过品析语言、学习概括、体会情思等方法，深入文本，读懂作品。

1. 第一学段（1—2 年级）

《语文课程标准》在低年段阅读指导中提出："结合上下文和生活实际了解课文中词句的意思，在阅读中积累词语。借助读物中的图画阅读。"读书之能，须得由外至内，由表及里。低年段教学要求每个教师都能引导学生关注到那些"闪亮"的词句，感知其巧妙的表达和深厚的意蕴。

教学中，要引导学生关注记叙文中精彩的语言，对词语、句子反复赏析品味，体会其意味，揣摩语言背后蕴藏的情感，必要时可作模仿迁移。

2. 第二学段（3—4 年级）

《语文课程标准》指出，三、四年级学生要"能初步把握文章的主要内容，体会文章表达的思想感情。能对课文中不理解的地方提出疑问"。与低年段相比，中年段除了聚焦重点词句外，更注重对人物和事件的梳理概括。要想概括有条理、有重点，就要使学生了解文章思路，沿着思路去理解课文内容。叶圣陶先生曾说过，大凡读一篇文章，摸清作者的思路是最紧要的事。记叙文思路的梳理方法，上文已提及，不再赘述。找准思路后，还须引导学生划分层次，比如有些文章是总分总结构，概括时就要掐头去尾；有的是按地点划分层次的，那就要重点关注表示地点的短语；有的是按事情的发展过程写的，那其中的各个事件就既体现思路又显示层次。这样，既能训练学生的逻辑思维能力，又能让学生的习作也逐渐"有条理"，一举两得。

其次，记叙文教学亦要引导学生体会字里行间流露出的情感。比如，受外在因素的影响，一物、一事、一景都带有独特的情感意蕴，教学时间跨度大、写作背景较复杂的文本时，要让学生对大环境和相应的写作背景做些了解；导课时要做好情感铺垫，交流时用带有相同情感基调的语言进行渲染。如此种种，学生能自觉入情入境，融入作者创设的情感氛围，与文本进行心灵沟通。总之，只有真正走进作者的情感深处，才能与文本产生共鸣。

3. 第三学段（5—6 年级）

《语文课程标准》在高年段的阅读教学中明确指出：“在阅读中了解文章的表达顺序，体会作者的思想感情，初步领悟文章的基本表达方法。在交流和讨论中，敢于提出看法，作出自己的判断。”高年段的记人叙事类文本常通过写人叙事来抒发感受和情思。教学时，引导学生精心阅读文本，从碎片化的场景中把握内在的思维逻辑，鼓励整体思考，培养其深度文本分析的能力。重点聚焦能突出表现中心的语段及一些学生难以理解的议论和抒情的句子。当然，文本的意蕴光靠语句的理解显然不够，朗读训练更是不可忽视。引导学生多读，读中感受，以读促悟是各个年段阅读教学都不应忽视的。

三、学情把脉

1. 语用训练不足

课程标准指出，语文课程是一门学习语言文字运用的综合性、实践性课程。它明确地告诉我们，语文学习的重点在于语言文字的运用。总的来说，多数学生的语用能力还是较为薄弱，主要表现为对语义理解的不足、对文章文脉整理的欠缺以及流利通畅表达的障碍。这与日常语文教学中针对性训练的缺失有很大关系。教师在教学中，一定要“量体裁衣”，根据不同的文体，选择最适合进行语用训练的点去重点分析、解读和训练。以叙事性文本为例，教学时应该围绕培养学生概括能力、复述能力和通过人物言行体悟内心的能力去展开语用训练。

2. 文体知识欠缺

新课改以来，阅读教学强调沉浸感染，文体教学被忽视。其实，文体知识是阅读教学的抓手，但学生对此掌握的情况不容乐观。在阅读实践中，我们常常发现，学生似乎总在文本之外转圈圈，阅读文章时抓不住要点。因此，现实倒逼教师在日常教学中要把文体知识和阅读教学结合起来。例如，教学记人叙事类文章时，表达顺序、表达方式、修辞手法等都是需要学生熟知的。教师只有将文体知识放到具体文章中去教，学生在学习课文的过程中才会逐一感知、理解，并在整理、熟记的基础上学会运用。

3. 朗读水平不高

课程标准指出，各个学段的阅读教学都要重视朗读和默读。教师也普遍认为，朗读训练是否充分是一节课的重要评价标准。那么，让我们来回想一下：课堂上，学生朗读到位了吗？想来，有很多是不到位的：有时只见教师滔滔不绝，学生闭口不言；有时忽视了方法指导，学生读来矫揉造作。其实，朗读是一种语言活动，主要通过语音形象具体表达文章中的情感，在学生理解文章内容、陶冶情操和发展语言中发挥着积极作用。脱离语境、忽视体验、无视情感的学习活动是无法促进学生朗读水平提高的。在教学中，教师要注重过程设计，把语言训练与朗读感悟相结合，把语言欣赏与词句探究相联系。如此，才能切实提高学生的朗读水平。

4. 表达规范缺失

为了提高学生习作的积极性，鼓励学生抒写真情实感，现今习作教学中的文体意识愈加淡化，致使学生习作中常出现记叙事件无重点、介绍事物没特点、表达观点不清晰等问题。进行文体教学是纠正目前习作教学偏差的需要。尽管写作题中少有对文体的特别限制，但特定的写作内容往往对应着最合宜的文体。学生需要在审题过程中选择最合适的体裁，然后才能对整篇文章进行谋划和构思。如果从学生初学习作时就进行文体匹配训练，那么，中学阶段作文偏题这个老大难问题就不复存在了。

四、课例分析

本部分分别选择了部编本中高年段记叙文《火烧云》《刷子李》的教学设计，和大家一起探讨记人叙事类文本教学的侧重点。

（一）《火烧云》（第二学段）

1. 教学文本呈现

火烧云（第3—6自然段）

这地方的火烧云变化极多，一会儿红彤彤的，一会儿金灿灿的，一会儿半紫半黄，一会儿半灰半百合色。葡萄灰、梨黄、茄子紫，这些颜色天空都有，还有些说也说不出来、见也没见过的颜色。

一会儿，天空出现一匹马，马头向南，马尾向西。马是跪着的，像等人骑上它的背，它才站起来似的。过了两三秒钟，那匹马大起来了，腿伸开了，脖子也长了，尾巴却不见了。看的人正在寻找马尾巴，那匹马变模糊了。

忽然又来了一条大狗。那条狗十分凶猛，在向前跑，后边似乎还跟着好几条小狗。跑着跑着，小狗不知哪里去了，大狗也不见了。

接着又来了一头大狮子，跟庙门前的石头狮子一模一样，也那么大，也那样蹲着，很威武很镇静地蹲着。可是一转眼就变了，再也找不着了。

2. 教学目标预设

（1）通过品读词句，想象火烧云瑰丽的色彩和多变的形态，感受火烧云的美丽和壮观。

（2）观察火烧云的颜色和形态变化，发挥想象并借鉴课文进行片段仿写。

3. 教学片段设计

【课堂试教】

（1）体会火烧云的颜色多

火烧云有什么特点呢？请你默读课文第3—6自然段，找一找。

火烧云颜色非常（多）：红彤彤、金灿灿、半紫半黄、半灰半百合色、葡萄灰、梨黄、茄子紫……

火烧云就这几种颜色吗？你从哪里看出来？（还有些说也说不出来、见也没见过的颜色）

想象拓展：除了这些颜色外，还可能会有哪些颜色呢？

（桃红、玫瑰紫、石榴红、杏黄、草莓红、橘黄、橄榄绿……）

（2）体会火烧云的变化快

文中有四个“一会儿”，你能用四个“一会儿”说一句话吗？

天空中这么多的颜色交织在一起，多美呀！你想到了哪些词语呢？（五颜六色、五彩缤纷、绚丽多彩……）

（师生配合朗读）

（3）体会火烧云的形状变化

火烧云除了变化多、颜色美，还有什么特点呢？（火烧云形状变化多而快）

形状（多）：马、狗、狮子；

变化（快）：一会儿、过了两三秒钟、忽然、接着、一转眼；

想象：火烧云还会有哪些形状？（动物、植物、人类等）

火烧云形状变化这么多、这么快，你能用学过的四字词语概括吗？

【课堂诊断】

这堂课的最大问题是没有顺应现在语文教学改革的大势，没有从内容分析的窠臼里跳脱出来，教学设计依旧停留在对教学内容的烦琐分析上，一堂课下来，学生只知道火烧云是什么样的，又发生了什么变化，而没有学到任何可供内化迁移的策略性的东西。教师仅仅是“教过”，学生是否“学会”，要打个大大的问号。

因而，要对教学设计进行调整，把教学目标定位在学习“语言表达”上。比如，通过句子的对比阅读，引导学生领会联想表达的妙处，并通过对写火烧云形态段落的分析和交流，引导学生发现构段特点，从而实现从写什么到怎么写的转变。如此一来，教学目标“通过品读词句，想象火烧云瑰丽的色彩和多变的形态，感受火烧云的美丽和壮观”就顺利落实了。

【课堂重构】

核心问题：火烧云究竟是怎么烧的？你读到了一个什么样的火烧云？画下你喜欢的词句，在旁边写下感受。

（1）感受火烧云的色彩瑰丽

学生交流预设，相机出示对应段落：

这地方的火烧云变化极多，一会儿红彤彤的，一会儿金灿灿的，一会儿半紫半黄，一会儿半灰半百合色。葡萄灰、梨黄、茄子紫，这些颜色天空都有。还有些说也说不出来、见也没见过的颜色。

颜色多：扣住色彩词语体会。

颜色变化快：四个“一会儿”。

你想用哪些词语来形容火烧云的色彩？（五颜六色、五彩斑斓……）

（出示词语填空）这地方的火烧云变化极多，一会儿（　　），一会儿（　　），一会儿（　　），一会儿（　　）。（　　）、（　　）、（　　），这些颜色天空都有。还有些说也说不出来、见也没见过的颜色。

（师生合作读，同桌互读）

（出示火烧云的画面）看着这样的画面，你能把火烧云那瑰丽无比的颜色描绘出来吗？

（2）感受火烧云的形态变化

过渡：通过阅读你又读到了什么样的火烧云呢？（姿态万千、变化多端、千奇百怪、瞬息万变……）出示第4—6自然段，自由读，谈发现。

瞬息万变：从哪里看出变化快呢？（一会儿、忽然、过了两三秒、一转眼）

姿态万千：有哪些姿态呢？

（出示："一会儿，天空出现一匹马，马头向南，马尾向西。马是跪着的，像等人骑上它的背，它才站起来似的。""马是跪着的。"）

对比读，你更喜欢哪个句子？（交流）

小结：作者先写自己看到的，再写自己想到的，看到的和想到的融合在一起，读起来就更加生动。这就是联想的奥妙。（板书：联想）

追问：普普通通的云在作者的笔下变成了可爱的马、凶猛的狗、威武的狮子，这都源于什么？（细致的观察、丰富的联想）

（3）体会构段方式

请大家再次读读第4—6自然段，找一找描写火烧云形态的段落中有什么相同的地方。都是先写了什么？接着写什么？最后写什么？

（先写天空出现了什么，接着写火烧云的样子和变化，最后写火烧云消失。）

指导背诵。让我们把这美丽的火烧云记在脑中，请选择一种喜欢的火烧云形态，背诵起来吧。

（4）读写延伸

出示火烧云变化的图片，仔细观察，并仿照"出现样子—不断变化—逐渐消失"的构段方式，写一写你眼中的火烧云。如果能用上刚才积累的关于火烧云颜色、变化的词语就更好了。

【课堂反思】

《火烧云》是一篇经典的记叙文，许多教师都对其进行过分析解读。通过几次试教可以发现，文章的内容对于三年级的学生来说并不难理解，那到底要教什么呢？学生能否通过这节课获得语文素养上的提升应该是课堂成功与否的重要评价标准。

这个片段教学主要引导学生通过品词析句，感受语言。如通过“马是跪着的”和“马是跪着的，像等人骑上它的背，它才站起来似的”的对比阅读，让学生感受联想的表达效果，以及文中表示时间短暂的词语的积累和运用等。除了让学生感受语言，更重要的引导学生进行语言积累。本课教学中，教师有两个指导背诵的环节：第 3 自然段是通过多种形式的朗读，在感受语言美的同时积累语言；第 4—6 自然段是抓住构段方式的特点来指导背诵。

在多种形式的背诵积累后，又鼓励学生发挥想象，运用上时间变化等词语，进行仿写。这是更深层次的语言实践，能有效促进学生自我创作和发展语言。同时辅以多媒体画面，让学生有一个观察的样本和范例，更好地促进学生语言的激发。

当然，这样的设计也有值得商榷的地方，比如课堂的容量是否小了些，我们的课堂教学不能拘泥于单一的教材文本，而应该以教材文本为起点，辐射相似文本，实现由“篇”到“类”的有效延伸。例如，抽出三五分钟时间，拓展一下同类文本的阅读，把萧红的另一篇记叙文《祖父的园子》相应片段放入，体会一下两篇文本相似的句式表达和语言风格，从学一篇文章过渡到整类甚至整本书的阅读。

4. 教学策略简析

（1）文本语言的赏析与习得

语文课程标准指出，语文是一门学习语言文字运用的综合性、实践性课程。也就是说，我们的每一篇课文的教学不仅承担着培养学生阅读能力的任务，还承担着提高学生表达能力的使命。所以，“理解”和“运用”并重，应成为阅读教学的价值取向。这篇记叙文的语言生动自然，极具示范性。在反复阅读文本后，教师确定了以文本语言的赏析和习得为教学价值追求的备课思路，从语言的感受、积累和运用三个维度出发去设计教学，在教学中通过对比赏析、好词积累、好段背诵等环节进行语言积累。

（2）文本内容的想象与表达

写景类记叙文中往往会有适合学生想象表达的内容。在教学中，若是缺少了学生的大胆想象，那么教学便逊色不少。因此，教师要充分利用文本的空白处，激发学生的想象力，提升学生的语言表达能力。在教学中，通过训练说写，学生也能对课文中的内容有更深层次的理解。对文本的空白点进行想象引导，既尊重了文本和文体的特点，又暗合语文教学的价值取向。

（二）《刷子李》（第三学段）

1. 教学文本呈现

刷子李（节选）

刷子李专干粉刷这一行。他要是给您刷好一间屋子，屋里什么都不用放，单坐着，就如同升天一般美。最让人叫绝的是，他刷浆时必穿一身黑，干完活，身上绝没有一个白点。别不信！他还给自己立下一个规矩，只要身上有白点，白刷不要钱。

…………

一间屋子，一个屋顶四面墙，先刷屋顶后刷墙。屋顶尤其难刷，蘸了稀溜溜粉浆的板刷往上一举，谁能一滴不掉？一掉准掉在身上。可刷子李一举刷子，就像没有蘸浆。但刷子划过屋顶，立时匀匀实实一道白，白得透亮，白得清爽。有人说这蘸浆的手法有高招，有人说这调浆的配料有秘方。曹小三哪里看得出来？只见师傅的手臂悠然摆来，悠然摆去，如同伴着鼓点，和着琴音，每一摆刷，那长长的带浆的毛刷便在墙面啪地清脆一响，极是好听。啪啪声里，一道道浆，衔接得天衣无缝，刷过去的墙面，真好比平平整整打开一面雪白的屏障。可是曹小三最关心的还是刷子李身上到底有没有白点？

刷子李干活还有一个规矩。每刷完一面墙，必得在凳子上坐一会儿，抽一袋烟，喝一碗茶，再刷下一面墙。此刻，曹小三借着给师傅倒水点烟的机会，拿目光仔细搜索刷子李的全身。每一面墙刷完，他搜索一遍，居然连一个芝麻大小的粉点也没发现。他真觉得这身黑色的衣服有种神圣不可侵犯的威严。

当刷子李刷完最后一面墙坐下来，曹小三给他点烟时，竟然瞧见刷子李裤子上出现一个白点，黄豆大小。黑中白，比白中黑更扎眼。完了，师傅露馅儿了，他不是神仙，往日传说中那如山般的形象轰然倒去。但他怕师父难堪，不敢说，也不敢看，可忍不住还要扫一眼。

2. 教学目标预设

体会描写人物的方法，尝试运用正面、侧面描写相结合的方法练习写作。

3. **教学片段设计**

【课堂试教】

核心问题：你是从哪些语句中感受到刷子李的技艺高超的呢？作者又是怎样写出他的技艺高超的？请同学们快速默读课文，找出有关句子。（随机教学）

（1）正面描写

① 干完活，绝没有白点。出示：

刷子李专干粉刷这一行。他要是给您刷好一间屋子，屋里什么都不用放，单坐着，就如同升天一般美。最让人叫绝的是，他刷浆时必穿一身黑，干完活，身上绝没有一个白点。别不信！他还给自己立下一个规矩，只要身上有白点，白刷不要钱。

你见过粉刷吗？是怎么样的？干粉刷匠身上没有白点，难吗？但刷子李粉刷时却——（引读）这里，又让我们看到了一个怎样的刷子李？

过渡：你还从课文的哪些语句中感受到刷子李是个技艺高超的人？和大家交流一下。出示：

只见师傅的手臂悠然摆来，悠然摆去，如同伴着鼓点，和着琴音，每一摆刷，那长长的带浆的毛刷便在墙面啪地清脆一响，极是好听。啪啪声里，一道道浆，衔接得天衣无缝，刷过去的墙面，真好比平平整整打开一面雪白的屏障。

② 动作优美娴熟。

（指名读）从这两个“悠然”中你感受到了什么？（点拨：刷屋顶，这是一项能让人悠然得起来的事吗？为什么？可刷子李……）

此时，你觉得在你眼前的刷子李更像是一位什么？

③ 刷墙效果非凡。

这两句话从什么角度写出了刷子李的技艺高超？效果又如何呢？如果让你用一个成语来夸一夸，你会想到哪个词？（巧夺天工、出神入化……）

（2）侧面描写

面对师傅的技艺，曹小三的态度又是怎样的？快速浏览第 6—9 自然段，然后尝试完成填空。

起初曹小三对师傅的绝活一直（　　），但大半天下来，居然连一个芝麻大的粉点也没发现，他真觉得（　　），正当徒弟对师傅佩服得（　　）时，却突然发现刷子李裤子上有一个白点，（　　），最后知道那是师傅抽烟不小心烧出来的小洞时，（　　）。

交流小结：曹小三从开始时的半信半疑，变成焦急、矛盾，到后来得知真相的发怔发傻，这个心理过程可谓一波三折呀！

（3）写法揭示

这篇文章主要是写刷子李粉刷技艺的高超，那文章为什么要写曹小三呢？

这就叫侧面描写，这样的描写能对文章起到推波助澜的作用，而文章前面对于刷子李的直接描写就叫正面描写，正是在这样多方面的描写中，刷子李的形象才变得越来越丰满。

【课堂诊断】

整堂课都围绕刷子李的技艺高超展开教学，从表面上看，这样教，既有对文本信息的提取，又有对学生概括能力和表达能力的培养，学生似乎是有所习得。但如此设计，是否合乎教材编者的意图呢？本单元的课文导语里有这样的话："学习描写人物的基本方法。初步运用描写人物的基本方法，尝试把一个人的特点写具体。"由此可见，学习描写人物的方法才是教学的重点。正面描写、侧面烘托、一波三折都不是教师直接宣之于口就行的，而是要学生在文本的细细品读中自然而然地顿悟发现的，教师要创设的是学生在自主学习中豁然开朗的学习情境。另外，学习的目的是什么？使用！教师还要想方设法去设计人物描写的训练情境，做到当堂学，当堂用，这样才是指向语用的语文课堂。

【课堂重构】

（1）品味描写

默读课文，想一想，刷子李的技艺高超表现在哪儿？作家冯骥才又是怎样写出他的技艺高超的？把描写最精彩的句子找出来，读一读，体会一下表达效果。（自主圈画，做批注）

（2）研读动作，正面感受技艺高超

（出示课文第5自然段："一间屋子……屏障。"）

你觉得哪里描写得好？从这样的描写中你想用哪个词语来形容他的技艺？

对比：一间屋子，一个屋顶四面墙，先刷屋顶后刷墙。屋顶尤其难刷，蘸了稀溜溜粉浆的板刷往上一举，谁能一滴不掉？一掉准掉在身上。可刷子李一举刷子，就像没有蘸浆。

效果好：但刷子划过屋顶，立时匀匀实实一道白，白得透亮，白得清爽。

动作、声音、想象：只见师傅的手臂悠然摆来，悠然摆去，如同伴着鼓点，和着琴音，每一摆刷，那长长的带浆的毛刷便在墙面啪地清脆一响，极是好听。

比喻：啪啪声里，一道道浆，衔接得天衣无缝，刷过去的墙面，真好比平平整整打开一面雪白的屏障。

学到这里，你觉得他还仅是个粉刷匠吗？

小结：他把别人眼里的粗活干成了艺术创作，他就像一位画家，在墙上绘出美景，他也像一名演奏家，在动听的节奏中演出华美的乐章！

总结写法：作者直接抓住刷子李刷墙时的动作展开描写，让我们感受到了他技艺的高超，这种表现手法，我们称为正面描写。

（3）品读心理，侧面体会技艺高超

质疑：学到这儿似乎已经能足够感受到刷子李技艺的高超了，那作者为什么还要写他“露馅儿”呢？

（出示课文第7自然段：“当刷子李……扫一眼。”）

引导学生感受曹小三“一波三折”的心理。

出示：曹小三在衣服上找不到一个芝麻大小的粉点时，心想：__________；发现一个黄豆大小的白点时，心想：____________________；发现白点原来是抽烟时烧的小洞时，心想：________________。

交流这样写的好处。（侧面烘托，丰满人物形象，引发阅读期待）

小结：这里没有直接对刷子李的技艺施以更多的笔墨，而是通过徒弟曹小三心理活动的一波三折来烘托他技艺的高超。这种表现手法，我们称为侧面烘托。

（4）模仿迁移，巩固表达

选择素材：观看《中国诗词大会》决赛，谈谈你对哪位选手印象最深，为什么。尝试选择印象最深的选手，运用正面、侧面烘托的方法写一段话。如果能把自己观看比赛时的心情也穿插叙述就更好了。

出示表格：

选手	特点——正面、侧面	比赛有无一波三折

【课堂反思】

体会精彩，要着力于行文表达。在一开始试教时，教师抓住了刷子李的技艺高超去展开教学，看似紧扣中心，但语用价值体现不明显。再三细读文本，思考：对于一篇写人的记叙文来说，到底要把什么教给学生呢？显然，正面、侧面描写相结合的手法是必须要讲的。文章里既有直接对刷子李绝活进行生动展现的语段，又有侧面描写徒弟曹小三心理活动的内容，两者相辅相成，把刷子李的本领之奇体现得淋漓尽致。同理，其一波三折的情节描写，又该如何促进学生领悟吸收呢？自然是要回到原文，慢慢品词析句，在课堂预设和合理生成中，让学生知道"一波三折""正面描写""侧面烘托"，增加学生在记人叙事类文本中的知识积累。

另外，感悟表达，要尝试去迁移运用。《刷子李》这篇课文的课后思考题中有这么一个问题：画出描写刷子李和曹小三的语句，体会课文是怎么写出刷子李的特点的。这个问题直接指向了描写方法的内化迁移。如此生动的描写，给学生提供了一个极好的习作范例，因而，学生表达方法的训练，也是必不可少的。我们的语文课堂教学要想在有限的四十分钟里有所成效，必须把课文当成例子，促进读写迁移，着眼于学生表达能力和写作能力的培养。

4. 教学策略简析

（1）体会人物描写方法，领略巧妙构思

在记叙文的品析过程中，我们发现很多情节设计都有一个十分精妙的手法——一波三折。所谓"一波三折"，即反复叙事，这种写法，不但能使情节跌宕起伏，更能将人物形象刻画得淋漓尽致，让读者沉迷其中。同理，正面描写、侧面烘托等手法也让人物形象更加立体丰满。教师在教学中，可以从文中的这些地方入手，让学生领略作者描写的深厚功力。

（2）体会生动形象语言，领略表达之妙

记叙文通过动词、形容词的巧用，各种句式的变化及修辞手法的使用，使其语言生动形象、巧妙自然。在教学中，教师要重点关注记叙文的语言特色，引导学生领悟内化，从读到写，及时抓好习作。如《摔跤》这课，通过对人物动作的生动描写，表现了人物的机灵；为了表现车夫祥子旺盛的生命力，《他像一棵挺脱的树》细致描写了他结实健美的身体。如此，学生语言感受力、表达力就能得到培养，言语训练也落到了实处。

五、教学认识

记叙类文本在教材中的比重特别大，分散在各年段的不同主题单元中，由于可研学的要素太多了，教师往往反而手足无措，或顾此失彼，或头重脚轻。类文本教学将其作为一种独立的文体进行研究解读，对于教师和学生的素养形成都大有裨益。

1. 从文本价值的角度看

记叙文是小学语文课堂中的主旋律，记人叙事、写景状物，抓住了这两大脉络，就抓住了小学语文记叙文教学的主心骨。我们将教材中的记人叙事类文本进行整合、审视，从文本特点出发，根据不同的学情与学段要求，对教材进行开发、重组、扩展，由此形成了一个较为完备的知识体系。学生对其进行合理利用可以有效地进行知识迁移，真正实现由一篇到一类的延伸。另外，如果把教师比作厨师，记人叙事类文本中的各个训练点就是各种食材，通过独立文体的研究，教师对各种菜肴的烹饪特点了然于胸：写人类记叙文，重点是体会人物形象，掌握人物描写方法；记事类记叙文，关键是抓住主要线索。根据不同文本，再采用不同的教学手段，原汁原味的教学就得以呈现。

2. 从教师教学的角度看

（1）通过朗读感知人物形象

记叙文特别是写人记叙文，通常都有形象鲜明的主人公。在教学时，我们可以紧扣重点词句，通过对比朗读、积累背诵等方式，在读中感悟人物的形象，把无形化有形，更加贴近学生的认知。

（2）通过想象丰富文本感知

记人叙事类文本中常常会有一些想象留白，找准并用好这些“空白点”，能延展学生思维的广度，加大学生思维的深度。在一次次的想象交流中，学生的言语素养会得到大幅度的提升。因而，在记人叙事类文本的课堂教学中，借助文本的“空白点”引领学生发挥想象，进行读写训练、信息沟通，是十分重要的。

（3）通过内容补充拓展阅读场域

教材只是一个“例子”，折射出的信息十分有限，“用教材教”的教学理念告诉教师要引导学生把课堂上学到的方法运用到课外相类似的文本的阅读实践中去。以学过的一篇记叙文为契机，相机拓展同一作者、类似体裁、相似文本的文章，可以让学生更加深入地理解这一文本类型。

3. 从学生发展的角度看

（1）能切实提高语文学习能力

语文课程标准明确指出，在教学中要重视培养学生捕捉主要信息的能力。记人叙事类文本，有比较清晰的时间、人物线索，在教授记人叙事类文本时，引导学生快速反应：写了件什么事？有哪些人？能不能用一两句话简单说一说？学生在一次次地找线索、抓场面、理文脉中逐步养成了敏锐的文字直觉：有的文本的段落起始句通常隐含关键词，对这些内容稍加组织，就能概括；有的文本起因、经过、结果表述清晰，可以直接整合；有的次要人物与主要事件关系不大，可直接略去。总之，找准抓手，立足课堂，就能有效提高自身综合、概括、取舍等语文能力。

（2）能延展学生思维广度

阅读本身是一种高阶的思维活动，类文本教学给学生学习提供了新的途径，学生在相同类型的文本学习中，掌握了同类文本的可供迁移的学习方法，让学生从被动接受中跳脱出来，给他们提供更多的可能性，实现了由篇到类的转变。在这过程中，学生能力和素养也在不断阅读和思考中得到提升。

第四节 议论类文本

议论文，又称说理文，是一种论述事理、剖析事物、发表意见、提出主张的文体。文章或表达对事理的见解，或评论社会生活中的各种现象，或辩驳不同的观点。它以议论为主要表达形式，论点、论据、论证是它的三要素。论点，是作者所持的观点。论据，是用来证明论点的理由或依据。论证，是用论据来证明论点的过程和方法。议论文的分类有不同的标准，如根据表达目的，可分为立论文和驳论文；以议论的对象为依据，可分为思想评论、社会评论、阅读评论等。

议论文颇具实用性，是语文学习走向实践和运用所不可缺少的一种文体。小学生由于心智发展还不成熟，学习议论文有所难度，小学语文教材中编排的议论文比较少。原苏教版教材中有四篇议论文，分别是《说勤奋》《滴水穿石的启示》《谈礼貌》《学与问》，其中《说勤奋》编排在小学四年级，另外三篇都编排在高年级。部编本小学语文教材则只在高年级编排了《为人民服务》《真理诞生于一百个问号之后》和《少年中国说（节选）》这三篇议论文。其中《为人民服务》通过张思德同志阐明了要为人民服务的道理；《真理诞生于一百个问号之后》用举例的方式列举了三个事例，说明提出疑问是产生真理的首先要素；《少年中国说》使用华丽的辞藻，道出了少年强则国强的主题，具有极强的感染力。它们丰富了文体的多样性，扩展了学生的阅读面。

一、文体特征

如果说记叙文是以事感人，说明文是以知授人，那么议论文则是摆明道理，以理服人。它论点鲜明、论据充分、结构严谨、语言严密，具有鲜明的文体特征。

1. 鲜明的论点

说理是议论文的核心，论点是议论文的灵魂。议论文都有着鲜明的论点，小学阶段议论文的论点并不复杂繁复，往往就是一个核心观点，且基本属于常识性道理①。

为了表达鲜明的论点，作者往往运用不同的技巧。小学阶段的议论文论点一般以完整而鲜明的肯定性论断的句子进行表述。如《真理诞生于一百个问号之后》这篇文章，在题目中就直截了当地表达了自己的观点，文章开头和结尾也都反复明确观点。《学与问》这样表达观点：“学与问是相辅相成的，只有在学中问，在问中学，才能求得真知。”此论点中运用了关联词“……只有……才……”旗帜鲜明地凸显了自己的立场。设问句、祈使句、排比句这样的句式也常被用来表达观点。如《说勤奋》一文开篇就通过一个设问句来表达自己的观点：“人人心中都有一个美好的理想，然而

① 吴琰. 小学议论文教学的现状和对策［J］. 教学与管理，2017（6）.

你可知道，通往理想境界的桥梁是什么？是勤奋。”梁启超先生的《少年中国说》独具匠心地运用排比句营造情绪与气势，如抽丝剥茧地讲述当时中国的难题，继而铿锵有力地发出肺腑之言，最后慷慨激昂地阐述自己的观点。

2. 充分的论据

任何一篇议论文的核心目的都是说理，而想要说理，就需要充分的论据。论据可分为事实论据和理论论据。不论是哪种论据，其最终目的都是将自己的论点更为立体有形地告诉读者。事实论据可以是具体事例或概括的事实，也可以是统计数字或一些专门案卷的数字。在《真理诞生于一百个问号之后》这篇文章中，作者就通过洗澡水的漩涡、蚯蚓的分布、睡觉时眼珠的转动这三个典型的事例充分而有力地论证自己的观点。与事实论据不同，理论论据主要是前贤古人的著名谚语、精辟论断，也可以是哲学原理或科学公理、规律等。在《为人民服务》这篇文章中，毛泽东主席就引用了司马迁的名言“人固有一死，或重于泰山，或轻于鸿毛”来佐证自己的观点。

3. 有序的论证

论证的有序与信服力密不可分。论证有序代表文章脉络清晰，脉络清晰表明作者的行文逻辑流畅，行文逻辑流畅读起来往往畅达无阻，容易给读者极强的信服力。

小学阶段议论文论证的有序性主要体现在两个方面。一是文章有比较稳定的“提出观点—论证观点—得出结论”的结构，这也是议论文最基本的结构。这种结构的运用，使文章条理清晰，结构严谨，表达有序。

二是论证方式的有序。议论文中的论证方式有事例论证、道理论证、对比论证、比喻论证、归纳论证、演绎论证、类比论证等。小学阶段议论文的论证方式通常是事例论证，作者在对事例的选择和排列上十分讲究。在《谈礼貌》一文中，作者选取了牛皋、岳飞不同的问路方式，一个小学生踩到了女青年的裙子，周总理理发时不小心被刮破脸这三个事例。这三个事例，从主人公来看有古有今，有平凡的人也有伟大的人，选材上没有重复。选材角度也是有变化的，三个事例对应的分别是有求于人时如何礼貌求助、有愧于人时如何礼貌道歉、人愧于我时如何宽容相待。三个事例既有相通性又有不同的特点，层次清晰，论证有序。一般来说，议论文事例的相互关系有这样三种：并列式、对照式、层进式。并列关系多用类比论证，对照则是正反论证，层进往往是演绎论证。比如《滴水穿石的启示》，作者选取三个正面例子和一个反面例子，正反对照论证目标专一与持之以恒。而《学与问》的事例采用层进式，先用哥白尼的事例说明好问的重要性，接着以理论论证的方式进一步说明“能者为师”，再以沈括的事例指出要把勤学好问和思考观察结合起来。这样层层推进地把学与问的关系，特别是问的重要性给说清楚了。

就这样，稳定的文章结构，典型的事例选择，层层深入的论证方式，使得议论文的论证十分有序。

4. 严密的语言

好的议论文有着严密的语言，同样，严密的语言往往也是好的议论文成功的关键。论点、论据、论证三者的关系犹如光芒、珍珠和串起珍珠的绳线，而严密的语言则是存放这珍珠项链的天鹅绒内衬盒子——只有严密的语言才能保证议论文在时间的冲刷下，不会被氧化，失去光泽。

议论文语言的严密性在入选小学语文教材的几篇课文里就可见一斑。其严密性可体现在事例论证方面，对于事例的人物、出处都有明确的记录。如课文《真理诞生于一百个问号之后》就将谢皮罗麻省理工学院机械工程系教授的身份交代得很清楚，对其发表论文的内容运用概括的语言清晰地表述了出来。同样，在课文《滴水穿石的启示》中，第1自然段详细介绍了太极洞内水滴石穿这一奇观的所在地。不仅如此，作者还对事例进行概括性的小结。比如《滴水穿石的启示》列举完三个正面例子后小结道：“你看，古今中外所有成就事业的人，在前进的道路上，不都是靠着这种‘滴水穿石’的精神，才‘滴穿’一块块‘顽石’，最终取得成功的吗?”而在列举完雨水不能滴穿石块的反面例子后，也进行了小结：“这是什么原因呢？因为它没有专一的目标，也不能持之以恒。”每一个事例都可以从多方面进行解读。这种小结性语句的运用，既串联起前后文，也能让读者思维跟紧作者，有很强的说服效果，体现了议论文语言的严密性。

不仅如此，议论文以说服他人为目的却很少使用判断性的语言，时常是留有余地的。再拿《真理诞生于一百个问号之后》来看，倒数第2自然段几乎已经下了结论：“只要你见微知著，善于发问并不断探索，那么，当你解答了若干个问号之后，就能发现真理。”可最后一段又补充说明见微知著、善于发问并不断探索的能力不是凭空产生的，不是可以坐等来的。这样的语言，既有说服力，又客观中立，很好地体现出议论文语言的严密性。

除此以外，由于议论文本身还包含不同的小类，诸如有演讲词、杂文、政论、书信、随笔等不同的类别，而这些不同类别的议论文，除了固有的议论文特征外，还具有一些不同的特点，比如政论言辞激烈、涉猎广泛，杂文语言犀利。在入选部编本小学教材的三篇议论文中，《为人民服务》就是一篇演讲词，《少年中国说》就是一篇政论文。

二、学段要求

课标在小学阶段没有对议论文提出明确要求，在初中阶段对议论文做出了这样的要求：阅读简单的议论文，区分观点与材料（道理、事实、数据、图表等），发现观点与材料之间的联系，并通过自己的思考，做出判断。这个要求也能对小学的议论文教学做出指导。

小学语文教材一般从第三学段开始安排议论类文本，也有教材如苏教版教材从第二学段开始出现议论类文本。依据课标的理念，各个学段的阅读目标和要求也有所不同。

第二学段（3—4 年级）具体要求："能初步把握文章的主要内容，体会文章表达的思想感情。能对课文中不理解的地方提出疑问。"

第三学段（5—6 年级）具体要求："在阅读中了解文章的表达顺序，体会作者的思想感情，初步领悟文章的基本表达方法。在交流和讨论中，敢于提出看法，作出自己的判断。"

小学语文教材一般从第三学段开始出现议论文，所以在教学时也可参照上述要求。在学习议论文时，不需要对文章的论点、论据、论证这些专业的术语有明确的理解与辨析，但能够区分哪些是观点，哪些是材料，观点与材料之间有什么联系，并能就文中的观点做出自己的判断。

三、学情把脉

小学高年级的学生具备了一定的语文素养，心智也逐步成熟，对外界事物（事件）也有了主观感知的能力，能够接受议论文这种新文体。但是，由于他们阅历较浅，且逻辑思维能力不强，小学阶段的议论文也很少，他们对于议论文有陌生感和距离感，且他们更喜欢阅读情节性强的叙事性作品，因此对议论文的兴趣不够浓厚。

虽然对议论文兴趣不够浓厚，但由于日常生活中需要公共说理的场合已越来越多，高年级的学生也已经接触过不少，如讨论会、辩论会，明白想要说服别人需要理性、逻辑、证据，他们对此很感兴趣。教师可以基于此特点，告诉学生议论文也是公共说理的一种形式，以激起他们的兴趣。

总之，小学生学习议论文有一定难度，需要教师根据课标要求和学生身心发展特点设计教学。除了让学生准确把握作者的观点外，更重要的是学习作者的说理过程，提升学生的思维品质。

四、课例分析

（一）《说勤奋》（第二学段）

1. 教学文本呈现

说勤奋

人人心中都有一个美好的理想，然而你可知道，通往理想境界的桥梁是什么？是勤奋。古今中外，每一个成功者手中的鲜花，都是他们用汗水和心血浇灌出来的。

同学们一定还记得那个砸缸救人的司马光吧，他是北宋著名的史学家。小时候，每当老师讲完课，哥哥、弟弟读了一会儿书就去玩了，他却躲在屋里一遍又一遍地高声朗读，一直读到滚瓜烂熟为止。长大以后，他更加勤奋。为了抓紧时间，他用圆木做了个枕头，睡觉时只要稍微一动，枕头就会滚开，他醒来后便继续读书写作。他管这种枕头叫“警枕”。他用了19年时间，终于编成了著名的史学巨著《资治通鉴》。

我国著名的生物学家童第周，到17岁才进中学。第一学期末，他的学习成绩很差，但他毫不气馁，急起直追。每天天刚亮，他就在校园里读书。晚上睡觉前，他总是习惯地回顾一下当天的学习内容。他还十分注意改进学习方法。经过半年的努力，他终于赶了上来，学习成绩在班上名列前茅。后来他远渡重洋，到比利时去留学，由于完成了高难度的青蛙卵剥离手术，在欧洲生物学界产生了很大的影响。由此可见，即使基础比别人差一些，只要肯下功夫，也是照样可以成才的。正如著名的数学家华罗庚所说，“勤能补拙是良训，一分辛苦一分才”。

如今，我们的生活和学习条件虽然有了很大的改善，但仍不能忘记

“勤奋”二字。只有一生勤奋，才能有所作为，才能对人民、对社会作出应有的贡献。

2. 教学目标预设

（1）明确作者的观点，初步了解说理文的文体特点，学习“以事说理”的方法。

（2）懂得勤奋是通向理想境界的桥梁，要从小努力学习，长大了对人民、对社会做出应有的贡献。

（3）能学习课文写法，举一个事例来说明论点。

3. 教学片段设计

【课堂试教】

师：同学们已经积累了不少成语典故，今天老师带来了三幅图片，考考你们，请根据图片分别说出每幅图对应的成语。

生：闻鸡起舞、凿壁借光、悬梁刺股。

师：齐读。（生齐读）这些成语故事的主人公都有一个共同的品质，那就是？

生：勤奋。

师：我们一起来写好这个词语。（板书：勤奋）

师：题目中还有一个字，老师把它补上。（板书：说）齐读课题。

师：文章第 1 自然段就告诉了我们作者的观点，你找到了吗？

生：作者的观点是“通往理想境界的桥梁是什么？是勤奋”。

师：这是一句什么句？

生：设问句。

师：请你把它换一种说法。

生：勤奋是通往理想境界的桥梁。

师：比较一下，作者为什么不用这句，而用了一句设问句？

生：让语气更强烈，观点更明确。

师：说得真好！我们再一起来读一读作者的观点。（生齐读）

师：这篇课文中，作者是怎样论述自己观点的？

生：举了两个例子。

师：阅读课文，作者举了哪两个例子？

生：举了司马光和童第周的例子。

师：谁能说得具体些？

生：司马光用圆木做警枕，提醒自己勤奋学习写作，后来写出了《资治通鉴》；童第周学习起步晚，但发奋努力，急起直追，最终成为著名的生物学家。

师：结合事例，具体说说他们勤奋的表现。

生1：司马光小时候，老师讲完课他也不玩，读书一定要读到滚瓜烂熟为止，长大后，为了警醒自己抓紧时间写作，还做了个“警枕”。

生2：童第周为了赶上他人整天起早摸黑地学习。

…………

师：除了文中的两个事例之外，你还知道哪些事例能论述作者的观点？请仿照课文写法，把它写下来。

【课堂诊断】

这节课首先让学生明确作者的观点，以及论述观点的方法，基本思路是值得肯定的。但是存在着两个不足：一是学生没能领悟说理的逻辑。教师没有对文本中的事例进行更深层次的挖掘，学生通过学习，并不知道作者为什么选择这两个事例，即不知道作者到底是如何说理的，处于知其然而不知其所以然的状态。二是学生不知如何仿写。对于四年级的学生来说，没有点拨直接进行仿写难度较大，学生还没有充分领悟作者的写作逻辑、技巧，仿写只是依葫芦画瓢，失去了原本设计仿写的意义。

基于这样的诊断，我们紧扣教学目标和学情，从课堂导入、事例分析、仿写指导这几个块面入手，对课堂进行了重构。

【课堂重构】

师：同学们已经积累了不少成语典故，今天老师带来了三幅图片，考考你们，请根据图片分别说出每幅图对应的成语。

生：闻鸡起舞、凿壁借光、悬梁刺股。

师：齐读。（生齐读）这些成语故事的主人公都有一个共同的品质，那就是？

生：勤奋。

师：我们一起来写好这个词语。（板书：勤奋）

师：题目中还有一个字，老师把它补上。（板书：说）“说”就是谈一谈的意思，曾经有人对你说过有关勤奋的话吗？他是怎么说的？

生：我妈妈跟我说过要勤奋学习，将来才能考上好大学。

师：你认为妈妈跟你说这个的目的是什么？

生：是让我努力学习。

师：那你们认为作者写《说勤奋》这篇文章的目的是什么？

生1：我觉得是希望社会上的每一个人都能勤奋。

生2：我觉得是希望每个人都能勤奋，勤奋学习，勤奋工作，不偷懒。

师：你们的理解基本一样，就是要勤奋。打开课文，看第1自然段里就有一句话说明了作者写这篇文章的目的。

生：通往理想境界的桥梁是什么？是勤奋。

师：对了，我们都有理想，但达成理想的人却很少，怎样才能通往理想的境界呢？

生：勤奋。

师：对，通过勤奋让大家通往理想的境界就是作者的写作目的。文章的第一句话也就是作者的观点。请你把这个句子画出来。（生画句子）

师：这是一句什么句？

生：设问句。

师：请你把它换一种说法。

生：勤奋是通往理想境界的桥梁。

师：比较一下，作者为什么不用这句，而用了一句设问句？

生：让语气更强烈，观点更明确。

师：说得真好！我们再一起来读一读作者的观点。（生齐读）

师：那么作者又是怎样说勤奋这个道理的？和你的家人跟你说的方式有什么异同？我们继续往下看。

生：我的家人只是反复地告诉我要勤奋，要勤奋，一定要勤奋学习，而作者则是通过举了两个例子告诉我们道理的。

师：阅读课文，作者举了哪两个例子？

生：举了司马光和童第周的例子。

师：谁能说得具体些？

生：司马光用圆木做警枕，提醒自己勤奋学习写作，后来写出了《资治通鉴》；童第周学习起步晚，但发奋努力，急起直追，最终成为著名的生物学家。

师：结合事例，具体说说他们勤奋的表现。

生1：司马光小时候，老师讲完课他也不玩，读书一定要读到滚瓜烂熟为止，长大后为了警醒自己抓紧时间写作，还做了个“警枕”。

生2：童第周为了赶上他人整天起早摸黑地学习。

师：再读读两个事例，老师有几个问题想跟大家讨论讨论：勤奋学习的事例有很多，为什么作者只选择了这两个事例？既然是说勤奋，为什么事例最后要写他们取得的成就呢？能否不写？为什么司马光的事例在前，童第周的在后呢？这都是老师的疑问，想听听你们的见解。

生：作者是故意这样写的。因为司马光是古代人物，童第周是现代的，这样说有顺序，也能照应开头的“古今中外”。

师：的确是这样，你读书很仔细。不过不仅如此，比起童第周，司马光更加家喻户晓，把熟悉的先说，能让读者有亲切感，把相对不太熟悉的后说，又让读者有新鲜感，这样读者就会更加认同作者的观点了。

生：我觉得写他们取得的成就是非常有必要的，因为作者说勤奋是通往理想境界的桥梁，他们取得的成就就是理想的境界。如果不写他们因为勤奋取得的成就，就不能证明勤奋对于人的意义了。

师：真不错！没有结果单说勤奋就失去了感召力。还有一个问题好像难住了你们。再看看，比较一下这两个事例的异同，小组合作，想想原因。

生：我知道了，这两个人，司马光是从小就聪明，然后通过勤奋成功了，而童第周并不天资聪颖，通过勤奋也成功了。这样就能说明每个人通过勤奋都能成功。

师：其他同学觉得他说的有道理吗？这两个事例多么有代表性啊！其实，刚才我们讨论的这些就是作者写作的秘诀。这两个事例并非作者随便选择的，而是经过了深思熟虑。写议论文为了使所举例子更有说服力，事例就必须具有典型性。如果只选择一种情况，那就没有力量了。

…………

师：历史上说勤奋的事例还有很多，请同学们读一读发给你们的资料包中的四个故事：《孔子韦编三绝》《孙敬悬梁刺股》《匡衡凿壁偷光》《方仲永》。边读边想：哪几个是成功的典范？哪一个不是？

生：方仲永不是勤奋的范例，因为这个例子是说方仲永因为不勤奋，再好的天资也没有用。

师：对，但其实方仲永的事例也能用来说明勤奋的重要性。从正面说是正面例子，从反面说就是反面例子。方仲永的例子也可以用来说明不勤奋，即使天资聪明也不会有成就的。

师：方仲永的事例让你想到什么名言？

生：颜真卿说过——黑发不知勤学早，白首方悔读书迟！

师：说得真好！接下来请同学们在这四个事例中选择两个接在课文中童第周的事例后面，注意用上过渡语和名人名言以增强可读性。如果你选择了反例，试着在反例后面加上“由此可见”，把勤奋的道理说得更透彻。

【课堂反思】

明确作者的观点，学会以事说理是本节课学生的主要学习目标。在重构的课堂中，学生通过联系实际，比较父母讲道理和作者说理的不同，领悟到说理文论证充分、语言严密的特点，增强了文体意识；通过课前导入中的成语典故以及资料包中的四个事例积累了说理素材；通过对两个事例多角度、多层次的探讨理解了作者说理的逻辑，明确了作者增强文章信服力的秘诀；通过教师的写作提示学习了以事说理时可以运用的技巧。整节课学生的问题意识被充分激发，培养了学生主动探究的精神，也在无形中提高了他们的说理能力。

4. 教学策略简析

（1）开门见山，明确作者的观点

议论文的观点是魂，整篇文章都是围绕作者的观点来写的，且学生找到作者的观点并不难。在议论文学习中，我们不需要太多的铺垫，可以开门见山地找出作者的观点。学生不仅要明确作者的观点，还需要关注作者是如何表达观点的。

《说勤奋》这篇文章是苏教版四年级上册教材中编排的议论文。本课例中，教师通过询问学生身边有没有和你谈论勤奋的人引到作者的写作目的，学生自然而巧妙地明白了作者的观点，并通过与陈述句的比较体会到设问句让语气更强烈、观点更明确的作用。

（2）巧设铺垫，增强文体意识

此外，二次重构的课堂还有一个亮点，那就是巧妙地设计了一个铺垫：作者说勤奋这个道理的方式和你家人跟你谈论勤奋的方式有什么异同？通过这样一个问题，学生既增强了好奇心，又能在比较的过程中领悟到说理文以理服人的美，公共说理能力、理性思维能力得到提升。

（3）比较探究，充分领悟说理逻辑

学习议论文最大的难点不是明确作者的观点，而是发现作者论证自己观点的方式。解决这一难点最有效的方法是通过多层次、多角度的比较，充分领悟议论文的说理逻辑。

《说勤奋》这篇文章主要通过举例论证来阐明作者的观点。这样的教学设计，可使学生通过老师的问题，自主发现文章所选事例的相同点和不同点，真正实现了让学生充分领悟例证的目标。当然，比较不仅限于同一篇文章内，也可在多篇议论文间进行比较。

（4）读写互动，内化举例说理的能力

小学阶段议论文的说理方式以举例说理为主。在学生充分领悟作者的说理方式后，就可以采用读写结合的方式让学生内化举例说理的能力。考虑到需要运用不止一个事例，对小学生来说有难度，在进行练笔前可以再给一些写作提示。

教学议论文的核心是让学生学会说理。本课的论证方式为举例说理，本课例中老师给学生拓展延伸了四个事例，设计了让学生举例说明观点的教学环节。这样的设计，既内化了学生举例说理的能力，也让学生积累了鲜活的素材。这种方法在其他议论文学习中也可以借鉴，如学习《真理诞生于一百个问号之后》这一课时，我们也可以采用这样的形式：仿照课文的写法，用几个具体事例说明一个观点，如“有志者事竟成”“玩也能玩出名堂”。

（二）《真理诞生于一百个问号之后》（第三学段）

1. 教学文本呈现

真理诞生于一百个问号之后

有人说过这样一句话：真理诞生于一百个问号之后。其实，这句话本身就是一个真理。

纵观千百年来的科学技术发展史，那些定理、定律、学说的发现者、创立者，差不多都善于从细小的、司空见惯的现象中看出问题，不断发问，不断解决疑问，追根求源，最后把“?”拉直变成“!”，找到了真理。

洗澡是一件非常普通的事情，而美国麻省理工学院机械工程系的谢皮罗教授却敏锐地注意到：每次放掉洗澡水时，水的漩涡总是朝逆时针方向旋转的。这是为什么呢？谢皮罗紧紧抓住这个问号不放，进行了反复的实验和研究。1962 年他发表了论文，认为这种漩涡与地球的自转有关，如果地球停止旋转，就不会产生这种漩涡。他认为，在北半球，洗澡水朝逆时针方向旋转；如果是在南半球，洗澡水的漩涡将朝顺时针方向旋转；而在赤道，则不会形成漩涡。他的这个见解，引起了各国科学家的极大兴趣，他们纷纷在各地进行实验，结果证明谢皮罗的结论完全正确。

无独有偶。19 世纪末，一位名叫密卡尔逊的生物学家，调查了蚯蚓在地球上的分布情况。他发现，美国东海岸有种蚯蚓，欧洲西海岸同纬度地区也有这种蚯蚓，而在美国西海岸却没有这种蚯蚓。密卡尔逊无法回答这是为什么。

密卡尔逊的论文，引起了德国地质学家魏格纳的注意。当时，魏格纳正在研究大陆和海洋的起源问题。他认为，小小的蚯蚓活动能力很有限，无法跨渡大洋，它的这种分布情况正说明欧洲大陆与美洲大陆本来是连在一起的，后来裂开了，分为两个洲。他把蚯蚓的地理分布，作为例证之一，写进了他的名著《大陆和海洋的起源》一书。

魏格纳从蚯蚓的分布，推论地球上大陆和海洋的形成，这也正说明他的成功在于从问号中寻求真理。

最有趣的是一位奥地利医生。一次儿子睡觉时，他发现儿子的眼珠转动起来。他感到很奇怪，连忙叫醒儿子，儿子说他刚才做了一个梦。这位医生想，眼珠转动会不会与做梦有关呢？会有什么关系呢？他百思不得其解，于是他以儿子、妻子、邻居为实验对象，进行了反复的观察实验，最后得出结论：当睡觉的人眼珠转动时，他确实正在做梦。如今，人们研究梦的生理学，便根据眼珠转动的次数和时间，来测量人做梦的次数与梦的长短。

洗澡水的漩涡，蚯蚓的分布，睡觉时眼珠的转动，这些都是很平常的事情。善于“打破砂锅问到底”的人，却从中有所发现，有所发明，有所创造，有所成就。

在科学史上，这样的事例还有很多，它说明科学并不神秘，真理并不遥远。只要你见微知著，善于发问并不断探索，那么，当你解答了若干个问号之后，就能发现真理。

当然，见微知著、善于发问并不断探索的能力，不是凭空产生的。正像数学家华罗庚说过的，科学的灵感，决不是坐等可以等来的。如果说，科学领域的发现有什么偶然的机遇的话，那么这种“偶然的机遇”只能给那些有准备的人，给那些善于独立思考的人，给那些具有锲而不舍精神的人。

2. 教学目标预设

（1）了解议论文的基本文体结构，从具体事例中领悟“真理诞生于一百个问号之后”的含义，体会本文语言生动、严密的特点。

（2）培养怀疑、求证的思辨精神。

3. 教学片段设计

【课堂试教】

师：这篇课文是围绕哪句话来写的？

生：真理诞生于一百个问号之后。

师：这句话也直接表达了作者的观点。“真理”该怎么理解呢？

生：肯定正确的东西叫真理。

师：这个表达不太恰当。被实践证实是正确的话，我们称为真理。

师：“真理诞生于一百个问号之后”这句话说得比较含蓄，实质是什么意思呢？请你阅读课文第2自然段，找出那句话。

生：善于从细小的、司空见惯的现象中看出问题，不断发问，不断解决疑问，追根求源，最后把“？”拉直变成“！”，找到了真理。

师：“？”代表什么？“！”代表什么？

生：“？”代表疑问，“！”代表真理的诞生。这句话其实就是说最后把疑问变成了真理。

师：对于作者的观点，作者用了哪些事例来证明它？请大家浏览课文，试着用自己的话概括一下事例。

…………

师：作者通过举例论证，得出了什么结论呢？齐读最后两个自然段。希望你们能获得启示，善于发问并锲而不舍，不断探索。（生读）

【课堂诊断】

在这个教学片段中，教师过于重视对文本的理解，而忽视了这篇议论文语言的精妙。如果教师在学生回答完“？”和“！”的含义后相机提问这样写的好处，就能自然而然地引到文章语言的精妙上。除此以外，对最后两段话教学方式的处理也过于草率，没有发现两段话递进的层次，学生的思辨能力得不到提高。

基于这样的诊断，我们决定带领学生在关注作者论证方法、论证事例的同时也关注作者的语言——陈述观点时的语言、举例论证时的过渡、得出结论时的严谨，将课堂进行重构。

【课堂重构】

师：第 2 自然段中的“?”和“!”分别表示什么?

生：“?”表示对这些司空见惯了的现象产生了疑惑，“!”表示经过不断的探索终于发现了真理。

师：把“?”拉直变成“!”，找到了真理，就是“真理诞生于一百个问号之后”的意思。但是在表达上有什么不同?

生：“?”代表着疑问，而“!”代表着真理的诞生。用直观形象的方法表示，让别人印象深刻。

师：变抽象为形象，让我们有了形象感。

生：这样说感觉很新鲜，也很简单。

师：说得多好啊！新鲜、简单！一个“?”，一个“!”，把一个真理说得那么通俗易懂、简单明了，让人耳目一新。

…………

师：老师也有一个发现，课文第 4 自然段的开头有一个词——“无独有偶”。你知道这个词的意思吗?

生：表示两事或两人十分相似。

师：(追问) 那放在这里是说什么?

生：还有一件事情和刚刚说的那一件十分相似。

师：(继续追问) 那你觉得“无独有偶”放在这里的作用是什么?

生：巧妙地过渡到下一个事例。

师：说得真好！找一找，在写三个事例的时候还有没有像这样巧妙的过渡?

生 1：我找到了“洗澡是一件非常普通的事情”“最有趣的是一位奥地利医生”。

生 2：我还找到了一句总结句“魏格纳从蚯蚓的分布，推论地球上大陆和海洋的形成，这也正说明他的成功在于从问号中寻求真理”。

师：多好的发现呀！这句话不只是总结，还又一次照应了作者的观点。那么，另外两个事例有总结句吗？

生：第一个没有，第三个后面是对三个事例的统一总结。

师：想一想，为什么不在每个事例后面都进行总结呢？

生：那样文章的结构就显得太死板、没有变化了。

师：是啊，作者段与段之间的衔接是多么的自然，语言表达是多么的精妙！

…………

师：作者通过举例论证，得出了什么结论呢？请阅读最后两个自然段。（生读）

师：倒数第2自然段告诉你发现真理难不难？

生：不难！

师：何以见得？

生1：“科学并不神秘，真理并不遥远”，说明发现真理并不像我们说的那么难。

生2：“这样的事例还有很多”也说明发现真理并没有那么难。

生3：“只要……就……”这个句子也说明发现真理其实并不太难的。

师：哦！这些词句都向我们表明了发现真理并不难！（板书：并不难）

师：那最后一段告诉你发现真理容易不容易？

生1：不容易。因为这里说“见微知著、善于发问并不断探索的能力，不是凭空产生的”，就是说发现真理的能力是很难具备的。

生2：“绝不是坐等可以等来的”说明发现真理不是那么容易的，是要付出努力的。

生3：“只能给”就是一般的人是不可能发现真理的，是不容易的。

师：不容易！（板书：也不易）你发现了什么？

生：作者最后下了一个看似自相矛盾的结论，一段说发现真理并不难，一段说发现真理并不易。

师：是呀，对于这自相矛盾的结论，你们是怎么看的？

生：我认为并不矛盾。作者先说不难，是为了给我们增强信心，让我们也有勇气去探索真理，后来又说不易，是为了让我们沉下心来，不要骄傲，以为真理是一蹴而就的。

师：你总结得真好！作者的结论其实并不矛盾。说不难，就会增强我们探索真理的信心，让我们充满激情地加入科学探索的行列。可是，正当我们满怀豪情的时候，他又说，科学发现并不易，让我们有足够的思想准备，不会盲目和冲动。科学发现并不难，也不易，这就是辩证地看问题，这本身也是一个真理！这样的表达，也很好地体现了作者论述自己观点时的严谨。

【课堂反思】

文章第2自然段中“?”和“!”含义的理解对于学生并不难，难的是对作者这样写的意图的把握。学生通过替换比较后，领会了作者变抽象为形象，简单明了地增强可读性的高明。以事说理并不是事例的简单堆砌，学生通过对三个事例表述中一些与事例本身无关的文字的解读，发现作者结构的灵活、过渡的巧妙。不仅如此，通过对最后两段话的质疑，学生还在思辨中进一步加深了对论点的理解。通过学习，他们不仅领略了议论文语言的精妙，还提升了思辨能力。

4. 教学策略简析

（1）关注语言，领悟表达之道

议论文虽然以说理为主，但并不表示是论点、论据的简单堆砌。好的议论文都兼顾理趣与情感，可读性很强。学生在学习中不仅要关注文章的道理、论据、论证方式，也要感受语言表达的精妙，不断积累，提升语言表达能力。

二次重构的课堂中通过教师的引导，学生关注到了事例与事例之间是如何衔接的，每个事例列举时的不同形式，也关注到了作者语言表达的精妙，体会到说理文语言的严密与可读性。

（2）思考探究，在思辨中发现真知

道理，如果只是轻易说一说，那学生是无法真正领悟的。议论文的文本是作者用自己的思维和方式建立的作者的世界，学生不能简单地成为作者观点的“搬运工”，而要亲自去发现文本写作的奥秘，并进行内化，建立自己的知识和价值体系。

该文的最后两段作者用近乎“矛盾”的两个方面引导读者进一步思考，让人意犹未尽。重构的课堂也高明地运用这种思路：没有给学生一个现成的结论，而是引导学生对这两段表达的意思进行比较、探究，让他们形成立体的认识，运用辩证的思维看待问题，从而对“真理诞生于一百个问号之后”有了更深刻的理解。

五、教学认识

议论文文本具有不同的语言风格、严密的论证方式、独特的理性美。类文本教学将“议论类文本”作为一种独立的文体进行解读、学习，对于教师和学生的发展都大有裨益。

1. 从教师教学的角度看

（1）能根据学情开展教学

教学最终的落脚点是学生，从学生实际出发是教学成功的关键。在进行类文本研习时，教师结合了课程标准中的学段要求，分析了每个学段学生对每类文本的了解情况、接受程度，这样，教师就能根据学情开展教学，让教学真正发挥价值。

（2）能确定适切的教学内容

语文教学的内容不等同于课文内容，需要教师自己从课文和其他相关资源中去开发。对于一篇课文，可以解读的地方也有很多，在课堂时间不允许教师面面俱到的背景下，需要教师能够根据文体特征确定适切的教学内容。可没有文体分类意识的教师，往往找不到文本教学的主要内容，容易泛泛而谈。

而通过类文本教学的研究，教师在进行教学时，由于深谙此类文本的文体特征以及前期对文本的深入解读，能迅速判断出最适切的教学内容，并能从该文本迁移到自己积累的其他同类型的文本上，给学生呈现更丰富的内容，不会出现将议论文上成思想品德课等问题。

（3）能采用适当的教学策略

类文本教学，可以便于教师进行同类文本的小样本研究，从中提炼出该类文本的语言特点与表达技能，从而有针对性地选择相应的教学策略。议论类文本的教学研究，同样可以让教师在发现此类文本教学规律的同时，逐步形成切实有效的、相对稳定的教学策略。

因为“有类”，教师在进行类文本教学时，教学目标会更加明确，教学内容会更加清晰，教学的基本流程也会呈现相对稳定的状态，这便使得教师在教学时更加“心中有数”。在教师熟练掌握议论类文本的教学基本方式之后，便可以在课堂上放开手脚，轻松自如地跟学生展开对话，带领学生去探究此类文本的语言特点，学习此类文本的典型表达方式，大大增强语文学习的效度。这样的课堂，教师是灵动的，师生关系是和谐的。

2. 从学生发展的角度看

我国的议论文文体知识借鉴于西方的文体理论。西方强调通过说理性文本的读写来培养学生的公共说理能力和理性思维精神。① 学生通过学习，不仅能吸纳各类文本所能提供的共性素养，还可以丰富审美体验，提高语言表达的严谨性。不仅如此，学习议论文还能使学生尊重事实，重视证据，学会说理，做事能够遵循逻辑，防止情绪化判断。

（1）丰富审美体验

小学阶段的课文以记叙文、童话等为主，大多是塑造人物形象，以事感人的。而议论文以严谨的语言独树一帜，让学生领略到文字可以具有的理性美，能扩大学生阅读面，丰富其审美体验。

（2）培养理性思维

议论文的思想是作者用提论点、摆论据的形式表现出来的。与文学作品通过形象进行情感熏陶不同，议论文用科学的思想方法、精辟的理性语言对社会和人生进行思考和认识。通过议论文文本的学习，学生能对事物和客观信息加以综合分析，并有逻辑地提出自己的结论。阅读优秀的议论文无疑是在将出色的逻辑思维融入自己的大脑，是无可替代的理性思维训练。

（3）增强说理能力

随着社会的发展，需要发表观点的场合越来越多。公共说理与辩解、社会听证与咨询、新闻时评、网络论坛、专业论文写作、在网络上发表评论，乃至内心反省、说服自己都需要具备良好的说理能力。说理能力是一种实践能力和个人素质，而通过议论文的学习，小学生受到了深刻的思想、科学的观点、严密的思维、准确的语言的熏陶，潜移默化地提高自己的说理能力。

（4）促进人格塑造

议论文论点鲜明，论据充分，对于三观还未成型的小学生来说是一种

---

① 潘庆玉. 学会说理：论述类文本教学的核心价值［J］. 语文建设，2016（22）.

优秀世界观、人生观、价值观的传递。通过议论文的学习，学生能够尊重事实，重视证据，学会关注生活现象，同时将优秀的观点埋进自己心中。因此，做事也能够遵循逻辑，不盲从，不偏激，防止了情绪化的判断，发展良好的人格。

总之，尽管议论文不是小学阶段学习的重点，但它的意义不可小视。它所承载的各种观点、语言风格、思维方式都是语文素质养成不可或缺的。

第五节 说明类文本

说明文是以说明为主要表达方法的介绍事物、解释事物的文体，要求使用一定的说明方法，如定义、分类、举例、数据、图表等。说明文通过对客观事物的具体说明，将事物的性质、形态、功能、成因等进行介绍和解说，或对事物发生和发展的过程加以阐明，使读者便于了解和运用。

根据说明对象和目的的不同，说明文可以分为事物说明文和事理说明文。在小学语文教材中，《太阳》一文，主要从远、大、热三个方面介绍太阳的三大特征以及太阳与我们的密切关系；《松鼠》一文，主要介绍了松鼠漂亮的外形、驯良的习性和乖巧的行为；《新型玻璃》主要介绍了五种新型玻璃的特点和它们在现代生活中的广泛应用。像这样主要介绍某种事物的性质、状态、功能、特征等的说明文属于事物说明文。而像《大自然的启示》《狼和鹿》《蛇与庄稼》等这类以分析事物的因果关系、介绍科学道理为主的说明文则属于事理说明文。

说明文按语言风格分，一般分为平实说明文和生动说明文。平实说明文是客观地说明对象，不带有作者的主观色彩，比较常见的有数学、物理、化学等教科书，产品介绍或使用说明、药品服用说明等各类说明书，实验报告等。如《太阳》《埃及的金字塔》以及两篇习作例文《鲸》和《风向袋的制作》都属于平实说明文。

根据小学生的年龄特点和认知水平，小学语文教材中的说明文大都属于生动说明文。生动说明文又叫文艺性说明文（或科学小品文、科普文），为了增加文章的生动性、趣味性，引起读者的阅读兴趣，常常会用较形象的手法来说明事物或阐述事理。

一、文体特征

1. 内容真实

说明文是一种实用性很强的文体，与人类的生产、生活、工作有着密切的联系。它通过客观地说明事物或阐明事理，让人们对说明对象有一个科学的认识，从而获得有关的知识。

说明文的特点是“说”，为了把事物的特征或事理说明白。作者或者要进行亲身实践、实地调查、考察，或者要借鉴相关的科学方面的研究资料，以确保文章内容的真实性，从而达到传播知识的目的。

2. 方法恰当

说明文为了要把事物说明白，就必须把握事物的特性，采用恰当的说明方法，从而揭示事物的本质属性。

说明事物的方法有很多，小学阶段比较常用的说明方法有举例子、列数字、作比较、下定义、打比方、分类别等。如《神奇的克隆》一文，为了说明“许多植物也有先天克隆的本领”，举了“大柳树”“马铃薯”“仙人掌”这些通俗易懂又有代表性的例子，从而使想要描写的事物变得更清晰，让人一目了然。《新型玻璃》一文中，采用打比方的说明方法，把“噪音”比作“一个来无影去无踪的‘隐身人’”，可以看出噪音的不易处理，更体现出吃音玻璃的用处大，而“隐身人”存在于神话故事中，这样的比喻既生动形象、十分贴近，又符合学生的口味，让学生更容易理解，也更喜欢这篇文章。

研究小学阶段说明文在各年段的分布，我们会发现，越是到高年段，说明方法越是呈现多样性的特点。如《埃及的金字塔》这篇课文的第 3 自然段，用了列数字、举例子、作比较等多种说明方法介绍了胡夫金字塔外观宏伟、结构精巧的特点，使没有见过胡夫金字塔的读者也能对它有一个比较直观、清晰的认识。

3. 语言准确

说明文是以传授知识为目的的文体。叶圣陶先生说过，说明文就是要“说明白”，要忠实于事物的客观性和知识的准确性。这就决定了说明文必须用科学、准确的语言来描述所要介绍的事物或阐明的事理，否则稍有差错，就会失之毫厘，谬以千里。说明文语言的科学准确性主要体现在以下几个方面。

（1）使用确切的数字

说明文语言的准确无误首先体现在列举的数字上，这样的例子在教材中比比皆是：《太阳》一文中，“其实，太阳离我们有一亿五千万千米远。到太阳上去，如果步行，日夜不停地走，差不多要走三千五百年；就是坐飞机，也要飞二十几年”。列举“一亿五千万千米”“三千五百年”“二十几年”这些具体的数据，准确地向读者说明了太阳离我们很远，很有说服力。

（2）运用表示估计、揣测的词

《不可思议的金字塔》一文中，介绍胡夫金字塔的重量“约600万吨”、塔的体积“约258立方米”、塔底面积“约52900平方米”，作者用“约”这样表意模糊的表示估计的词语，恰恰是对说明对象真实情况的准确描述。因为对于这样的一个庞然大物，科学家对于它的“重量”“体积”和“塔底面积”不能给出一个精准的数字，如果把“约”字去掉，表面看上去比较准确，实则反而不科学了。

又如《埃及的金字塔》一文中，作者在回答埃及人是“怎样把这么多巨大的石块垒起来的”这一问题时，因为历史久远，没有文字记载，只能从别的资料里查一些佐证。因没有确凿的科学依据，作者便用了“据说”这样表示猜测的词语，这也体现了作者科学严谨的态度。

（3）使用表修饰、限制性的词语

说明文的语言还常常运用一些修饰或限制性的词语，以体现说明文语言的准确性、严密性。如《松鼠》一文中，“松鼠通常一胎生三四个”中“通常”一词表示“一般”的意思，不排除特殊情况，起限制作用。还有诸如“几乎”“差不多”“往往”“绝大多数”“可能”等词都起到了修饰或限制的作用，体现了说明文语言的严密性、准确性。

（4）使用准确的专业术语

介绍科学知识的说明文，要特别注重科学专业术语的准确使用。如《火星——地球的“孪生兄弟”》一文中的“河床”“钻孔分析”，《埃及的金字塔》中的“角锥形建筑物”，《神奇的克隆》中的“有性繁殖”“无性繁殖”等一系列专业术语的准确表达和使用，体现了说明文语言的科学性、准确性。

4. 顺序清楚

说明性文章叙述思路缜密、逻辑清晰，表达有条有理。根据说明对象的不同，说明文往往采用不同的说明顺序，一般包括时间顺序、空间顺序和逻辑顺序。

所谓时间顺序，就是根据事物发展过程的时间先后来介绍某一事物的说明顺序。事物的发展变化离不开时间，动植物的生长、人物的成长、文字的演变、产品的制作过程、历史的进程与发展等，都需要时间。所以，在说明这些事物的时候，往往采用时间顺序来说明。如《纸的发明》一文，在说明纸的发展历程时，作者在行文的整体思路上采用了时间顺序，主要从三个时间段来写：几千年前记录文字的载体有“龟甲”“兽骨”“青铜器”“竹片和木片”“帛”等；“两千多年前的西汉时期，人们已经懂得了用麻来造纸”；“大约在一千九百年前的东汉时代”，蔡伦改进了造纸术。作者以时间为脉，有序道来，使行文流畅，条理井然。

空间顺序是根据说明对象的形状、结构、构造特征由表及里，由里及表，或方位，或上下，或从整体到局部来加以介绍的说明顺序，常用于说明静态的事物（如工艺品、建筑物、园林等）。如《天安门广场》一文的第2—3自然段，分别介绍了广场北端的天安门、天安门前的金水河、金水河上的金水桥、金水桥两旁的一对汉白玉华表，以及广场中央矗立着的高大的人民英雄纪念碑、广场南端的毛主席纪念堂和东西两侧的中国国家博物馆和人民大会堂。作者按照从整体到局部、从北到南、由东到西、从中央到两边的空间顺序，准确清晰地介绍了天安门广场上的建筑，层次清楚，条理分明。

所谓逻辑顺序，即按照事物或事理的内部联系及人们认识事物的过程来安排说明顺序。逻辑顺序一般分为：从现象到本质，从原因到结果，从主要到次要，从概括到具体，从性状到用途，从整体到局部。《花钟》是一篇介绍科学知识的说明文，全文的行文思路是：归纳现象（不同的花在不同的时间开放）—探索原因（不同的植物为什么开花的时间不同）—实际应用（把不同时间开放的花种在一起，组成“花钟”）。作者采用逻辑顺序进行说明，由结果到原因，由性状到用途，由浅入深，由此及彼，符合学生认识事物的规律，使学生易于理解和接受。

当然，许多说明文的说明顺序不是孤立存在的，而是根据说明对象和说明内容的需要进行选取，它们相互依存，综合运用，使文章条理清晰，言之有序。如《花钟》一文，除了全文运用逻辑顺序以外，课文第 1 自然段为了介绍不同的花开花时间不同，又运用了时间顺序进行说明。

5. 结构清晰

说明文一般有三种常见的结构关系：并列式、递进式和总分式。并列式：各层次之间的关系是平等并列的。递进式：后边的说明是在前面基础上进行进一步的说明。总分式包含三种情况，即总分式、分总式和总分总式。在一篇文章中，几种结构有时单独使用，有时交替使用。以《太阳》为例，这是一篇非常典型的说明类文本，主要介绍了太阳的知识和太阳与人类的关系两方面的内容。介绍太阳的知识时分别介绍了太阳“远、大、热”这三个特点，使用的是并列结构，先介绍太阳的知识，再介绍太阳与人类的密切关系又是递进结构。介绍太阳与人类的密切关系时，先总说“太阳虽然离我们很远很远，但是它和我们的关系非常密切”，最后总结“一句话，没有太阳，就没有我们这个美丽可爱的世界”又是总分总结构。在分述太阳与动植物之间的关系、与气象的关系以及与防治疾病方面的关系时又采用了并列结构。

二、学段要求

《语文课程标准》在第一、二学段没有对说明类文本提出具体的阅读目标要求，一直到了第三学段才有针对性地提出，但这并不是说明只有到了第三学段才进行说明文教学，因为在各学段教材中都编排了适合学生阅读的说明文。因此，我们在教学过程中要依照课标要求，紧紧围绕各年段阅读目标设置，根据不同学段学生不同的阅读能力，设定不同的目标，体现说明文阅读教学在不同年段中的价值。

第一学段（1—2 年级）的具体要求：“结合上下文和生活实际了解课文中词句的意思。”“关心自然和生命，对感兴趣的人物和事件有自己的感受和想法，并乐于与人交流。”说明类文本虽然贯穿整个小学语文教材中，但为了符合小学生的年龄特征、认知水平和心理特点。在低年段，教材中的说明类文本大都以学生喜闻乐见的诗歌和童话的形式出现，因此教师在进行此类说明类文本的教学时应该忠实于低年段的课程目标，淡化说明文的文体观念，除了把教学重点放在识字写字、词句教学以外，要利用文本本身蕴含的知识内容，让学生能通过阅读获取相关信息，从而认识事物，了解有关知识，并以此激发学生了解科学知识的兴趣，逐步拓宽学生的阅读视野。

第二学段（3—4 年级）的具体要求：“能联系上下文，理解词句的意思，体会课文中关键词句表情达意的作用。能借助字典、词典和生活积累，理解生词的意义。”“能初步把握文章的主要内容，体会文章表达的思想感情。能对课文中不理解的地方提出疑问。”“能提出学习和生活中的问题，有目的地搜集资料，共同讨论。”“能用普通话交谈。学会认真倾听，能就不理解的地方向人请教、就不同的意见与人商讨。”

第二学段的说明文在体裁上要比低年段纯粹得多，篇数增加了不少，文体特征已比较明显，为第三学段学好说明文做好了铺垫。这一学段的说明文说明方法并不突出，为第三学段学习说明方法做了一个准备。从三年级下册开始，几乎每篇说明文课文后都有查找资料，和同学交流的要求。根据学段目标要求，此学段的说明文教学要注重关键词句在表情达意方面的作用。同时，段落教学是中年段阅读教学的重中之重，起到承上（上接低年段字词句的训练）启下（下为高年段篇章阅读教学做铺垫）的作用，因此还要从段落的出发感受说明文结构上的条理性，从而把握文章的主要内容。关注说明文的延伸拓展，培养学生搜集整理资料的能力，激发学生学科学、爱科学的兴趣。

第三学段（5—6 年级）的具体要求：“阅读说明性文章，能抓住要点，了解文章的基本说明方法。”“学习浏览，扩大知识面，根据需要搜集信息。”“在阅读中了解文章的表达顺序，体会作者的思想感情，初步领悟文章的基本表达方法。在交流和讨论中，敢于提出看法，作出自己的判断。”高年段的说明文教学应该具有明确的文体意识，教师应该强化说明文文体知识，以点带面，带领学生了解文本的说明对象及其特征，说明顺序和所采用的说明方法，并领悟说明文语言的准确性、严密性和科学性，能将习得的文体知识尝试运用于说明文的写作。部编本教材有专门的说明文单元，如五年级上册第五单元为我们呈现的课文《太阳》《松鼠》以及习作例文《鲸》《风向袋的制作》都是说明文，交流平台不但介绍说明文的文体知识，而且要求学生“选择身边的一个事物，试着运用多种方法来说明它的特征”，以及要求学生“查找资料，试着将课文《白鹭》改写成说明性文章，体会它们有什么不同”。而习作更是要求“介绍一种事物”。三个说明文的写作要求侧重点不同，难度逐步增加，将读写很好地结合起来，加深学生对说明文文体的认识和文体知识的运用。

三、学情把脉

阅读能力在很大程度上决定着学生的未来，低年段是激发学生阅读兴趣的关键时期。教育心理学告诉我们：“最好的阅读动力莫过于阅读者对所阅读的对象产生兴趣。”在低年段，儿童对童话故事和诗歌类的文章更感兴趣。考虑到学生的年龄特点，编者将所要说明的对象、介绍的知识隐藏在一篇篇学生喜闻乐见的童话、儿歌中，让学生在轻松愉悦的环境中认识事物，获取知识。如《植物妈妈有办法》一文，作者采用诗歌的形式，运用拟人的修辞手法，将植物是怎样传播种子的知识介绍给学生，融知识性与趣味性于一体，读起来朗朗上口，学生百读不厌。而《我是什么》一文，编者又以学生喜爱的童话的形式，介绍了有关“水”的知识，增强了文章的感染力。像《活化石》《最大的“书”》等虽可以看到说明文体的一些特征，但在内容和表达上也在努力凸显说明文科学知识的趣味性和语言的生动形象性，以此激发学生的阅读兴趣。

中年段的学生与低年段学生相比已经具有一定的阅读能力，他们在低年段已经习得“结合上下文和生活实际了解课文中词句的意思”的方法，在中年段更要学习“体会课文中关键词句表情达意的作用”，并注重段落的教学，感受说明文文本结构上的条理性。因此，教材中选用的说明文文本虽然在语言上依然注重生动形象，但说明文特征已较明显。如《纳米技术就在我们身边》一文，作者使用科学准确的语言，运用多种说明方法，分段并有条理地介绍了纳米技术。

高年段学生在知识的积累、阅读方法的掌握、阅读能力的形成、思维能力的发展等方面达到了一定的高度，自主学习的意识和能力得到提升。他们中有相当部分学生对未知的世界充满好奇，渴求习得更多的科学知识，对说明类文本产生了较浓厚的兴趣。此年段教材中的说明文文体特征非常明显，更注重对学生进行文体知识的教学和运用、资料的收集和使用以及科学探究精神的培养。

四、课例分析

（一）《蝙蝠和雷达》（第二学段）

1. 教学文本呈现

蝙蝠和雷达

晴朗的夜空出现两个亮点，越来越近，才看清楚是一红一绿的两盏灯。接着传来了隆隆声，这是一架飞机在夜航。

在漆黑的夜里，飞机是怎么做到安全飞行的呢？原来是人们从蝙蝠身上得到了启示。

蝙蝠是在夜里飞行的，还能捕捉飞蛾和蚊子；而且无论怎么飞，从来没见过它跟什么东西相撞，即使一根极细的电线，它也能灵巧地避开。难道它的眼睛特别敏锐，能在漆黑的夜里看清楚所有的东西吗？

为了弄清楚这个问题，一百多年前，科学家做了一次试验。在一间屋子里横七竖八地拉了许多绳子，绳子上系着许多铃铛。他们把蝙蝠的眼睛蒙上，让它在屋子里飞。蝙蝠飞了几个钟头，铃铛一个也没响，那么多的绳子，它一根也没碰着。

科学家又做了两次试验：一次把蝙蝠的耳朵塞上，一次把蝙蝠的嘴封住，让它在屋子里飞。蝙蝠就像没头苍蝇似的到处乱撞，挂在绳子上的铃铛响个不停。

三次不同的试验证明，蝙蝠夜里飞行，靠的不是眼睛，而是用嘴和耳朵配合起来探路的。

科学家经过反复研究，终于揭开了蝙蝠能在夜里飞行的秘密。它一边飞，一边从嘴里发出一种声音。这种声音叫作超声波，人的耳朵是听不见的，蝙蝠的耳朵却能听见。超声波像波浪一样向前推进，遇到障碍物就反射回来，传到蝙蝠的耳朵里，蝙蝠立刻改变飞行的方向。

科学家摹仿蝙蝠探路的办法，给飞机装上了雷达。雷达通过天线发出无线电波，无线电波遇到障碍物就反射回来，显示在荧光屏上。从雷达的荧光屏上，驾驶员能够清楚地看到前方有没有障碍物，所以飞机飞行就更安全了。

2. 教学目标预设

（1）学习抓住有用的说明性的信息复述三次实验的过程，揭开蝙蝠夜间飞行的秘密。

（2）通过画示意图比较的方式理解飞机夜间飞行和蝙蝠探路之间的关系。

（3）交流“仿生学”的资料，激发学生热爱科学、乐于观察与探究的兴趣。

3. 教学片段设计

【课堂试教】

（1）默读课文第4—6自然段，提取文中信息，用较简洁的语言完成表格，再在四人小组内进行讨论交流。

（2）指名同学上台交流，其他同学可以提出自己不同的见解或修改自己的表格。

实验顺序	实验环境	实验方式	实验结果	实验结论
第一次	拉绳子，系铃铛	蒙眼睛	铃铛一个也没响	不靠眼睛
第二次	拉绳子，系铃铛	塞耳朵	铃铛响个不停	与耳朵有关
第三次	拉绳子，系铃铛	封住嘴	铃铛响个不停	与嘴和耳朵有关

（3）那么蝙蝠到底是如何靠嘴巴和耳朵的配合在夜里飞行的呢？请同学们默读课文第7自然段，画一画示意图，再结合示意图复述蝙蝠用嘴和耳朵探路的方法，揭开蝙蝠能在夜间飞行的秘密。

（指名学生上台展示示意图并进行复述，下面的同学认真倾听，可以提出自己的见解，或修改完善自己的示意图。）

（4）科学家模仿蝙蝠探路的方法，给飞机装上了雷达。那么雷达的工作原理和蝙蝠探路的方法有何相似之处呢？请同学们默读课文的第8自然段，想一想，如果把刚才画的示意图中的“蝙蝠”改成“雷达”，其他的应该怎么改。

（学生交流：如果把“蝙蝠”改成“雷达”，蝙蝠的“嘴”就是雷达的“天线”，蝙蝠嘴里发出的“超声波”就是雷达发出的“无线电波”，蝙蝠的“耳朵”就是雷达的“荧光屏”。）

谁能根据示意图，说说雷达是怎么工作的？

（5）同学们，科学家由蝙蝠身上得到启发，发明了雷达，使飞机在夜晚也能安全地飞行。这是从20世纪五六十年代刚发展起来的一门科学——仿生学。

人类从许多动物身上得到启发，发明了新事物。昨天你们回去进行了有关的资料搜集，现在能用这样的句式说说吗？如果能再说说这样新事物的用途就更好了。

（出示：人类从______________身上得到启示，发明了____________。______________主要用于________________。）

同学们，你还想从什么动物身上得到什么启示，想发明什么呢？

【课堂诊断】

上完课以后，教师觉得“三个实验”这一部分处理得太简单了，只是让学生根据文本内容填了一张表格，学生大致了解了一下这三个实验的过程，这样的学习是浮于表面的。《蝙蝠与雷达》是一篇说明类文章，说明类文章有一个显著的特征，就是语言的准确性、科学性。在描述三个实验过程时有许多关键性的词句，如“横七竖八”“许多绳子”“许多铃铛”“飞了几个钟头”“一个也没响”“一根也没碰着”等，这些词句体现了课文语言的科学性、准确性，如果能在教学过程中引导学生细细咀嚼体会，不但能让学生深入了解三次科学实验的过程，还能从中进行语言文字的理解和训练、逻辑思维能力的训练，同时可以让学生体会到说明类文章语言的科学性、准确性，以及感受到科学家严谨的科学态度。

【课堂重构】

（1）默读课文第4—6自然段，提取文中信息，用较简洁的语言完成表格，再在四人小组内进行讨论交流。

（2）指名同学上台交流，其他同学可以提出自己不同的见解或修改自己的表格。

实验顺序	实验环境	实验方式	实验结果	实验结论
第一次	拉绳子，系铃铛	蒙眼睛	铃铛一个也没响	不靠眼睛
第二次	拉绳子，系铃铛	塞耳朵	铃铛响个不停	与耳朵有关
第三次	拉绳子，系铃铛	封住嘴	铃铛响个不停	与嘴和耳朵有关

（3）谁愿意当一回科学家，用简洁的语言向大家介绍一下这三个实验的过程？

（学生的复述基本上是结合表格内容进行的，因此将实验过程复述得过于简单。）

（4）议一议：对于这位同学复述的内容，你怎么看？

生1：我觉得××同学复述得很好，语言非常简洁，实验过程完整。

生2：我觉得××同学复述得过于简单，忽略了课文中一些重要的信息，如他说："科学家在屋子里拉了许多绳子，绳子上系上铃铛。"我觉得课文中的"横七竖八"、"许多铃铛"中的"许多"一词在复述时也要用上，因为从这些词可以看出科学家给蝙蝠飞行制造了不小的难度。

（教师肯定了第二位学生的回答后，其他同学纷纷效仿，找出了许多关键词句，如"飞了几个钟头""一个也没响""一根也没碰着""到处乱撞""响个不停"等，这些词句更能让学生体会到蝙蝠用嘴和耳朵配合起来探路的神奇之处，以及科学家一丝不苟的科学态度和求真务实的科学精神。）

（5）请同学们再一次复述实验过程，复述的过程中要抓住有用的说明性的信息。

【课堂反思】

课后，上面提到的"生1"向教师反映："老师，你不是让我们用简洁的语言复述实验过程吗？我觉得加上那些关键的词句后，复述的内容基本上和原文差不多了，这根本不是'用简洁的语言进行复述'，而是像在背课文了。"真是一语点醒梦中人啊！的确如此，后面同学复述的内容基本上和课文内容相差无几，当然这不是学生的问题，而是教师设计的"问题"有问题。这是一篇说明类文章，语言已经比较精练，如果再要求学生用"简洁的语言复述实验过程"，学生想要做到"简洁"就会丢失许多重要的信息，想要把实验过程说清楚就达不到"简洁"的要求，因此教师应该把问题中的"用简洁的语言"去掉。

4. 教学策略简析

（1）拓展文本，激发兴趣

《语文课程标准》对第二学段的学生已提出搜集资料的要求。学生进行"仿生学"方面的资料的搜集和交流，使语文学习活动由课内向课外延伸，课内外有机结合，既利用课外知识促进学生对教材文本的进一步理解，又拓宽了学生的知识面，提高学生对信息的搜集和处理能力。而最后有目的地让学生想象：你从什么动物身上得到启示？想发明什么？以此来培养学生"敢想、敢说"的能力，学生畅所欲言，既富有想象又不脱离生活实际，很好地激发了学生的想象力和学科学、爱科学的兴趣。

（2）表格助学，提升能力

在学习科学家的三次实验时，学生为了完成表格，有目的地对文本内容进行了解读，对实验过程进行了自主比对、探究，揭开了蝙蝠夜行的秘密。在此过程中，学生经历了阅读—思考—梳理文字的过程，自学、阅读理解能力得到提升。学生在小组讨论交流的过程中，学习的积极性得到提高。在整个学习过程中，学生的自学能力、对文本的解读能力及概括、表述能力都得到了提升，思维能力得到发展。

（3）把握要点，有序复述

复述课文就是用自己的话和课文中学过的关键性语句，把课文内容有条理地叙述出来。能否清楚、完整地复述课文内容是衡量学生是否读懂课文的重要标志。说明类文本中的“关键性语句”就是事物的要点。科学家进行实验的过程是按照实验前（环境布置）、实验中、实验后（得出结论）这样的顺序进行表达的。在教学中通过“议一议”环节引导学生从文本中获取到有用的信息，学生结合表格抓住有用的信息进行复述，就能把复述的对象说清楚、说准确。复述的过程不是简单的对课文内容的重复，更重要的是能让学生体会到文本语言的科学性、准确性，学习到科学的思维方法，感受科学家认真严谨的科学态度。

（4）对比阅读，得到启发

了解蝙蝠探路的方法和雷达之间的联系是本课的重点和难点。学生通过自主学习、探究、交流了解信息，学习兴趣浓厚，积极性很高。学生习得通过阅读文本—画示意图—了解蝙蝠探路的方法后，再学习雷达的工作原理就水到渠成了。而且，通过修改示意图这一环节，学生很容易就明白科学家“模”蝙蝠身上的什么“仿”出了什么，对后面的“仿生学”这一陌生的科学名词的理解就不难了。

（二）《太阳》（第三学段）

1. 教学文本呈现

太　阳

有这么一个传说，古时候，天上有十个太阳，晒得地面寸草不生。人们热得受不了，就找一个箭法很好的人射掉九个，只留下一个，地面上才不那么热了。其实，太阳离我们有一亿五千万千米远。到太阳上去，如果步行，日夜不停地走，差不多要走三千五百年；就是坐飞机，也要飞二十几年。这么远，箭哪能射得到呢？

我们看到太阳，觉得它并不大，实际上它大得很，一百三十万个地球的体积才能抵得上一个太阳。因为太阳离地球太远了，所以看上去只有一个盘子那么大。

太阳会发光，会发热，是个大火球。太阳的温度很高，表面温度有五千五百摄氏度，就是钢铁碰到它，也会变成气体。

太阳虽然离我们很远很远，但是它和我们的关系非常密切。有了太阳，地球上的庄稼和树木才能发芽、长叶、开花、结果；鸟、兽、虫、鱼才能生存、繁殖。如果没有太阳，地球上就不会有植物，也不会有动物。我们吃的粮食、蔬菜、水果、肉类，穿的棉、麻、毛、丝，都和太阳有密切的关系。埋在地下的煤炭，看起来好像跟太阳没有关系，其实离开太阳也不能形成，因为煤炭是由远古时代的植物埋在地层底下变成的。

地面上的水被太阳晒着的时候，吸收了热，变成了水蒸气。空气上升时，温度下降，其中的水蒸气凝成了无数的小水滴，飘浮在空中，变成云。云层里的小水滴越聚越多，就变成雨或雪落下来。

太阳晒着地面，有些地区吸收的热量多，那里的空气就比较热；有些地区吸收的热量少，那里的空气就比较冷。空气有冷有热，才能流动，成为风。

太阳光有杀菌的能力，我们可以利用它来预防和治疗疾病。

地球上的光明和温暖，都是太阳送来的。如果没有太阳，地球上将到处是黑暗，到处是寒冷，没有风、雪、雨、露，没有草、木、鸟、兽，自然也不会有人。一句话，没有太阳，就没有我们这个美丽可爱的世界。

2. 教学目标预设

（1）整体感知，通过抓关键词句提升获取信息的能力。

（2）通过学习进一步认识列数字、打比方、举例子、作比较这几种常用的说明方法。

（3）通过比较，体会恰当运用说明方法介绍说明对象的好处。

3. 教学片段设计

【课堂试教】

第一板块：激趣导入，交流资料

同学们，今天我们来学习一篇说明文《太阳》。课前，同学们查找了许多与太阳有关的资料，我们先来交流一下。

（全班交流）

看来，同学们对太阳的了解还真不少。相信通过这节课的学习，大家对太阳一定会有更多的了解。

第二板块：朗读课文，整体感知

朗读课文，思考课文介绍了有关太阳的哪些信息，分条写下来。

（全班交流）

同学们提取的信息很多，能不能把它们归归类，四人小组讨论一下？

（再次交流：课文主要介绍了太阳的三大特征，即远、大、热，以及太阳与人类的关系密切。）

第三板块：学习太阳的特点，习得说明的方法

这是一篇说明性的文章，向我们介绍了太阳的有关知识。说明文在介绍事物的特点时，会运用一些说明方法将事物特征介绍清楚。请同学们默读课文的第1—3自然段，看看课文分别用了哪些说明方法向我们介绍太阳“远、大、热”这三个特点的。四人小组交流一下。

（汇报交流）

（交流“远”这一特点。生：“其实，太阳离我们有一亿五千万千米远。到太阳上去，如果步行，日夜不停地走，差不多要走三千五百年；就是坐飞机，也要飞二十几年。”）

你能具体说说课文是怎么把太阳“远”这个特点说清楚的吗？

（小结）作者用“一亿五千万千米”这个数字，准确地说明了太阳与我们之间的距离到底有多远。但是“一亿五千万千米”这个数字很大很大，我们还是不知道它到底有多远，因此作者又联系我们的生活实际，举了“走三千五百年”和“飞二十几年”这两个例子，巧妙地解释了“一亿五千万千米”到底有多远。

作者为了说清楚太阳“远”这个特点，用了列数字和举例子这两种说明方法，一步步让我们真切地感受到太阳与我们的距离到底有多远。有时候，我们在说明某一种事物时，也可以列上一些具体的数字，让读者对这一事物有更清晰的认识，但数字必须是精确的，有科学依据的。

（交流“大”这一特点。生：书上说“一百三十万个地球的体积才能抵得上一个太阳”。“一百三十万个”和“一个”，也是用了列数字的说明方法。)

“一百三十万个地球的体积才能抵得上一个太阳”这句话中，还使用了什么说明方法呢？（将一百三十万个地球和一个太阳作比较，突出了太阳的大。)

（小结）对于我们来说，地球已经是很大很大的了，然而一百三十万个地球才能抵得上一个太阳，这样一对比，更显出了太阳的大，这就是作比较的妙处。

（交流“热”这一特点。生：“太阳会发光，会发热，是个大火球。”将太阳比作大火球，用了打比方的说明方法，形象地写出了太阳的热。)

（生：“太阳的温度很高，表面温度有五千五百摄氏度，就是钢铁碰到它，也会变成气体。”“五千五百摄氏度”用了列数字的说明方法具体写出了太阳有多热。)

（小结）作者在介绍太阳“热”这个特点时，先将太阳比作大火球，用了打比方的说明方法写出太阳的热。这个大火球到底有多热呢？接下来作者就用了“五千五百摄氏度”这个具体的数据来说明，但“五千五百摄氏度”到底有多热，我们没有办法感知到，作者又举了“钢铁碰到它，也会变成气体”这个例子形象地写出了太阳的热。

为了说明太阳“远、大、热”的特点，作者用了列数字、作比较、举例子、打比方的说明方法，每种说明方法不是孤立地存在，而是在作者细细考量之后对它们进行的恰当的综合运用。作者对材料、对说明方法的使用不可谓不用心。

同学们，老师把文中列数字、举例子、作比较、打比方的说明方法都去掉了，请你们读一读，再和课文比较一下，说说你的感受。

（生：去掉了这些说明方法后，介绍太阳太模糊，太阳到底离我们有多远？它有多大？温度很高是有多高？都没有介绍清楚，而且介绍得太简单，没办法引起读者的阅读兴趣。)

是呀，在介绍事物时如果能恰当地使用一些说明方法，就能把事物介绍得清楚明白，让人一目了然。

第四板块：学习太阳与人类的密切关系

课文最后说：“没有太阳，就没有我们这个美丽的世界。”太阳到底给我们人类带来了什么呢？请同学们默读课文第 4—7 自然段，四人小组讨论一下，看看课文是怎样来具体介绍的。

（每组派代表上台交流）

第4自然段主要介绍太阳与动植物以及人类之间的关系。介绍太阳与动植物之间的关系时，作者用了“有了太阳”和“如果没有太阳”这样的字眼，说明是从正反两方面加以说明的，接下来又从人类的吃的、穿的、烧的三方面举例说明太阳与人类的关系密切。

第5、6自然段通过云、雨、雪、风的形成说明太阳与气象之间的关系。

第7自然段从防治疾病方面说明太阳的杀菌能力与人类的关系。

第8自然段又从正反两方面说明太阳与人类的关系密切，是对上文第4—7自然段的总结。

（小结）说明类文本一般一个自然段介绍与说明对象有关的一个信息，有时这个信息就藏在关键语句中，有时则需要同学们进行概括、提炼。

【课堂诊断】

课前，教师让学生查找了有关“太阳”的资料，课上就查找的资料进行了交流。“太阳”这一事物虽然我们几乎天天能看见，但是它毕竟离我们太遥远了，对学生来说它还是未知的、神秘的，因此学生对它非常感兴趣，查找的资料比较多，课堂上交流者侃侃而谈，其他同学听得津津有味，效果还是不错的。但是，课后进行反思，发现课堂上还没有对资料进行最大限度的使用。

说明文的显著特征是介绍说明对象，便于读者了解。每一篇说明文要对说明对象进行哪些方面的说明，作者都是有考虑的。根据说明对象的不同、场合的不同、阅读对象的不同等，同一种说明对象可能说明的内容也不尽相同。学生在交流资料时说到了许多与“太阳”有关的内容，如太阳是怎样形成的，太阳的外部温度与内部温度分别有多高，太阳与太阳系的关系是怎样的，等等。那么问题就来了，与太阳有关的知识有很多，为什么作者只向我们介绍了“远、大、热”这三个特点呢？这是值得深思的一个问题。

【课堂重构】

第一板块：激趣导入，交流资料（略）

第二板块：朗读课文，整体感知（略）

第三板块：学习太阳的特点，习得说明的方法（略）

第四板块：学习太阳与人类的密切关系（略）

第五板块：了解为何只介绍太阳“远、大、热”的特点

师：同学们，上课伊始，我们交流了与“太阳”有关的资料，了解了许多有关太阳的知识，其中许多知识是书本上没有的。我想请你们猜一猜：为什么作者只介绍太阳的“远、大、热”这些知识，而不介绍同学们交流的其他与太阳有关的知识呢？

（学生自己思考，然后四人小组讨论，再全班交流）

生1：课文介绍了两部分的内容，这两部分内容是互相关联的。正因为太阳那么大，离我们那么远，温度又那么高，才适宜动植物的生长，才能形成云、雨、雪、风，才能给我们送来温暖。

生2：太阳很远、很大、很热，这是我们都能感受到的，但它具体有多远、多大、多热，我们却不知道。作者挑选我们熟悉的又不明白的来介绍，容易激发我们的阅读兴趣。

师：（小结）看来我们在写说明文的时候，要根据具体的说明内容、阅读对象等来决定选取说明事物的哪些特征。

【课堂反思】

《太阳》一课使用的说明方法比较多，有列数字、作比较、打比方、举例子等。让学生认识这几种常见的说明方法并体会恰当运用说明方法介绍说明对象的好处是本节课的重点和难点。在教学中，教师让学生默读课文，让他们能静下心来充分接触文本，从而了解文中所使用的说明方法。四人小组交流的过程既是相互学习的过程、知识分享的过程，也是智慧碰撞的过程。在全班交流的过程中，发现列数字、举例子和打比方这三种说明方法学生掌握比较好，而“作比较”则需要老师的点拨。为了让学生体会到恰当运用说明方法介绍说明对象的好处，教师采用的是比较的方式，将没有使用说明方法的语句和课文进行比较，学生马上就能体会到，运用恰当的说明方法可以让事物特征更清晰，说明内容更具体，文本语言更生动，也更能激发他们的阅读兴趣。

4. 教学策略简析

（1）交流资料，拓宽知识面

不管是学习说明文，还是进行说明文的写作，搜集资料都是必不可少的。它可以补充学习的内容，对说明对象有一个更深层次的了解，或者可以丰富写作内容，使文章语言更具科学性、准确性。课前让学生自己查阅与“太阳”有关的资料，不但是为了达到“一本带多本”的目的，增加学生的阅读量，拓宽学生的知识面，加深对课文内容的了解，激发学习兴趣，而且还培养了学生自主学习的能力，以及探索自然、热爱科学的兴趣。

（2）初步感知，提取文本信息

对于五年级的学生来说，通过第一、二学段说明类文本的学习，已有阅读说明文提取相关信息的经验，如找关键的语句，或根据具体内容进行分析、概括、提炼等。《太阳》在介绍太阳的知识和太阳与人类的关系时都采用了并列结构，几乎一个自然段说明了一个信息，而文本内容又通俗易懂，所以学生要快速提取文本信息一点都不难。

（3）通过对比，感受说明方法的妙处

为了能清楚明白地说明事物的特点，作者往往会采用不同的说明方法。通过结合课文内容，学生知道了作者主要是通过使用列数字、举例子和作比较的说明方法将太阳远、大、热这三大特征写清楚的。而通过比较阅读使用说明方法和去掉说明方法后文本在表达效果上的显著不同，学生能体会到说明方法在说明事物的特点时起到至关重要的作用。

五、教学认识

说明类文本在小学语文教材中所占的比重还是比较大的，但为了符合各年段小学生的年龄特点和认知能力，部分说明性文章穿上了“诗歌”“童话”等其他体裁的外衣，所以容易被一些语文老师忽略。类文本教学将“说明类文本”作为一种独立的文体进行教学实践，有利于语文教师“识体而教”，促进学生的语文能力得到发展。

1. 从文本价值的角度看

（1）学习科学的思想方法，养成求真的科学态度

《语文课程标准》课程目标与内容中指出：“在发展语言能力的同时，发展思维能力，学习科学的思想方法，逐步养成实事求是、崇尚真知的科学态度。”说明类文本说明事物或阐述事理的过程，是分析、综合、判断、推理的过程，学生在学习此类文本的过程中，能够通过观察、比较、分析、综合等一系列思维训练，形成科学的思想方法。而且，说明文是给予人知识的文章，所呈现的内容是科学严谨、真实可信的，通过对文本的比较、

研读，学生能逐步养成求真的科学态度。

（2）把握说明的对象及特征，获得提取信息的方法

说明文是通过解说事物或事理给人知识的文章，在阅读说明文时准确地获取信息，掌握说明的要点很重要。阅读说明文，首先要搞清楚说明的对象。大多数说明文看题目就能判断说明的对象是什么，而有些则需要通过具体的文章内容来确定说明对象。说明对象的信息往往集中体现在关键的语句中，但有些文章没有这些概括性的语句，需要通过对具体内容的分析、概括、提炼而成。学生通过说明类文本的学习，不仅能了解说明对象的相关知识，更能学到准确获取信息的方法，这是阅读说明类文本的价值所在。

（3）学习说明事物的方法，运用说明方法介绍事物

《语文课程标准》到了第三学段才对说明文提出具体的阅读要求，因此在第一学段，教师要淡化说明文文体意识，只要引导学生读懂文章说了什么，能获取有关信息就可以了；到了第二学段，虽然课标同样对说明文没有提出具体的阅读要求，但是此学段的说明文文本数量已大幅增加，文体也较第一学段更纯粹，因此在教学中应该带有文体意识，不仅要让学生读懂文本说了什么，还要读懂是怎么说的，并对说明方法有一个初步的了解；而到了第三学段，因学生在此之前对说明文已有了认识，所以对说明方法不但要有明确的认识，要知道作者用了什么说明方法来说明事物，体会说明方法在语境中的表达效果，还要读懂为什么要选择这种说明方法，而不是其他的说明方法。

说明文的教学，可以让学生认识一些比较常用的说明方法，理解作者是怎样运用说明方法把事物特点说清楚的，体会说明方法在说明事物特点时的独特作用，以及引导学生学会恰当地运用说明方法介绍生活中的一些事物，这是学习说明文的重要价值所在。

2. 从教师教学的角度看

（1）强化文体意识

阅读是一种文体思维，不同的文体在阅读过程中，其思维方式是不一样的。阅读说明文需要逻辑思维和抽象思维，从而认识事物、明白事理。

众所周知，教材中的文本具有两个价值：原生价值和教学价值（信息处理价值），当文本成为教材，在课堂教学中更应该体现它的教学价值。作

为一个语文教师，不能简单地教授文本所体现的语文知识，而更应该挖掘和运用文本所蕴藏的教学价值。面对说明类文本，教师应该在深度研读的基础上掌握此类文本的文体特征，确定该类文本的教学目标和教学内容，教给学生阅读此类文本的基本方法，使学生形成文体阅读思维，有效地避免出现文本教学中常见的“目标偏移与内容模糊”问题，做到教学目标定位准确，教学内容清晰、集中，重难点突出，从而提高教师的文体辨识力、教材解读能力和教学设计能力。

（2）形成教学策略

通过对说明类文本的研究，结合课标要求和学生学情，教师在教学过程中可以从把握说明对象的特征，感受说明文用词的形象生动和科学正确，注重体会关键词句在表情达意方面的作用，感受结构上的条理性，体会说明方法使用的妙处并运用于写作等方面设计教学活动，从而找到该类文本的教学规律和有效途径，使教学更有效。

3. 从学生发展的角度看

（1）获取丰富科学知识，提高科学人文素养

小学语文教材所选的说明文内容宽泛，涉及面广，呈现的内容基本上都是学生比较感兴趣的话题，其中有介绍动物的，如《松鼠》《鲸》；有介绍古代伟大工程建筑的，如《长城》《埃及的金字塔》；有介绍现代科技的，如《神奇的克隆》《纳米技术就在我们身边》；有关于环境保护的，如《只有一个地球》《蛇与庄稼》；有介绍民风民俗的，如《北京的春节》《各具特色的民居》；等等。这么多丰富多彩的内容，将一个精彩纷呈的世界展现在孩子的眼前，不但拓宽了学生的知识面，满足了学生的好奇心，激发了学生的阅读兴趣，提高了学生的审美能力，还使学生领会到作品中所体现的科学精神和科学思想方法，从而激发学生探索自然、热爱科学的兴趣，提高学生的科学人文素养。

（2）习得文体阅读方法，提高文体阅读能力

当教师文体意识得到增强，文体辨识能力得到提高以后，在进行教学内容的设计过程中就会有意识地从文体阅读的思维方式入手，设计适合学生的读写活动。学生在不断学习的过程中将会学习到此类文本的阅读方法，形成相应的阅读能力。低年段学生在学习说明类文本的过程中，能通过阅读获取相关信息，从而认识事物，了解有关知识，并以此激发学生了解科

学知识的兴趣。中年段的学生习得提取信息的方法，从而把握说明的对象及特征，体会关键词句在表情达意方面的作用，并从段落的理解出发感受说明文结构上的条理性。高年段学生已形成较明确的文体意识，课堂上更注重感受说明方法的多样性和说明文的表达方法，从而使学生在发展语言能力的同时发展思维能力，提高相应的阅读能力。

（3）联系生活实际，进行写作训练

《语文课程标准》指出："语文是实践性很强的课程，应着重培养学生的语文实践能力，而培养这种能力的主要途径也应是语文实践。"语文课程是学生学习运用祖国语言文字的课程，学习资源和实践机会无处不在。因而，应该让学生多读多写，日积月累，在大量的语文实践中体会、把握运用语文的规律。

语文的外延是生活，说明文作为一种实用性文体，它和生活的联系非常密切。在小学高年段让学生进行说明文写作训练很有必要。小学阶段的训练重点是记叙文，如果学生没有文体意识，进行说明文写作时很多学生就很难摆脱记叙文的影子。加强说明类文本教学以后，学生在说明文写作时基本上都能写清楚说明对象的主要特点，能尝试运用一种或多种说明方法介绍事物，能分段介绍事物的不同方面，使文章结构清晰、条理清楚。

第六节 实用类文本

实用类文本，顾名思义，是以实用为目的和出发点，与日常生活和工作学习有着紧密联系的一类文章。靳彤在《高中语文新课程的理论与实践》一书中指出："实用类文本，是新课标提出的一个新概念，所包括的内容非常丰富，目前还很难给它划定一个严格的外延范围。就新课标实验教材编选的文本来看，有新闻（含消息、通讯、新闻调查、人物访谈）、传记、回忆录、报告文学、演讲稿、序言等类型，当然也包括常用应用文，如通知、启事、请示、报告、调查报告、申请书等。"① 苏教版小学语文教材对实用类文本的编排从第二学段开始，有新闻、人物小传、演讲稿、日记、书信、

① 靳彤．高中语文新课程的理论与实践［M］．北京：高等教育出版社，2008：107.

留言条、请假条、读书笔记、调查报告等。从实用类文本在教材中的分布来看，通讯、演讲、书信是几种出现频率较高的文类。例如书信，最早出现在四年级上册的习作三，要求模仿例文，用书信的形式介绍自己的家乡；五年级上册的教材中要求学生在学完《高尔基和他的儿子》后代高尔基的儿子给高尔基写一封回信，下册教材的练习中涉及回信时用词的得体；六年级上册教材出现了作家巴金的名篇《给家乡孩子的一封信》，下册教材的最后一篇习作要求学生在毕业之际，给老师写一封信。由此可见，苏教版小学语文教材对书信这一文类的要求由了解、模仿到理解、内化、运用，是循序渐进、螺旋上升的，形成了较完整的读写体系。

实用类文本来源于生活又运用于生活，有其独特的教学价值。

一、文体特征

1. 实用性

“实用文体的根本特征就是实用性，其写作目的是现实的，其目标是明确的，其效果也是直接的。”① 如：新闻报道是为了又快又准地向大众传达社会讯息；书信是为了向特定的对象传递信息，交流思想感情；日记是为了记录每天遇到的和所做的事情，以及对这些事情的个人感受；演讲稿则是为了把演讲者的观点、主张和思想感情传达给听众以及读者，使他们信服并在思想感情上产生共鸣。

此外，实用性的本质特征将实用类文本和文学类文本区分了开来。“文学文体的作者不求通过文学写作解决现实生活中的具体问题，主要是为了抒写个人对社会的感受、认识，体现个人的个性、情趣等，即文学创作没有明显的实用目的和功利目的，所追求的是情感的愉悦和精神的享受，且这种情感或精神也没有现实具体的要求。”② 而实用类文本追求的是获取信息，解决实际问题。

2. 真实性

“应用文是为解决实际问题而写，强调的是方针政策的正确和客观事实

---

① 谢延秀. 实用文体与文学文体之分野及融合［J］. 理论导刊，2006（4）.
② 谢延秀. 实用文体与文学文体之分野及融合［J］. 理论导刊，2006（4）.

的真实。"① 以通讯为例，为了确保大众又快又准地掌握社会最新资讯，新闻及新闻工作者的基本原则之一便是用事实说话，确保向大众传递的讯息是真实可信的。苏教版教材中的通讯类课文《永远的白衣战士》记叙了广东省中医院的护士长叶欣在抗击"非典"的战斗中的感人事迹，《梦圆飞天》详尽地记叙了 2003 年 10 月 15 日"神舟"5 号飞船载着航天员杨利伟首次飞行太空的过程，这些事迹、事件都是真实发生的。

3. 通俗性

实用类文本的文体特征有一个最明显的特点，即文本为"言—意"式的两层结构，使得作者写作和读者解读都具有直接性。它所使用的表达语言也以社会化、规范化的通用语体为主。通俗性的特征一定程度上也是由实用性这个根本特征决定的。为了使传达给读者、听众的信息无误，不被曲解，以达到产生共鸣或受到教育的实际效果，作者自然选择大众能听懂的、较为通俗的语言表达。

二、学段要求

1. 第一学段（1—2 年级）

《语文课程标准》在小学第一学段的阅读和写话指导中指出："喜欢阅读，感受阅读的乐趣。""对写话有兴趣，留心周围事物，写自己想说的话，写想象中的事物。"

这个学段的实用类文本教学侧重培养学生的阅读、写话兴趣。部编本二年级教材中的《学写留言条》是小学阶段首次出现的实用类文本写作。在日常生活中，有事情要通知对方，或有事托付对方，对方不在，却又没时间等候对方回来，写张字条留给对方，这便是留言条。这个写话内容体现了"写自己想说的话"。教学时，教师应更多地从激发学生的学习兴趣、培养学生运用语言解决实际问题的能力考虑，如指导学生在具体的情境中学习留言条的撰写，让学生经历从模拟情境应用到真实生活运用的过程。

2. 第二学段（3—4 年级）

《语文课程标准》指出，3—4 年级学生"能用简短的书信、便条进行交流"，"能提出学习和生活中的问题，有目的地搜集资料，共同讨论"，

---

① 胡家琼，许兴阳．浅谈应用文写作教学中比较法的运用［J］．科教文汇（上旬刊），2011（11）．

"在家庭生活、学校生活中，尝试运用语文知识和能力解决简单问题"。这个学段的实用类文本多安排在习作、练习（苏教版）、语文园地（部编本）中，侧重于写作。比较苏教版与部编本的教材后发现，日记和书信是这一学段的写作重点。部编本教材对日记的写作要求进行了分类细化，第三单元安排了课文《爬山虎的脚》《蟋蟀的住宅》以及补充阅读《燕子窝》，旨在体会文章准确生动的表达，感受作者连续细致的观察，为该单元的习作《学写观察日记》打下基础。教学时，教师应有单元整体意识，使阅读与写作有效结合。不仅如此，本学段部编本教材中的实用类文本种类有所增加，加入了通知、寻物启事和新闻这三类，一方面选材更贴近于学生的实际生活，体现实用类文本的实用性，另一方面也有助于学生用语文知识和能力解决简单的实际问题。

3. 第三学段（5—6 年级）

《语文课程标准》对 5—6 年级学生的实用类文体的要求是"学写常见应用文"，"能根据对象和场合，稍作准备，作简单的发言"，"为解决与学习和生活相关的问题，利用图书馆、网络等信息渠道获取资料，尝试写简单的研究报告"，"策划简单的校园活动和社会活动，对所策划的主题进行讨论和分析，学写活动计划和活动总结"，"对自己身边的、大家共同关注的问题，或电视、电影中的故事和形象，组织讨论、专题演讲，学习辨别是非、善恶、美丑"。

这个学段的实用类文本教学更侧重于综合性运用。相较于苏教版教材，部编本教材中删减了如《在大海中永生》《陶校长的演讲》《学会合作》这些实用类课文，除了将实用类文本安排在习作和语文园地板块外，还专门编排了综合性学习单元。五年级下册第三单元以"遨游汉字王国"为主题，引导学生学习搜集资料的基本方法，学写简单的研究性报告。六年级下册以"难忘小学生活"为主题，引导学生学习整理资料的方法，学写策划书。这两个单元紧紧切合本学段的综合性学习目标，内容与形式都是苏教版教材中没有的。教学时，教师应思考如何整合教材中的多个阅读材料，切实教给学生实用文写作方法，这无疑是一个新的挑战。

三、学情把脉

第一学段的学生年龄小，课堂活跃度高，但注意力不能长时间集中，自我约束的能力也较差，学习效果更多地取决于学习兴趣。实用类文本写作首次出现在部编本二年级教材中，内容是学写留言条。对二年级的学生来说，在经过了一年的语文学习后，他们在基本知识、技能方面基本上已经达到学习的目标，留言条也是日常生活中常用的文体，因此，教师应创设具体的情境，激发学生的学习兴趣，使得实用类文本的教学符合第一学段学生的认知水平。

第二学段的学生仍以直观形象思维为主，他们已能较为主动、积极地学习，不像低年级学生需要教师特意引导其对学习的注意和兴趣，也有了一定的知识能力积累。因此，这一学段的教材中，实用类文本的数量和种类都有所增加，有特定的格式要求和表达要求。但由于第二学段的习作教学是从写话到习作，从句到段到篇的过渡阶段，所以教材安排的实用类文本习作内容贴近生活、篇幅较短、有例可循，教师应巧用范例，指导学生掌握习作要领，另外，也要精心设计教学活动，关注学生情感体验，激发学生的习作兴趣。

第三学段的学生出现了初步的抽象思维，逐步能透过现象深入事物的本质，求知欲发展得很快，独立思考能力开始发展，也形成了一定的语文素养。因此，该学段的教材中，实用类文本的数量与种类大幅增加，不仅将实用类文本安排在习作、阅读板块，还专门编排了综合性学习单元，要求学生运用自主、合作、探究的学习方式，借助实践活动实现对语文知识的综合运用。这对教师的教学能力和探究精神有了进一步的要求，教学时，教师应切实保证教学时间，合理确定教学目标，选择恰当的教学内容，真正做到以学生为中心，促进学生语文素养整体提升和全面发展。

四、课例分析

（一）《学写留言条》（第一学段）

1. 教学目标预设

（1）了解留言条作用，初步感知留言条内容。

（2）了解写留言条的方法，掌握留言条的格式，学习写留言条。

（3）把事情写清楚、写明白，写话要简短，培养学生清楚明白地写话的能力。

（4）能在留言条中正确运用礼貌用语，使学生乐于表达，引导学生关注现实，热爱生活。

2. 教学片段设计

【课堂试教】

第一板块：情境导入

同学们，你们有没有碰到过爸爸妈妈不在家的情况呢？下面我们先来看一段小视频：叮铃铃，叮铃铃，电话响了，熊外婆说她做了熊大熊二最爱吃的红烧鱼，熊大熊二馋坏了，特别想去，妈妈又不在家，怎么办呢？请同学们帮熊大熊二想想办法。

同学们说了很多办法，那你们认为哪一种方法好呢？说一说。

同学们说得很好。通常在两个人没见面，但又需要告诉对方事情的时候，就可以写张条子，这张条子叫留言条。

第二板块：引入正题

（多媒体出示标准留言条）

同学们，读一读熊大熊二写给妈妈的留言条，看一看写留言条在格式上有哪些要求？（学生交流）

（多媒体出示四个要求）同学们说得对，留言条在格式上有四个要求：第一，先要写留给谁的，称呼要顶格写，并加上冒号；第二，另起一行，空两格写告诉对方的事情，要写得简单明白、有礼貌；第三，另起一行，在右下方写上自己的姓名；第四，另起一行，在自己的姓名下方写上日期。

那留言条到底该怎么写呢？请同学们拿出纸笔，试一试，写一写，帮熊大熊二给妈妈留个言。

想一想留言条上都应该写上哪些内容，才能更清楚地让妈妈知道熊大熊二去哪里了，做什么去了。

（展示留言条）哪位同学愿意将自己写的留言条展示给同学们看一看呢？

（评价、对比留言条）同学们说得很好，都清楚地表达了熊大熊二想对妈妈说的话。下面将几位同学的留言条放在一起，比一比，你们认为哪种说法更简单明白、有礼貌一些呢？

第三板块：留言条运用

（出示：

选择下面一种情况，写一张留言条。

（1）去办公室还书，老师不在。

（2）去小芳家里，通知她明天上午九点到学校参加书法小组的活动，但是她家里没有人。）

（学生写留言条；展示、评价留言条；出示例文）

第四板块：巩固延伸

同学们已经学会了写留言条，下面我们通过一首儿歌进一步记住留言条要求。

（出示儿歌：称呼顶格写，做到有礼貌。正文空两格，事情说清楚。署名日期别忘掉，别忘掉！）

今天的课就上到这里，回到家以后，请同学们完成老师布置的家庭作业。

（出示作业：你本来和小红约定5 月20 日去王老师家，后来，你想提前一天去，你怎样给小红写留言条？）

【课堂诊断】

课程标准指出，写作教学应贴近学生实际，让学生乐于表达，应指导学生关注现实，热爱生活。单一地学写留言条比较枯燥，因此在教学过程中，教师先引入先进教学手段，通过创设情景、先说后写、延伸知识这三个教学步骤，习作训练有梯度，让学生乐学、乐写。通过一节课的学习，大部分学生知道了在什么时候可以用留言条，也掌握了写留言条的格式。但教学设计中还存在以下问题：① 创设熊大熊二的故事情景虽能调动学生的学习兴趣，但有脱离教材之嫌，教材上出示的小新写给妈妈的留言条范例没有充分利用；② 个别教学环节衔接不够流畅，如当老师问学生有哪些办法可以帮熊大熊二时，因如今通信手段先进而多样，学生很难想到留言条，也不能完全理解留言条的作用，需要老师特意引导。③ 选择情况写留言条环节，因出示的两种情况有一些需要特别留意的“陷阱”，所以部分学生在写话中有困难。

【课堂重构】

第一板块：情景还原，解决问题

动画再现：小新独自在家里做作业，外婆打电话来邀请小新到她家吃饭。

教师引导：小新如何让还在上班的妈妈知道外婆邀请自己到她家里吃

饭这件事呢？

（学生自由发言：打电话、发短信、QQ 留言、微信留言、写留言条等。）

教师引导：一年级时我们就学会打电话了。现在，哪位小朋友来当当小新，打电话告诉妈妈这件事？

（学生交流，交流后老师点评，重点引导学生关注小新是否把事情交代清楚。）

第二板块：学习范文，认识写法

教师引导：可是今天不凑巧，妈妈的电话怎么也打不通，爸爸的手机也关机了，这下怎么办呢？（引出“留言条”）请同学们把书翻到第 55 页，认真读读小新写给妈妈的留言条，看看留言条是由哪三部分内容组成的？这些内容可以省略吗？

（关注留言条各部分内容撰写的必要性，并明确留言条和打电话一样，都要把事情交代清楚。）

出示儿歌，读中明写法：称呼顶格写，做到有礼貌。正文空两格，事情说清楚。署名日期别忘掉，别忘掉！

做游戏：“金睛火眼辨对错”。

（辨别三张格式有误、事情交代不清、完全正确的留言条）

第三板块：角色扮演，尝试撰写

出示以下两种情况：

（1）去办公室还书，老师不在。

（2）去小芳家里，通知她明天九点到学校参加书法小组的活动，但是她家里没有人。

要求学生选择其中一种情况说一说，演一演，再写一写。

第四板块：回归生活，灵活运用

作业布置：在生活中，你遇到过什么情况需要写留言条的？你想给谁写张留言条？请按格式写一张留言条。

教师引导：留言条不只是能把事情交代清楚，还可以传递温暖，传递爱。

（出示充满温情的留言条，拓宽学生的作业思路）

可爱的儿子：	亲爱的妈妈：
冰箱里放着蛋糕，放学回来可以拿来吃哟。	谢谢您每天用心地照顾我，您的每一个微笑都让我感到幸福。
爱你的妈妈	爱你的女儿
6 月 13 日	6 月 13 日

【课堂反思】

第一，利用教材上的留言条范例进行情景还原，既可以激发二年级学生的学习兴趣，又使学生更透彻地理解留言条的作用以及它各部分内容撰写的必要性。第二，针对引出留言条那个教学环节衔接不够流畅的问题，考虑到在实际生活中，学生更容易想到给爸爸妈妈打电话，于是加入了“模拟打电话”这一环节，符合学生的学习经验，也能给下文学习留言条的内容做铺垫。接着创设电话打不通的情境，更自然地引出留言条的作用。第三，在学生练写留言条之前，先让学生演一演，能提前暴露写作时可能会存在的问题，这样就为学生练写扫清了障碍。总的来说，在低年段的实用类文本教学中，让学生经历从模拟情境应用到真实生活运用的过程是行之有效的教学策略，激发了学生的学习兴趣，培养了学生运用语言解决生活实际问题的能力。

3. 教学策略简析

（1）创设情境，激发学习热情

《学写留言条》出现在苏教版三年级教材和部编本二年级教材中，在编排上，部编本比苏教版多标注了留言条的组成，还增加了两个需要写留言条的生活情境。这样的安排一方面更符合低年段学生的学情，另一方面也体现了留言条作为实用类文本的现实作用。但对于二年级的学生来说，仅仅提供小新写给妈妈的便条内容，就要求他们根据留言条的内容想象该留言条撰写的现实情境是非常有难度的。二年级学生的抽象概括能力不强，总是对自己身临其境的事物感兴趣，能够留下深刻的印象。因此，教师在教学中利用动画视频创设情境，有助于学生直观形象思维的发展，同时，让学生明白了该留言条生发的情境和留言条写作的必要性，激发了学生解决问题的热情。

（2）复习回顾，勾连新旧知识

一年级下册已经学习了打电话，将模拟打电话安排在这里，一方面帮助学生回顾旧知，并让学生明白解决问题并不只有写留言条这一种方法，拓展了学生解决问题的思维；另一方面在模拟打电话的过程中，教师着重引导学生将要说的事情交代清楚，而撰写留言条内容的重点就是将事情交代清楚。因此，这也是在为后面的学习做铺垫。

（3）情景模拟，达成交际目标

二年级学生以具象思维为主，仅仅学习了范文，知道了格式，便要迁移运用到其他生活情境中撰写留言条是有难度的。语文课程的基本性质之一——实践性，强调在具体的情景中学习语言，帮助学生提高学习能力和解决生活中问题的能力。通过情景模拟，说一说，演一演，不仅能使学生更明确留言条的内容，而且也能解决写留言条时可能出现的问题。比如“去小芳家里，通知她明天9点到学校参加书法小组的活动，但是她家里没有人”这个生活情景，因事件中的“明天”无法确定，所以在写留言条时一定要把日期写准确。

（4）灵活运用，拓展实用功能

教师在布置作业前通过具体的范例进一步拓展留言条的功能，拓宽了学生课后撰写留言条的思维，真正体现了实用类文本来源于生活又运用于生活的根本特征。

（二）《鞋匠的儿子》（第三学段）

1. 教学文本呈现

鞋匠的儿子

在林肯当选美国总统的那一刻，整个参议院的议员们都感到尴尬，因为林肯的父亲是个鞋匠。当时美国的参议员大部分出身名门望族，自认为是上流社会的优越的人，从未料到要面对的总统是一个卑微的鞋匠的儿子。于是，林肯首次在参议院演说之前，就有参议员想要羞辱他。

当林肯站上演讲台的时候，有一个态度傲慢的参议员站起来说：“林肯先生，在你开始演讲之前，我希望你记住，你是一个鞋匠的儿子。”

所有的参议员都大笑起来，为自己虽然不能打败林肯但能羞辱他而开怀不已。等到大家的笑声停止后，林肯说：“我非常感激你使我想起我的父亲。他已经过世了。我一定会永远记住你的忠告，我永远是鞋匠的儿子。我知道我做总统，永远无法像父亲做鞋匠那样做得那么好。”

参议院陷入一片静默。林肯转头对那个傲慢的参议员说：“就我所知，我父亲以前也为你的家人做鞋子。如果你的鞋子不合脚，我可以帮你改正它。虽然我不是伟大的鞋匠，但我从小就跟父亲学到了做鞋的艺术。”

然后他对所有的参议员说：“对参议院里的任何人都一样，如果你们穿的那双鞋是我父亲做的，而它们需要修理或改善，我一定尽可能地帮忙。但是有一件事是可以确定的，我无法像我父亲那么伟大，他的手艺是无人能比的。”说到这里，林肯流下了眼泪，所有的嘲笑声全都化成赞叹的掌声……

林肯是美国历史上最有作为的总统之一。在他就任美国第16任总统不久，南方的一些州竟发动了分裂国家的战争。林肯坚决反对国家分裂，他曾经在一次演说中强调：“一个裂开的房子是站立不住的，我不希望这个房子塌下去”，“我所希望的是它结束分裂，它应该成为一个完整的整体”。正是这位出身卑微的美国总统，毫不犹豫地领导人民拿起武器，维护了国家的统一。

2. 教学目标预设

（1）读懂林肯的三段演讲，明白林肯演讲前后参议员态度变化的原因。

（2）体会宽容是一种力量，学习林肯襟怀坦荡、仁爱正义、宽容大度的优秀品质。

3. 教学片段设计

【课堂试教】

第二板块：品词读文话人物

● 扣“大笑”，体会林肯的不卑不亢、泰然自若

（1）自读课文第2自然段，看看参议员是如何羞辱林肯的？（指名回答）

（2）看谁能读出这一种“傲慢”？这难道仅仅是傲慢吗？

（学生交流）

（3）然而不仅仅是一个参议员，所有的参议员都参与了这个羞辱新总统的行动。他们个个大笑起来，这是一种怎样的笑？为什么大笑？这段羞辱的话语中，哪一句话最令他们开怀不已？

（4）指导朗读“一个鞋匠的儿子”：整个参议院到处都有这样的嘲笑声——“一个鞋匠的儿子”（指名朗读）言下之意是什么？他们还在羞辱谁？（出示第3自然段中描写参议员们反应的句子，集体朗读）

（5）在公众场合，不光羞辱自己，还羞辱自己的父亲，而且是已故的

父亲，还有所有的平民、底层人民，面对这样的侮辱，如果你是总统，你会怎么面对？（想象说话）

（6）过渡：让我们看看林肯是怎样的表现？

• 扣“林肯的三段话”，体会林肯的宽容大度、襟怀坦荡

（1）默读课文第 3—5 自然段，这些句子反映了林肯怎样的人格魅力？在你感受最深的地方做简单的批注。

（提醒学生：文章中总有一些引起我们注意的词，循着这些词，多问几个为什么，我们往往可以读到文字里面的内容。）

（2）（出示林肯的第一段演讲）让我们一起来读读这四句话，字字叩击心灵，句句令人震颤。

① 交流感受深的句子，突出三次“永远”，从中体会到什么？

② 相机板书：仁爱、宽容、谦虚、智慧。

③ 适时朗读林肯的话。

④ 教师小结过渡：这样的话语与开始人们的设想形成了极大的反差，怎能不让人静默呢？可接下来怎么又会变成赞叹的掌声呢？

（3）学习林肯演讲的第二段话。

① 让我们再来读第 2 自然段，你听出了什么？

② 学生交流，教师引导学生理解职业没有高低的不同，只有分工的不同。理解“艺术”一词的真正意义。（板书：人人平等）

③ 教师指导朗读，林肯不因为自己是总统而妄自尊大，不因为自己是鞋匠的儿子而妄自菲薄。（读好句子）

（4）学习林肯演讲的第三段话。

① 读了第三段话，你又有哪些感受？

② 学生交流，突出“伟大”。

引导思考：什么人才算伟大？在林肯心目中，什么样的人是伟大的人呢？

③ 抓住“但是有一件事是可以确定的，我无法像我父亲那么伟大，他的手艺是无人能比的”这一句，体会林肯人格的高尚。

（指名读，齐读）

（5）学生完整地读一读林肯演讲的三段话。

（6）教师总结：林肯真了不起！他为侮辱他的人修鞋子，一个总统可

以为任何人修鞋子，做鞋子居然是一种艺术，一个做鞋子的父亲在儿子心目中居然是伟大的。这就是林肯身上折射出来的令人叹服的平民思想。

（7）语言是心灵的窗口，从林肯的三段演讲中，你看到了一个怎样的林肯？在当选总统后的第一次演讲中，他想表达什么？（引导学生除了感受林肯的人格魅力，还要理解他在演讲中所表达的人人平等的思想。）

（再次齐读林肯的三段话）

【课堂诊断】

《鞋匠的儿子》通过一详一略的两件事，叙述了两度当选为美国总统的林肯，虽然出身贫寒，但面对羞辱与嘲笑，凭自己的智慧与宽容，捍卫了尊严，赢得了大家的信任和爱戴的故事。课堂上，教师抓住参议员态度的变化："尴尬—羞辱—大笑—静默—赞叹"这条线索，体会他们的态度为什么会有这么大的变化，并引导学生一步一步分析林肯的三段演说，体会这三段话中人物的思想情感和伟大的人格魅力，从而让学生在争辩中激起学习的乐趣。通过一节课的学习，学生能体会到林肯是一个襟怀坦荡、仁爱正义、宽容大度的伟人。之所以有这样的教学效果，是因为教师将这篇课文解读为一篇写人的文章，因此，体会人物的人格魅力就是教学重点。但学生对于"读懂林肯的三段演讲"这一目标，恐怕仅仅只是停留在理解内容的层面。这样的"教"忽视了这篇课文的文本特殊性。

【课堂重构】

第二板块：品读演讲，感悟魅力

（1）这节课，我们就拜林肯为师，重点学习林肯的说话艺术。

认真朗读课文第3—5自然段中林肯演讲的内容，想一想，围绕"鞋匠"这个话题，林肯讲了哪三层意思？

请简要概括补充：

① 我永远是__________________；

② <u>我愿意为大家修理或改善鞋子</u>；

③ ________________________。

（先小组内交流，再全班交流）

围绕"鞋匠"这个话题，林肯主要讲了：

① 我永远是鞋匠的儿子；

② 我愿意为大家修理或改善鞋子；

③ 我的父亲是伟大的，他的手艺是无人能比的。

（2）那么，这些意思，林肯是怎么表达出来的呢？先看这段话："我非常感激你使我想起我的父亲。他已经过世了。我一定会永远记住你的忠告，我永远是鞋匠的儿子。我知道我做总统，永远无法像父亲做鞋匠那样做得那么好。"

① 这段话是林肯在什么情况下说的？

现在，你就是林肯，你的同桌就是那个傲慢的参议员，你怎么对他说？

现在，我就是那个傲慢的参议员，谁来对我说？

②（学生还没进入状态）面对参议员们的嘲讽，林肯表现得非常冷静。短短的一段话用了四个句号，谁再读？

③ 如果林肯这么说："我就是鞋匠的儿子，鞋匠怎么啦？难道你们不穿鞋吗？难道你的家人不需要修鞋吗？所以，我的父亲就是世界上最伟大的人。"想象一下，情况会怎样？

④ 如果林肯这么说呢？"我感激你使我想起我的父亲。他已经过世了。我会记住你的忠告，我是鞋匠的儿子。我知道我做总统，无法像父亲做鞋匠那样做得那么好。"

同桌互读，比较一下，有什么不一样？

面对"羞辱"，"我非常感激你使我想起我的父亲"。我们能充分体会到林肯……？

谁来读读三个"永远"？

你能从中读出一个怎样的林肯？（板书：我永远）

这里还有个"忠告"（板书：忠告），忠告是什么意思？参议员的话叫忠告吗？更能看出林肯的……？

⑤ 我们都来做一回林肯，放开声音自由读。谁再读？

我非常感激你使我想起我的父亲。他已经过世了。我一定会永远记住你的忠告，我永远是鞋匠的儿子。我知道我做总统，永远无法像父亲做鞋匠那样做得那么好。

⑥ 听了林肯的一番话语，参议院陷入一片静默。刚才还开怀大笑的参议员们，在想什么呢？

或许，那个傲慢的参议员更懊悔，因为作为一个有一定文化素养的人，侮辱逝去的先人，是极不道德的。

（3）接下来的演讲，同样具有震撼力，放声读。

就我所知，我父亲以前也为你的家人做鞋子。如果你的鞋子不合脚，我可以帮你改正它。虽然我不是伟大的鞋匠，但我从小就跟父亲学到了做鞋子的艺术。

对参议院里的任何人都一样，如果你们穿的那双鞋是我父亲做的，而它们需要修理或改善，我一定尽可能地帮忙。但是有一件事是可以确定的，我无法像我父亲那么伟大，他的手艺是无人能比的。

① 先读出有关语句，再说自己的感受。

② 要学会抓住关键词语来说（板书：我可以；我一定），结合林肯现在的身份来说。

勤劳敬业，热情服务，鞋匠美好的品质，在林肯的身上得到了很好的体现。他的话里还包含着这样一层意思：人与人之间都是平等的，我们彼此需要相互的支持和帮助。

③“无人能比”这一句，谁再来说说？

非常敬重父亲，作为鞋匠的儿子，林肯感到无比自豪！因为（板书：我父亲……），他的手艺是无人能比的。

（4）有感情地朗读。

① 现在，人人都是林肯，让我们完整地感受饱含深情的演讲，放开声音读！

② 现在，请三位同学根据提示进行演说：

a. 等到参议员们的嘲笑声停止后，林肯说……

b. 参议院陷入一片静默。林肯转过头来，对那个傲慢的参议员说……

c. 然后，他对所有的参议员说……

说到这里，林肯流下了眼泪，参议院里响起了赞叹的掌声。

（5）让我们回味一下：

一次演讲，将参议员们的羞辱化作了一片赞叹的掌声，我认为林肯获得巨大成功的原因是________。（学生板书关键词：……）

这些都体现了林肯伟大的人格魅力，他的成功还表现在演讲策略方面：

第一，避其锋芒。以退为进，你们说我是鞋匠的儿子，我就是鞋匠的儿子。

第二，巧妙喻理。将鞋匠与总统相提并论，我做总统永远比不上父亲做鞋匠。

第三，真诚应对。谢谢忠告，我永远是鞋匠的儿子。我一定尽力帮助你们修鞋。我父亲非常伟大，他的手艺是无人能比的。

就这样，林肯成功地回击和教育了那一群傲慢的参议员们，赢得了赞叹的掌声。

（6）林肯的伟大还在于他坚决反对国家的分裂，他在演说中强调："一个裂开的房子是站立不住的，我不希望这个房子塌下去"，"我所希望的是它结束分裂，它应该成为一个完整的整体"。以形象的比喻，说明国家统一的重要。

就这样，林肯凭着自己的真诚、智慧和才华，赢得了大家的支持与拥戴，成了美国历史上最有作为、最伟大的总统之一。

第三板块：拓展延伸，实践应用

古今中外，像林肯这样的智者还有很多。古代的晏子，就是其中之一，请默读故事《晏子使楚》。

（1）面对三次侮辱，晏子是如何应对的呢？

① 当楚王想让他从墙洞进去的时候，晏子说："这是个狗洞，不是城门。只有访问'狗国'，才从狗洞进去。我在这儿等一会儿。你们先去问个明白，楚国到底是个什么样的国家？"

高！晏子将计就计，以其人之道还治其人之身。楚王只好下令大开城门迎接晏子。

② 初次相见，楚王责问："难道齐国没有人了吗？怎么就打发你来啊？"晏子说："敝国有个规矩：访问上等的国家，就派上等人去；访问下等的国家，就派下等人去。我最不中用，所以派到这儿来了。"

妙！晏子顺水推舟，楚王自取其辱！

③ 当楚王和大臣们取笑齐国人做盗贼的时候，晏子说："大王怎么不知道哇？淮南的柑橘，又大又甜。可是橘树一种到淮北，就只能结又小又苦的枳，还不是因为水土不同吗？同样道理，齐国人在齐国安居乐业，好好地劳动，一到楚国，就做起盗贼来了，也许是两国的水土不同吧。"

好！绝妙的比喻，化解尴尬，还暗讽楚王治国无方，国风不佳。

从此，楚王再也不敢不尊重晏子了。

（2）看来，智慧的语言可以巧妙地化解危机，变被动为主动。林肯和晏子的说话艺术，对你有所启发吗？

六年级某班的曼曼同学，上课发言最积极，在学校活动最踊跃，是老师最得力的助手。班级有同学对她说风凉话："徐同学，全校就数你本事最大了！就你能！就你最能！"

假如你是曼曼，你会怎么说？

是的，说话是一门艺术，要想成为林肯和晏子那样的人，需要我们不断地学习和磨炼。

【课堂反思】

课堂重构后，教师不仅关注到这篇课文写的是"林肯"这个人，而且关注了林肯的"三段演讲"。因此，教学的重点不单单是体会人物的人格魅力，而是通过品读欣赏林肯的演讲，向林肯学习说话的艺术，真正"读懂林肯的三段演讲"。所谓"见字如面"，学生未到演说现场，如何借"字"明意呢？一开始，教师就让学生通读三段演讲的内容，理清林肯围绕"鞋匠"这个话题说了几层意思，引导学生关注如何有逻辑地表达想说的内容。接着，教师通过比较、抓关键词的方法，总结了林肯的演讲策略。最后，拓展了《晏子使楚》的故事，并创设了问题情境，让学生把学到的语言艺术运用到生活中。这样一来，学生在课堂上学会了如何在生活中运用表达，体现了实用类文本的生活实用价值。由于第三学段的实用类文本教学目标和要求更侧重于综合性运用，因此，在高年段的实用类文本教学中，教师更应以"学以致用"作为教学目标，教给学生阅读策略的同时，教会学生在生活中如何运用表达，从而更好地体现实用类文本的教学价值。

4. 教学策略简析

（1）小组合作，学习有逻辑地表达

"三段演讲"是这篇课文最大的亮点。演讲，是指在公众场合，以有声语言为主要手段，以体态语言为辅助手段，针对某个具体问题，鲜明、完整地发表自己的见解和主张，阐明事理或抒发情感，进行宣传鼓动的一种语言交际活动。林肯的三段演讲预先没有充分准备，是临场发挥，因此可视为即兴式演讲。这样的演说文本是非常适合学生练习有逻辑地表达的。对小学生来说，初读文本一下子理清林肯围绕"鞋匠"这个话题说了几层意思有一定的难度，教师采用小组合作的形式，降低难度，有利于学生通过探究获得结论。

（2）巧用比较，习得即兴演说策略

演说词作为实用类文本，有其独特的文体特征，学生在此之前接触较少，但第三学段的口语交际要求中明确要求“能根据对象和场合，稍作准备，作简单的发言”。在这个教学片段中，教师以第一段演讲为例，提供给学生林肯应对参议院的三种可能，从而归纳出“避其锋芒”，也就是“顺同”这一个演讲策略，这样的处理体现了演说类文本的本体功用，不仅使学生自然而然地从林肯的演说技巧中感受到伟大人物的崇高品格，同时也让学生习得不同文体不同的语言表达方法，为今后的演说活动打下基础，促进学生语文核心素养的提升。

（3）拓展延伸，体现文本的实用性

学以致用是实用类文本的核心目标。教学时，教师拓展了《晏子使楚》的故事，再一次让学生感受到语言表达的艺术。接着，教师设计了贴近学生生活的问题情境，重在启发学生将习得的表达技巧运用在实际生活中，体现了实用类文本的生活实用性这一根本特征。

五、教学认识

小学教材中文学类文本篇幅较多，实用类文本所占的比例较小，但它却是学生在今后的生活、学习中使用频率较高的文学形式，因此有其独特的价值。

1. 从文本价值的角度看

实用类文本是直接来源于日常生活，直接运用于生活的一类文本。实用性是它的根本特征，学以致用是它的教学目标。但在实际教学中，大家习惯性地把实用文本当作文学文本来教，以读懂思想内容为主，忽视其实用价值。

实用类文本的教学研究，要求教师在关注教学内容时，不仅仅停留在理解内容、体会写法上，也不只满足于借鉴仿写，而是既重视教给学生阅读实用类文本的策略，更重视教会学生在生活中如何运用表达，更好地体现实用类文本的教学价值。

2. 从教师发展的角度看

（1）促进教师的理念更新

学生对实用类文本的不了解、不感兴趣是教师当前面对的学情。基于这个学情，实用类文本的教学对教师的教材开发能力有了更高的要求。教师首先自身要树立文体意识，深入、系统地分析和应用教材中的实用类文本教学资源，才能为接下来的教学提供更加可靠的教学依据和更加丰富的教学资源。另外，在教学中，教师要让学生习得实用类文本的写作策略，自身首先得具备一定的文体知识和写作技巧。只有如此，才能在接下来的教学中游刃有余，进行更好的教学指导。

（2）提高课堂教学的效率

课程标准在第二、三学段对实用类文本的运用和表达提出要求：第二学段要求“能用简短的书信、便条进行书面交流”，但第三学段并没有对书信再作要求。第三学段要求“学写常见应用文”，但又产生“常见应用文有哪些?”等问题。由此可见，课程标准对实用类文本的要求是不连续的、不具体的。这使得教师在教学中无法对教学内容做出合适的判断和选择，教学存在随意性。而类文本的提出，帮助一线教师发现实用类文本这一类文本的教学规律，从而形成有效的教学策略，促进课堂的高效，提升教学效果。

3. 从学生发展的角度看

（1）提升学生的思维品质

相对文学类文本而言，实用类文本在思维方式上较为严谨，理解实用类文本内容时，常运用概括、比较和归纳等方法，梳理文章思路，理解作者的观点，这有利于发展学生的逻辑思维能力。此外，实用类文本的教学不仅仅落在阅读维度，还落在写作、交际等综合性维度，这就要求学生多角度地思考问题，增强了学生思维的深刻性和敏捷性，提升了学生的思维品质。

（2）提高学生的语用能力

许多实用类文本不止于读，还要会写。依据阅读中“吸收”到的方法，掌握语言的表达方式、行文逻辑，走向生活去表达和运用，读写结合，提高了学生的语言运用能力。例如：读了《给家乡孩子的信》后拿起笔，以家乡孩子的身份写封回信，学习用敬语表达，有目的、有逻辑、有条理地进行回复；读了新闻报道后，以校园新闻为点，练习用恰当的语言对客观事实进行描述。

参考文献

[1] 柳海民. 教育学 [M]. 北京：中央广播电视大学出版社，2011.

[2] 周一贯. 语文课堂变革的创意策略 [M]. 上海：华东师范大学出版社，2017.

[3] 刘勰. 文心雕龙 [M]. 上海：上海古籍出版社，2015.

[4] 张寿康：文章学概论 [M]. 济南：山东教育出版社，1983.

[5] 叶圣陶. 叶圣陶教育文集 [M]. 北京：人民教育出版社，1994.

[6] 义务教育语文课程标准 [S]. 北京：北京师范大学出版社，2011.

[7] 朱景松. 标准汉语词典 [M]. 北京：汉语大词典出版社，2005.

[8] 钟启泉，汪霞，王文静. 课程与教学的基本原理 [M]. 上海：华东师范大学出版社，2008.

[9] 鲁迅. 鲁迅全集（16 卷本）[M]. 北京：人民文学出版社，2005.

[10] 王崧舟，董耀红，周益民，等. 名师同步教学设计 [M]. 太原：山西教育出版社，2007.

[11] 薛法根，等. 文本分类教学 · 实用性文本 [M]. 福州：福建教育出版社，2016.

[12] 王国维. 人间词话 [M]. 杭州：浙江工商大学出版社，2018.

[13] 阿 · 托尔斯泰. 论文学 [M]. 北京：人民文学出版社，1980.

[14] 王晓春. 语文课如何是好 [M]. 北京：中国轻工业出版社，2010.

[15] 郭怡，张举范. 我们应该培养什么样的人——基于核心素养的追问与思考 [J]. 现代教育科学，2018（8）.

［16］郑昀，徐林祥．从“双基”到“三维目标”，再到“核心素养”——新中国成立以来语文学科教学目标述评［J］．课程．教材．教法，2017，37（10）．

［17］林崇德．中国学生核心素养研究［J］．心理与行为研究，2017，15（2）．

［18］林崇德．中国学生发展核心素养：深入回答“立什么德、树什么人”［J］．人民教育，2016（19）．

［19］刘静波．语文的本质是什么？——关于语文性质的论争［J］．现代语文（学术综合版），2014（2）．

［20］严峰．新课改下教师教学行为新论［J］．辽宁教育，2013（5）．

［21］罗景泉．探索、确立、发展、飞跃、完善——从教学大纲到课程标准的变化看建国以来小学语文的发展轨迹［J］．语文学刊，2012（24）．

［22］李国红．以“学生为中心”教育理念的发展［J］．经济视角（中旬），2011（3）．

［23］吴忠豪，于龙．回顾与检讨：改革开放以来小学语文教学三十年［J］．课程．教材．教法，2009，29（8）．

［24］吴忠豪，于龙．新中国60年小学语文教学改革（下）［J］．语文教学通讯，2009（6）．

［25］张红顺，张惠鲜．从工具性、思想性统一到工具性、人文性并重——于漪语文学科性质观述评［J］．南宁师范高等专科学校学报，2002（3）．

［26］张堃．20世纪80年代以来语文文体教学研究概述［J］．新语文学习．中学教学，2012（6）．

［27］周一贯．文体研究在小学语文教学中的意义［J］．小学教学研究，1983（2）．

［28］胡元德．淡化文体可以休矣［J］．语文学刊，2001（6）．

［29］彭润和．论文体不能淡化［J］．现代语文（理论研究版），2002（4）．

［30］陈寿江．语文读写教学岂能“超越”文体——与徐江先生商榷［J］．语文建设，2010（11）．

［31］欧治华．开放有序衔接的动态化文体训练体系的构建［J］．广东

教育学院学报，2010（4）.

［32］张旷武．浅谈小学语文古诗词教学［J］．基础教育论坛，2019（7）.

［33］张美真．谈小学语文古诗词教学中传统文化的融入［J］．读与写（教育教学版），2019（4）.

［34］吴海侠．浅谈小学语文古诗词教学的策略［J］．中国校外教育，2019（8）.

［35］张树强．古诗词教学渗透传统文化教育“五法”［J］．语文建设，2018（33）.

［36］毛超．核心素养背景下部编语文教材古诗词教学策略初探［J］．中国教育学刊，2018（S1）.

［37］李红梅．国家统编小学语文教科书的特色与学习适用性分析［J］．教育科学研究，2018（8）.

［38］张留群．小学语文古诗词教学的策略研究［J］．学与写，2017（15）.

［39］田良臣，董琪．古诗词教学的边缘化困境及突破［J］．教育评论，2017（7）.

［40］王崧舟，魏姗姗．“诗意语文”教学研究［D］．扬州大学，2015.

［41］方洁．小学语文古诗词教学现存问题及策略研究［D］．扬州大学，2014.

［42］卢丽霞．古韵留声——浅谈小学语文利用吟唱开展古诗词教学［J］．课程教育研究，2014（31）.

［43］黄维樑．台湾新诗教育弹拨［J］．呼吸（香港），1988（5）.

［44］滕宝明．当引诗路向文海——小学语文现代诗教学模式初探［J］．基础教育论坛（综合版），2015（4）.

［45］谢宏达．游记类课文的文体特征与教学策略［J］．小学语文，2017（6）.

［46］丁华芳．教学生在文字中遇见世界——小学游记教学的实践与研究［J］．语文教学通讯·小学，2017（10）.

［47］徐婧．览景悟情：让教学在探寻表达特质中行走——游记类文本

教学策略浅探［J］. 小学教学参考，2008（2）.

［48］池朱兴. 小学游记散文详略处理策略及语用价值［J］. 福建基础教育研究，2016（12）.

［49］高修军. 议论文教学原来可以“画”出来［J］. 辽宁教育，2018（11）.

［50］吴琰. 小学议论文教学的现状和对策［J］. 教学与管理，2017（6）.

［51］潘庆玉. 学会说理：论述类文本教学的核心价值［J］. 语文建设，2016（22）.

［52］龚赛容. 明体裁　品语言　学方法——浅谈小学说理文的教学［J］. 福建基础教育研究，2016（6）.

［53］陆洲. “文”“理”并重，小学议论文教学的必然追求［J］. 语文知识，2016（6）.

［54］沈新芳. “度”：说理文的理性诉求［J］. 江苏教育，2015（2）.

［55］陆虹. 对说明文语言价值的思考［J］. 教学月刊小学版（语文），2014（Z1）.

［56］陈春燕. 新课标背景下小学说明文教学的思考［J］. 中学课程辅导（江苏教师），2013（10）.

［57］舒绍爱. 说明文的文体特征在第二学段的教学价值［J］. 中国校外教育，2014（S2）.

［58］陈先云. 国家统编小学语文教科书教学指导——与其他版本教科书比对研究［M］. 语文出版社，2019.

［59］李蕴. 论小学低年段学生阅读兴趣的培养［D］. 东北师范大学，2011.

［60］周雪蕊. 小学语文实用文阅读教学策略研究——以科普文为例［D］. 上海师范大学，2017.

［61］史亚星. 基于语文核心素养的高中实用类文本阅读教学研究［D］. 陕西理工大学，2019.

［62］温儒敏. 部编义务教育语文教科书的七个创新点［J］. 小学语文，2016（9）.

后　记

不忘教研初心，传承育人精神。一部20多万字的书稿，历经数载终于初步成型。“类文本教学”是我多年来对小学语文教学的思考和探索。在小学语文教育教学长期的研究之中，我始终把对语文教学的理性思考和课堂教学的实践相结合放在第一位，坚持语文教学的理论提升和课堂教学的深入探索。多年来，针对“类文本教学”如何发挥语文学科立德树人的功用、如何培育学生的语文核心素养、如何真正落实语文课标的要求、如何切实改变教师传统的教学行为、如何确立学生的儿童中央主体地位等问题，我与我的团队进行了持续深入的研究与实践。在这一探索过程中，我们不断推翻已有认知，并在众多教学实例的积累和比较中逐步形成了更为成熟的认识。在亲力亲为的同时，我还注重对有关文献素材的适度挖掘，以此扩大研究的视野，从中更深切地感受到“类文本教学”的价值和意义。

几年间，我从教学实践和理论研究中总结提炼的诸多论文、案例，先后刊发于《小学语文教学》《语文教学通讯》等刊物上。我主持的江苏省教育科学规划课题“指向小学生语文素养的类文本研究”顺利结题，在区域教学研究中产生了积极影响。

这本书稿，是多年语文课堂教学的理性思考与实践总结。除个人实践研究所得素材之外，我的同事宋如雪参与了第一章相关内容的撰写，缪洁参与了第二章相关内容的撰写，蔡新红参与了第三章相关内容的撰写，黄卿、万妙、华慧蓉、周敬勤先后为第四章撰写了重要内容，房达、周钰、堵敏、黄佳星也为第五章撰写了重要内容。此外还援引了部分前辈、同仁、名师及学者的有关资料，在此一并致谢。

在书稿撰写过程中，我的前辈、挚友、著名语文特级教师吴伟昌教授参与了整本书的研讨和指导，无锡市教育科学研究院包智强所长给予了全方位的关心和帮助。在此，对他们表示诚挚的感谢。

囿于自主学习的匮乏、理论素养的滞后，我对自身的实践研究颇感浅薄，所论亦难免粗疏，有待改进。敬请各位读者在阅读本书时多提宝贵意见。

让我们一起拥抱小学语文教改的春天！

丁美君

2019 年 8 月于南湖